그럭저럭 살고 싶지 않다면
당신이 옳은 겁니다

THE PERFECTIONIST'S GUIDE TO LOSING CONTROL

그럭저럭 살고 싶지 않다면
당신이 옳은 겁니다

캐서린 모건 셰플러 지음 | 박선령 옮김

차례

1장

나는 어떤
완벽주의자일까?

8장

새로운 일을 하며
휴식하라

9장

오늘 당신의
완벽한 삶을 즐겨라

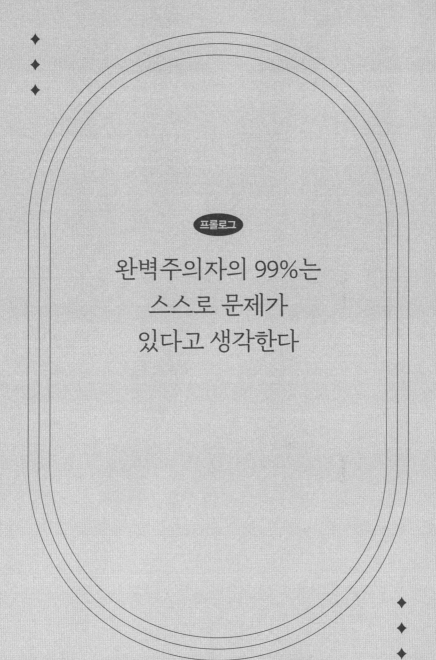

완벽주의자의 99%는
스스로 문제가
있다고 생각한다

◆

'완벽주의자'를 정의하자면 다음과 같다. 모든 것이 완벽하기를 원하고, 그렇지 않으면 도저히 성에 차지 않는 사람. 하지만 이건 한 줄로 요약할 만큼 간단한 문제가 아니다. 누군가 스스로 "나는 완벽주의자다."라고 말할 때, 인생에서 펼쳐지는 모든 일이 완벽하기를 기대하는 건 아니기 때문이다.

완벽주의자도 항상 완벽할 수는 없다는 걸 이해는 한다. 그런데도 '나는 왜 여전히 불완전한 것들에 실망하는가'를 고민하느라 힘들다. 또 완벽하기 위해 끝없이 노력해야 한다는 강박감을 느낀다. 애초에 무엇을 위해 노력하는지 혼란스럽고, 왜 남들처럼 느긋함을 즐기지 못하는지 의문이다. 궁극적으로 그들은 자기가 어떤 사람인지 알고 싶은 것이다.

모든 인간은 이런 실존적 호기심을 느낀다. 완벽주의자는 그것에 대해 항상 생각할 뿐이다. 아무튼 완벽주의자가 균형 잡힌 사람이 아니라는 사실을 인정한다. 그래도 괜찮다. 잘못된 게 아니니까. 그러니 건강한 정신 상태를 가지겠답시고 완벽주의에서 벗어날 필요는 없다. 우리는 모두 자기가 가진 힘을 발휘할 준비가 되어 있고, 그건 완벽주의자도 마찬가지다. 시간이 더 필요하다거나 스스로 원하지 않아서 거부하는 건 괜찮지만, 당신이 자발적으로 그럴 리가 없다. 완벽주의자는 성장하고 싶은 욕구를 멈출 수 없기 때문이다.

당신은 결코 평범한 삶에 만족하지 못할 것이다. 더 잘하려 애쓰고 있고 스스로 그걸 잘 알고 있다. 겸손한 척하거나 자기 재능을 부정하는 건 그만둬라. 당신은 빛나기 위해 태어났다. 완벽함이 어떻게 도움이 되는지 정확히 이해하기 전까지는 짐처럼 느껴지기도 한다. 나는 적당히 넘어갈 줄 모르고 통제력을 잃기 싫어하고 엄청난 에너지를 가진 이들을 위해 이 책을 썼다. 완벽주의 성향이 당신을 돕기 위해 존재한다면 어떨까? 완벽주의가 어떤 선물이 될 수 있는지, 그리고 당신의 존재가 세상에 어떤 선물이 될 수 있는지 보여주겠다.

다음의 질문을 읽고, A~E 중 자신을 가장 잘 설명하는 답에 동그라미를 쳐보자. 모든 질문에 답한 뒤 결과에 따라 자기가 어떤 유형의 완벽주의자인지 확인해보자.

프롤로그

1. 직장에서 화가 난다는 이유로 책상을 세게 내려치거나, 소리를 지르거나, 문을 쾅 닫은 적이 있는가?

A 있다. 불만이 있을 때마다 종종 그런다.

B 없다. 나는 항상 침착하고 프로다운 태도를 보인다.

C 없다. 나는 사람들이 나를 쉽게 친해질 수 있는 사람이라고 생각하는 게 가장 중요하다. 다른 사람에게 불쾌감을 줄 수 있는 행동은 피하려고 최선을 다한다.

D 없다. 표현하고 싶은 감정이 많긴 하지만, 적절한 때를 기다리며 적합한 표현 방법을 고민한다.

E 없다. 나는 화를 잘 참는다. 하지만 종종 충동 조절에 어려움을 겪는다. 예를 들어 회의 때 제대로 생각하지도 않고 계속해서 새로운 아이디어를 던진다.

2. 다음 중 어떤 상황이 가장 괴로운가?

A 주변 사람이 실현 가능한 최고 수준의 성과를 내지 못하는 모습을 지켜보는 것.

B 계획을 짜지 않고 여행을 가는 것.

C 누군가가 나를 좋아하지 않는다는 사실을 알게 되는 것.

D 거실에 페인트를 칠하기로 했는데, 50가지 옵션의 색상을 보여주면서 10분 안에 고르라고 하는 것.

E 앞으로 6개월 동안 딱 한 가지 목표에만 집중할 수 있다는 말을 듣는 것.

3. 다음 중 당신과 가장 적합한 설명은 무엇인가?

A 극도로 높은 기준을 강요하고, 그 기준에 맞지 않다면 가혹하게 군다.

B 체계적으로 계획 세우는 걸 좋아한다. 때때로 사람들은 나를 까다롭다고 한다.

C 나의 평판이 신경 쓰인다는 사실이 짜증 난다. 또한 최대한 깊은 관계를 원하기 때문에 종종 애정에 굶주린 듯한 기분이 든다.

D 황당할 정도로 우유부단하다. 목표 달성을 위해 좀 더 충동적이고 싶지만, 마음처럼 쉽지가 않다.

E 새로운 프로젝트를 시작할 때의 추진력을 좋아한다. 또 다른 프로젝트에 정신이 팔리면 집중력이 흐려진다.

4. 다음 중 누군가가 당신을 칭찬한다면 가장 가능성이 큰 것은 무엇인가?

A 당면한 목표에 아주 날카로운 집중력을 유지한다.

B 하겠다고 말한 일을 하겠다고 말한 시점에 정확하게 수행한다.

C 타인과 의미 있는 관계를 맺는다.

D 준비성이 철저하다.

E 기발한 아이디어를 내고, 가능성을 상상하는 데 능하다.

5. 다음 중 자신에게 가장 적합한 설명은 무엇인가?

A 다른 사람들의 업무 처리 능력이 못마땅하다. 다른 사람들이 나를 좋아하든 말든 일을 빨리 끝내고 싶다.

B 다른 사람이 회의, 저녁 식사, 휴가 등 어떤 일을 조정하는 걸 불쾌하게 생각한다. 계획을 하나 세우면 그걸 고수해야 한다.

C 사람들이 나를 어떻게 생각하는지 궁금해하는 데 많은 에너지를 소비한다.

D 인간관계, 직장 등에서 내가 더 많은 걸 해줄 수 있다는 걸 알지, 먼저 몇 가지 일을 처리하기 전까지는 내 잠재력을 최대한 발휘할 수 없다.

E 새로운 사업을 시작하고 싶은 충동을 항상 억누르고 있다. 무엇부터 해야 할지 알 수 없을 정도로 많은 아이디어를 가지고 있다.

6. 다음 중 당신이 받은 피드백은 무엇인가?

A 너무 격하거나 위협적인 행동.

B 매사에 자발적이지 않고 소극적인 태도.

C 남의 비위를 과하게 맞추는 것.

D 우유부단하고, 최소한의 위험도 감수하지 않으려는 보수적인 태도.

E 체계적이지 않거나 산만하고, 약속을 잘 지키지 못하는 것.

7. 다음 중 당신에게 가장 의미 있는 일은 무엇인가?

A 일을 끝내겠다고 한 시간까지 좋은 퀄리티로 완수하는 것.

B 루틴, 체계, 예측 가능성을 통해 나 자신과 다른 사람들에게 안정감을 주는 것.

C 타인이 나를 이해하려고 노력하는 것.

D 내 결정을 최대한 확신하고, 준비된 상태에서 새로운 기회에 발을 들이는 것.

E 새로운 프로젝트를 만들고, 새로운 기술을 개발하고, 계속 탐구하는 기회를 즐기는 열정적인 삶을 사는 것.

결과

가장 많이 선택한 알파벳이 당신의 완벽주의자 유형이다. 만약 2개의 유형에서 비슷한 점수를 받았다면, 당신은 해당 유형이 모두 포함된 완벽주의자다. 더불어 이 책의 본문을 자세하게 읽는다면, 자기만의 고유한 완벽주의 유형을 관리하는 방법을 명확하게 이해하게 될 것이다.

　　A 열정형 완벽주의자 이 유형은 목표 달성을 위해 쉽게 집중한다. 그리고 그 날카로운 집중력을 계속해서 유지한다. 하지만 기준은 불가능한 수준으로 높게 바뀌고, 그 기준을 달성하지 못한 자기 자신과 다른 사람들에게 가혹하게 굴 수도 있다.

　　B 전형적 완벽주의자 이 유형은 한결같고, 꼼꼼하며, 주변을 안정시키는 데 능해 신뢰도가 높다. 하지만 자발적인 상황이나 루틴 변화에

적응하는 데 어려움을 겪고, 인간관계 맺기를 어려워할 수도 있다.

C 낭만형 완벽주의자 이 유형은 인간관계를 중요하게 생각하며, 공감 능력이 뛰어나다. 하지만 다른 사람과 연결되고자 하는 욕구가 남의 비위를 맞추려는 행동으로 바뀔 수 있다.

D 게으른 완벽주의자 이 유형은 준비에 탁월하고, 기회를 여러 방면으로 확인해보며, 충동 조절도 잘한다. 하지만 지나치게 준비에만 매달리는 탓에, 수익이 감소하게 되고 우유부단함과 무대책을 낳는다.

E 난잡형 완벽주의자는 새로운 시작에 대한 불안감을 쉽게 떨쳐내고, 아이디어가 뛰어나며, 어떤 상황이든 잘 적응하고, 타고난 열정이 있다. 하지만 목표에 꾸준히 집중하지 못하고 에너지가 사방으로 분산되므로 결국 약속을 이행할 수 없게 될 가능성도 있다.

당신은 지금까지 완벽주의에 대한 매우 왜곡된 묘사에 노출되었다. 흥미롭게도(라고 쓰고 '예상 가능한 일이지만'이라고 읽는다) 이러한 압박은 늘 여성을 향한다. 당신은 남성이 스스로 '완벽주의를 극복 중인 완벽주의자'라 말하는 걸 들어본 적이 있는가? 스티브 잡스, 고든 램지, 제임스 카메론은 모두 완벽주의자이지만, 그들은 각자의 분야에서 천재로 칭송받는다. 그뿐만 아니라 완벽주의는 그들의 천재성을 뒷받침해 줄 요소가 된다.

그렇다면 유명한 여성 완벽주의자들은 어디 있는가? 완벽주의로 업계 최고의 자리에 오른 '살림의 여왕' 마사 스튜어트를 주장할 수도 있겠다. 하지만 그의 회사는 주부들의 전형적인 관심사에 주력하고 있다. 마사 스튜어트는 여성들이 공개적으로 야망을 품을 수 있는 영역 안에 있다. 그 때문에 완벽주의를 드러내면서도 환영받는다. 어떤가? 이중 어느 것도 우연이 아니다.

여성들은 왜 지금보다 못한 존재가 되어야 할까? "욕심을 줄여라.", "야망은 여성의 몫이 아니다.", "뭐든지 적당히 넘어갈 줄 알아라." 같은 얘기들 말이다. 당신의 문제는 그런 게 아니다. 완벽주의는 아주 강력한 에너지이다. 그래서 올바르게 활용할 줄 알아야 한다. 완벽주의가 과거에 당신의 삶을 괴롭혔다는 사실을 인정한다. 하지만 그건 완벽주의를 자신의 힘이자 재능으로 이해하지 않고, 존중하지 않은 채 부인했기 때문이다. 그저 깔끔함과 시간 엄수에 대한 강박증이라 비난했다. 진정한 완벽주의는 어느 쪽과도 거의 관련이 없다.

나는 대화의 초점을 약점에서 강점으로 바꾸고자 한다. 나는 우리가 투쟁하고 성장하고 번영하는 방식을 탐구하는 데 오랫동안 집착했다. 인간이 서로 연결되는 방식에는 항상 답보다 질문이 더 많을 것이라 확신하지만, 그래도 지금까지 모은 답들로 이 책을 채우려 노력했다. 이 책은 자신의 본질에 가까워짐으로써 자기가 원하는 것을 더 많이 얻는 법을 알려주기 위해 집필했다.

내가 오랫동안 자문해온 질문 하나는 누군가 "나는 완벽주의자다."라고 말할 때 그게 무엇을 의미하느냐는 것이다. 이 책에는 5가지 유형의 완벽주의자를 담아냈다. 자기가 그중 어떤 유형인지 확인하면 자기 재능을 100% 발휘할 수 있다. 또 완벽주의자가 되지 않기 위해 애쓰느라 의지력을 낭비하는 것도 멈출 테고, 새롭게 해방된 모든 에너지를 자신의 가장 진정한 자아를 위해 이용하게 될 것이다. 나는 당신에게 아무런 문제도 없을 가능성에 모든 걸 걸겠다.

1장

나는 어떤
완벽주의자일까?

자기 내면의 상황을 의식하지 못하면
그것은 운명처럼 외부에서 일어난다.

— 칼 구스타브 융 Carl Gustav Jung

♦   5가지 유형의 완벽주의자

게으른 완벽주의자는 이 문장 쓰는 것을 어려워한다. 완벽주의자에 관한 책의 첫 문장이니 당연히 완벽해야 한다고 생각하기 때문이다(세상에서 가장 완벽한 문장은 게으른 완벽주의자가 머릿속으로 생각만 하고 실제로 쓰지 않은 문장이다).

　전형적 완벽주의자는 첫 문장을 쓰고, 마음에 들지 않으면 그런 문장이 존재했다는 사실을 잊으려 애쓴다. 하지만 최소 10년은 수치심에 시달린다.

　열정형 완벽주의자는 첫 문장을 쓰고 마음에 안 들면 그 좌절감을 잊으려고 전혀 관련 없는 것들에 시비를 건다.

　낭만형 완벽주의자는 자기가 첫 문장을 썼다는 사실을 모른 척하

면서 "그러고 보니 그런 설 썼던 것 같기도 하고…"라며 얼버무린다. 그러면서 속으로는 내심 모두가 그 문장을 마음에 들어 하길, 그리고 자기도 좋아해 주길 기대한다.

난잡형 완벽주의자는 자기가 쓴 첫 문장에 감탄하며 17개쯤 더 쓴다. 심지어 그 문장 하나하나에 전부 애착을 느낀다. 눈에 넣어 안 아픈 자식 없듯이 자기가 쓴 문장 중에서 하나만 선택하지 못한다.

이들의 공통점은 스스로 완벽주의자라고 생각하지 않을 수도 있다는 것이다. 그리고 완벽주의를 어떻게 관리하느냐에 따라 그것이 자신을 억누를 수도, 능력을 향상할 수도 있다는 사실을 모른다. 여기서 관리는 완벽주의자가 반사적으로 느끼는 중요한 충동을 인식하는 것이다. 완벽주의자는 현실과 이상의 차이를 계속 의식하고, 그 간극을 메우고 싶다는 충동을 자주 느낀다. 완벽주의는 보이지 않는 언어이고, 완벽주의 유형은 사람에 따라 조금씩 다르게 드러나는 그 언어의 독특한 억양이다.

난 완벽주의자가 내뿜는 에너지를 좋아한다. 그래서 완벽주의자를 전문적으로 상담하게 됐다. 그들은 항상 한계를 넓히려 노력하고, 자극받으며, 욕망의 깊숙한 곳까지 파고드는 걸 두려워하지 않고, 끊임없이 더 많은 것과 연결되려고 애쓴다. 지금보다 더 많은 걸 원한다는 사실을 인정하는 건 대담한 행동이다. 나는 그런 완벽주의자들의 모습에 자석처럼 끌렸다.

나 같은 경우 인생에서 가장 혼란스러운 순간에 내가 완벽주의자라는 것을 깨달았다. 통제력을 한꺼번에 잃기 전까지는 내가 통제에 집착하는 줄 몰랐다. 나는 내 인생이 순조롭게 고공 행진을 시작할 때 암 진단을 받았다. 어렵게 가진 아기를 유산했고, 항암 치료를 받았다. 몸이 아프면서 생긴 여러 가지 일 때문에 엄청나게 많은 시간을 허비했다. 머리카락도 다 빠졌다. 즐거운 신혼 생활도 잃었다. 수년간 노력해서 얻은 기회를 눈앞에서 날렸다. 내가 공들여서 완벽하게 구성해놓은 삶에 대한 계획도 다 잃었다.

한순간 급류에 휩쓸렸다가 무언가가 나를 폭포 뒤편의 고요하고 보이지 않는 곳으로 끌어당기는 기분이었다. 당시 나는 완벽주의에 저항하고 있었다. 몸이 아프면 당연히 최소한의 일만 하면서 휴식해야 한다. 그래서 심신 안정을 위해 열심히 노력했지만, 결과는 참담했다. 무력감이 몰려왔고, 차라리 바쁘게 일하고 싶었다. 어떤 보상이나 회피를 위해서가 아니고, 그냥 일과 삶에 적극적으로 몰두하는 게 좋아서 그랬다.

완벽주의자 내담자들이 상담실에서 풀어놓는 엄청난 에너지는 무력감과 완전히 대조된다. 그들의 들끓는 에너지는 자석 같은 힘을 발휘한다. 무한한 잠재력으로 가득했으며, 파괴적인 동시에 건설적이었다. 그렇게 나와 내담자 사이에 점점 늘어나는 차이를 인정하면서 우리 사이에 늘 존재했던 유사점도 깨닫게 되었다.

완벽주의가 지닌 힘을 깨달으니 그 힘을 되찾고 싶었다. 예전부터 내담자들이 역동적인 에너지를 본인에게 유리한 방향으로 활용하도록 도왔지만, 그때는 내가 하는 일을 제대로 표현하지 못했다. 나의 완벽주의 충동을 억누르려고 노력한 뒤에야 그 안에 어떤 힘이 담겨 있는지 깨달았다.

휴대폰을 어디에 뒀는지 맨날 잊어버리고, 마트 계산대에서 뒤에 서 있는 낯선 사람에게 영양가 없는 말을 거는 나 같은 여자도 완벽주의자가 될 수 있다면, 누구든지 자기도 모르는 새 완벽주의자가 될 수 있지 않을까?

이 궁금증을 풀기 위해 완벽주의를 낱낱이 뒤집어보기 시작했다. 내가 가진 완벽주의 성향을 확인하고 그동안의 경험을 꼼꼼히 살펴보니 명확한 패턴이 드러났다. 하나의 핵심 개념이 5가지 독특한 표현형으로 나타났다. 5가지 유형의 완벽주의자가 존재하는 것이다.

◆　　　　　　　　　　　　　　　전형적 완벽주의자

오전 11시, 클레어는 약속 시간 정각에 사무실 문을 열었다. 그런 다음 매주 앉는 자리에 똑같이 앉아 휴대폰을 옆에 두었다. 전형적 완벽주의자는 물체를 다룰 때 극도로 신중하다. 그들에게 휴대폰을 내려놓는 행위는 양손으로 휴대폰을 잡고 내려놓은 다음 0.5초 동안 각도를 살짝 기울여 원래는 아무렇게나 놓았을 소파에서의 위치를 공식적으로 지정한다는 뜻이다.

당연한 얘기지만 전형적 완벽주의자는 전형적이다. 클레어는 마치 모든 물건을 그날 아침 새로 사서 인생을 시작하는 것 같았다. 그녀가 내 소파에 앉는 것만으로 소파가 깨끗해진 느낌이었다. 클레어의 가방에는 휴지 조각 하나도 없을 거라는 생각마저 들었다. 그런 그녀가 나와 대화할 때는 솔직하게 마음을 터놓았다. 눈에 보이지 않는 자기 삶의 부스러기와 작은 조각, 그리고 안타깝게도 당장 해결할 수 없는 문제까지 다 털어놨다.

그녀의 표면 아래 그런 혼란을 알아차린 건, 클레어가 나에게 자기 내면을 허락했기 때문이다. 고도로 자기 수양을 쌓은 전형적 완벽주의자는 자신을 획일적인 방식으로 표현하는 데 능숙해서 감정적인 온도를 측정하기가 어렵다. 흥분했는가? 화가 났는가? 인생 최고의 행복을 느끼고 있는가? 아무도 알 수 없다. 그들은 항상 곧 사진이라도 찍을 것처럼 옅은 미소를 짓고 있다. 이런 스타일은 진정성이 없다고 해석하기 쉽지만, 결코 그렇지는 않다.

다른 사람이 접근하기 힘들거나 거만하다고 느껴질 수도 있다. 하지만 이들이 자기 주변에 구축하는 질서는 벽을 쌓기 위한 게 아니라 존경받기 위한 것이다. 전형적 완벽주의자는 남들과 거리를 두려는 게 아니라, 자기가 가장 중요하게 여기는 걸 다른 사람에게도 제공하려고 하는 것이다. 그들이 중요시하는 건 체계, 일관성, 예측 가능성, 정보에 입각한 선택을 하기 위해 모든 상황을 이해하는 것, 높은 기준, 객관성, 체계화를 통한 명확성 등이다.

전형적 완벽주의자는 무질서를 좋아하지 않는다는 사실을 분명하게 밝힌다. 또한 자신의 완벽주의를 자랑스럽게 여긴다. 그건 자아 소외적인 정체성 특징과 반대되는 자아 친화적인 측면이다. 확고한 직업윤리와 그에 걸맞은 인내심을 자랑하는 전형적 완벽주의자들은 자신의 통제 스타일을 으스댈 수밖에 없다.

단점은 크고 작은 일정 변경에 어려움을 겪고, 즉흥적인 상황을 스트레스로 여긴다는 점이다. 계획 중심으로 돌아가는 생활은 예상치 못한 즐거움을 발견하는 데 어울리지 않는다. 이런 완벽주의자는 계획되지 않거나 목표 지향적이지 않은 방식으로는 성장할 기회가 전혀 없다.

전형적 완벽주의자는 남들 눈에 취약한 부분이 없어 보이기 때문에 인간관계를 맺기 어려울 수 있다. 우리는 외부의 신뢰성과 내면의 힘을 혼동하는 경향이 있는데 그건 실수다. 전형적 완벽주의자는 가장 힘든 시기에도 가장 밝을 때만큼 신뢰를 줄 수 있다. 하지만 항상 좋은 모습을 보인다고 해서 그들이 천하무적이라는 뜻은 아니다.

◆　　　　　　　　　　　　　　　낭만형 완벽주의자

상담 10분 전, 로렌에게 메시지가 왔다. "미안한데 좀 늦을 것 같아요. 최악의 날이네요." 얼마 뒤 로렌이 비에 흠뻑 젖은 상태로 들어왔다. 그녀는 내가 코트를 받아서 옷걸이에 걸려고 돌아서는 사이 울음을 터뜨렸고, 울어서 미안하다고 사과했다.

우리는 오늘 아침 일찍 참석한 회의에 대해 얘기했다. 그녀는 회의가 엉망이라고 느꼈다. 나는 그녀가 말을 끝내기를 기다렸다가 "대체 뭐가 문제인지 모르겠네요."라고 말했다. 로렌은 흥분해서 대답했다. "그 사람이 날 좋아하지 않는데, 그게 싫어요!" 난 로렌이 말하는 사람이 그녀의 직속 상사라는 걸 알고 있다. 그 상사는 로렌이 하는 일을 존중했고, 무례하게 굴지 않았으며, 월급까지 인상해줬다. 그런데도 자기를 별로 좋아하지 않는 것 같다는 거다.

로렌도 모든 사람이 모든 사람을 좋아할 수는 없으며, 그걸 개인적인 문제로 받아들일 필요는 없다는 걸 알고 있었다. 그럼에도 상사가 자신과 사적으로 가까워지지 않는다는 사실이 로렌을 괴롭혔다. 그녀는 그걸 그냥 내버려 둘 수가 없었다.

낭만형 완벽주의자는 완벽하게 사랑받기를 바란다. 그건 다른 유형의 완벽주의자에겐 중요하게 여겨지지 않는 성취다. 낭만형 완벽주의자는 다른 모든 게 원하는 대로 정확하게 진행되고 있어도, 자기가 가까워지고 싶은 사람과 친해지는 데 어려움을 겪으면 모든 게 무의미하다.

낭만형 완벽주의자는 표면적으로는 다른 이들에게 호감 사는 걸 좋아하지만, 더 깊은 내면을 들여다보면 이상적인 연결을 원한다. 그들의 성취와 탁월함을 유지하려는 완벽주의적 충동은 주로 대인관계에서 나타나는데, 모든 사람과 이상적인 관계를 맺고 싶어 한다.

전형적 완벽주의자와 다르게 낭만형 완벽주의자는 자신의 완벽주의를 숨긴다. 그들은 힘들이지 않고 일을 처리하는 것처럼 보이고 싶어

한다. 낭만형 완벽주의자는 자기가 일을 얼마나 잘하고 다른 사람들이 자기를 어떻게 생각하는지 매우 신경쓰지만, 한편으로는 자기가 신경 쓰는 것에 묘한 부끄러움을 느낀다. 타인의 인식에 감정적으로 영향을 받고, 남의 환심을 사려는 욕구가 강하다.

이런 경우 자기가 얼마나 노력했는지 드러내는 데 서툴다. 예를 들어, 낭만형 완벽주의자가 사업을 시작한다면 아무에게도 말하지 않는다. 실패하면 어쩌지? 성공하리라는 확신도 없는 상태에서 왜 다른 사람들과 공유하는 위험을 감수해야 하지? 낭만형 완벽주의자는 자기가 너무 열심히 하는 것처럼 보이는 걸 참을 수 없다. 이 유형의 완벽주의자는 겉으로는 다른 사람들 생각에 연연하지 않고 자기만의 가치관과 목표에 따라 사는 것처럼 보이지만, 구석구석에서 은밀하게 남들의 동의를 기다린다.

낭만형 완벽주의자는 자기 결점을 본인이 편안한 방식으로 드러낸다. '난 당신 허락이 필요하지 않고, 날 좋아하든 말든 상관없으니까 그렇게 열심히 노력하지 않아'라는 메시지를 의도적으로 전달하려고 노력한다. 사실 이 메시지의 숨은 의미는 '당신은 내게 상처 입힐 수 없다'이다. 결국 겉으로 드러나는 메시지에는 맞는 부분이 하나도 없는 셈이다.

낭만형 완벽주의자는 자기가 하는 모든 일에 엄청난 감정적 에너지를 쏟는다. 그들은 자신의 투자에 상응하는 감정적 수익을 원하며, 그걸 얻지 못하면 상처받고 화낸다. 그들이 자주 상처받는 이유는 다른 사람들이 자신을 완벽하게 좋아하게 하려고, 손이 많이 안 가는 사람인 척하기 때문이다. 자신의 완벽주의를 관리하는 방법을 찾아내지 못한 낭만형 완벽주의자는 원하는 걸 명확하게 표현하지 못한다.

낭만형 완벽주의자는 대인관계가 가장 중요하다. 본의 아니게 거리감과 우월감을 내뿜는 전형적 완벽주의자와 달리, 낭만형 완벽주의자는 무수히 많은 의미 있는 관계를 동경하고 자기 삶에 그런 관계를 끌어들이면서 살아간다.

수용적이고 개인적인 판단을 피하는 성향인 낭만형 완벽주의자는 자신의 관심을 표현하고, 경계를 구현하고, 자신의 풍부한 연결 능력에 보답하는 사람, 장소, 사물을 포용하는 법을 배우면 멈출 수가 없다.

◆   게으른 완벽주의자

레일라는 똑똑하고 능력 있고 자신감 넘치는 사람이다. 그런데 직장을 그만둘 엄두가 나지 않아 나를 찾아왔다. 라일라는 직장을 그만두기 위해 돈을 저축했다. 이직과 관련된 책은 전부 구해서 읽었다. 이직할 수 있는 다른 전문직 루트를 모두 확인했다. 또 이유는 잘 모르겠지만, 아무것도 얻을 게 없는 행사에도 정기적으로 참석했다.

그녀는 자기가 시간을 낭비하고 있다는 사실을 알고 있었다. 레일라는 퇴사 날짜를 정하는 것만 빼면 필요한 작업을 모두 끝냈다. 하지만 아직 완벽하게 이직을 준비하지 못했기 때문에 퇴사 날짜를 정할 수가

없었다. 이런 상태로 2년이 지났다.

게으른 완벽주의자는 일을 시작하기 전에 조건이 완벽해지기를 기다린다. 계속 머뭇거리면서, 가장 하고 싶은 일을 하지 못할 때 생기는 공허함과 함께 살아간다. 심지어 뭔가를 해낼 수 있을 때도, 그걸 계속하려면 다시 시작해야 하기 때문에 계속하기 어렵다는 걸 깨닫곤 한다. 이런 유형의 완벽주의자는 단기 목표를 달성하기 위한 소규모 프로젝트는 쉽게 시작하고 끝낼 수 있지만, 장기 프로젝트는 여러 번 중단했다가 다시 시작해야 하거나, 포기해버린다.

게으른 완벽주의자에게는 저녁 약속을 잡는 게 사직서를 제출하는 것만큼이나 힘들다. 이런 완벽주의자의 문제는 어떤 프로세스를 시작하면 그 프로세스가 오염된다는 것이다. 이제 현실이 된 프로세스는 더 이상 완벽할 수 없다.

레일라는 너무 우유부단한 탓에 아무것도 선택하지 않았다. 레일라는 삶을 수동적으로 살았는데, 그녀를 가장 괴롭힌 건 스스로 불행에 빠트렸다고 느낀 것이다. 게으른 완벽주의자는 본인의 상태를 자각할수록 자신에 대해 더 좌절한다. 그들은 자신의 재능을 무서울 정도로 인식하고 있다. 고통스러운 이유는 자기가 할 수 있다는 걸 알지만, 아직 그걸 할 준비가 안 됐기 때문이다. 그들은 자기보다 못한다고 생각되는 다른 사람들이 직장에서나 개인적인 이정표에서 자기를 앞서는 모습을 보면 매번 속이 쓰린다.

자기가 할 수 없다고 생각하는 일을 다른 사람이 해내는 모습을 보는 것은 또 다른 문제다. 그런 경험에는 경외감이 담겨 있다. 그런데 자기가 잘할 수 있다고 생각하는 일을 다른 사람이 해내는 모습을 보면 어떨까? 그것도 제일 하고 싶은 일을? 그럴 때는 경외감이 패배주의와 분노에 뒤섞인 덩어리로 가려질 것이다.

게으른 완벽주의자는 자기에게 에너지가 더 많으면 그 일을 할 수 있을 거라고 생각하지만, 그렇지 않다. 게으른 완벽주의자에게는 이미 충분한 에너지가 있고 전혀 게으르지도 않다. 그들에게 없는 건 수용 능력이다. 지금이 뭔가를 시작할 수 있는 유일한 시간이고, 지금 당장 머릿속에 있는 완벽한 뭔가를 현실 세계로 가져와 그게 달라지는 모습을 받아들여야 한다.

게으른 완벽주의자는 어떤 일을 시작할 때 다른 유형의 완벽주의자가 경험하지 못하는 상실감을 느낀다. 아마 회피가 가장 자연스러운 감정적 반응일 것이다. 따라서 이런 유형에게는 망설이는 습관이 매우 강력하게 드러난다. 무의식적인 수준에서 어렴풋한 상실감이 느껴지면, 게으른 완벽주의자는 엉뚱하게도 시작을 회피하는 이유를 야망 부족으로 돌린다.

자신의 완벽주의를 관리하지 않는 게으른 완벽주의자는 자기혐오에 빠진다. 그들은 노력하면 더 잘할 수 있겠지만 위험을 감수하지 않는다. 그리고 이것이 그들을 괴롭힌다. 자신의 완벽주의를 좋아하는 전형적 완벽주의자나 실패를 감수하는 낭만형 완벽주의자와 다르다. 게으른 완벽주의자는 자기도 시작하고 싶다는 걸 증명할 방법이 없다. 게으른 완벽주의자를 가장 짜증 나게 하는 건, 자기가 시도만 했다면 뛰어난 능력을 발휘했을 수도 있는 것들에 대한 힌트다.

게으른 완벽주의자는 수동적인 상태에서 능동적인 상태로 전환하는 방법을 배운다면 지금까지 이해하기 어려웠던 내면의 힘에 접근할 수 있다. 그러면 정말 볼만한 일이 일어나게 될 것이다. 내가 완벽주의자와 일하면서 가장 좋아하는 부분은 세상 모든 게으른 완벽주의자들의 긁지 않은 복권을 확인하는 것이다.

◆　　　　　　　　　　　　난잡형 완벽주의자

나는 상담할 때 숙제를 거의 내주지 않는다. 그건 내 스타일이 아니다. 하지만 페이한은 예외였다. 나는 그녀에게 3달 정도 다큐멘터리를 그만 보라고 했다. 페리한은 극한의 난잡형 완벽주의자였기 때문이다. 어떤 주제에 관한 다큐멘터리를 볼 때마다 거기에서 영감을 받은 새로운 목표를 향해 전속력으로 돌진했고, 그와 동시에 자기가 달성하고자 노력 중인 다른 여러 가지 목표도 함께 시도했다. 요가 강사 자격증 취득을 위한 온라인 강좌, 브루클린 예술 위원회의 레지던스 신청, 에어비앤비 슈퍼 호스트가 되기 위해 아파트 꾸미기 등 그녀의 할 일 목록은 끝없이 이어졌다.

페이한은 흥미로운 주제에 대한 새로운 정보를 알게 되거나 감정적으로 애착을 느끼면 자기 뇌가 폭죽이 터지듯 불을 뿜는 걸 막을 수 없었다. 그건 머릿속에 개선, 해결, 창조를 위한 아이디어가 넘쳐나는 조증에 가까운 증상이었다. 그녀가 만들어내는 가능성의 양은 어마어마했는데, 페이한에게는 그게 쉬운 일이었기 때문에 더 그랬다.

난잡형 완벽주의자는 시작하는 걸 좋아한다. 게으른 완벽주의자와 다르게 난잡형 완벽주의자에게 시작보다 더 큰 기쁨을 주는 건 없다. 난잡형 완벽주의자는 일단 행복하게 시작하지만, 그 과정이 처음과 같은 흥분과 에너지를 안겨주지 못하면 추진력을 유지하기 힘들다. 하지만 처음과 같은 에너지를 끝까지 유지한다는 건 거의 불가능하기 때문에 난잡형 완벽주의자는 수만 가지 프로젝트를 시작하기만 하고 결국 모두 포기한다.

난잡형 완벽주의자는 아이디어의 가장 초기 단계부터 소문내는 것을 부끄러워하지 않는다. 다른 사람에게 자신의 목표를 선언하는 게 떳떳하다고 느껴질 만큼 충분한 견인력을 얻기 전까지는 자기가 하려는 일을 숨기는 낭만형 완벽주의자와는 다르다. 그리고 전형적 완벽주의자와 다르게 난잡형 완벽주의자는 규율을 중시하는 사람이 아니기 때문에 규율에 전혀 신경 쓰지 않는다.

난잡형 완벽주의자는 노골적으로 한계를 무시하고, 무엇이든 할 수 있지만 모든 걸 할 수는 없다는 생각을 받아들이지 않는다. 뭔가를 완성하려면 집중력이 필요하다. 가장 중요한 문제에 집중하려면 부차적인 기회는 거절해야 한다. 모든 문제가 전부 가장 중요할 수는 없다.

난잡형 완벽주의자는 위계질서를 거부한다. 그들은 마음만 먹으면 모든 일이 한꺼번에 해결될 수 있다고 확신하는 낭만주의자들이다. 난잡형 완벽주의자에게는 사랑스러운 순진함이 있다. 세상에는 난잡형 완벽주의자가 필요하다. 그들은 가능성의 옹호자다. 그들은 새로운 시작에 대한 불안감을 쉽게 밀어낸다. 자신의 열정과 낙관주의로 다른 이들에게 영감을 준다. 그들이 주변에 없다면 세상은 어두워질 것이다. 난잡형 완벽주의자는 엄청난 재능을 가지고 있지만, 그 어떤 재능도 집중력 없이는 결실을 맺을 수 없다.

모든 난잡형 완벽주의자가 시작한 일을 끝내고 싶어 하는 건 아니다. 어떤 사람은 갑작스럽게 시작했다가 갑작스럽게 포기하는 걸 좋아하고, 그에 완벽하게 맞는 직업과 생활 방식을 갖고 있다. 게다가 '난잡형'은 부적절한 명칭이다. 난잡형 완벽주의자는 계획을 발표할 때 정신 없어 보이거나 말 그대로 주변을 엉망으로 만드는 게 아니라, 100만 가지 일을 동시에 하려다 보니 일이 계속 쌓이는 것이다. 난잡형 완벽주의자는 자기만 이해하는 특정한 방식으로 일을 정리한다. 예를 들어, 그들의 컴퓨터에는 본인은 완벽하게 이해하지만 다른 사람은 이해할 수 없는 일련의 문서가 저장되어 있을 것이다.

'개 산책 사업 계획'

'개 산책 사업 계획 2'

'개 산책 사업 계획 휴가 이후'

'개 산책 사업 계획 신규'

'개 산책 사업 계획 진짜'

'개 산책 사업 계획 최종'

'개 산책 사업 계획–이게 진짜 마지막'

이런 상황을 그들이 하려는 모든 일에 대입해보면 문제가 어떤지 알 수 있다. 어디선가 3번 이상 결혼하는 사람들은 재혼할 때 항상 "이번엔 진짜야!"라는 안도감을 느낀다는 글을 읽었다. '순수한 낙관주의로 벅차오르던 가슴이 다시 돌처럼 가라앉으면 얼마나 힘들까' 하고 생각했던 기억이 난다. 그것도 여러 번씩 반복해서 그런다니 말이다. 이게 바로 완벽주의를 제대로 관리하지 않는 난잡형 완벽주의자들에게 일어나는 일이다. 그들은 새로운 시작이라는 황홀한 도취에 사로잡혀 있다가, 그 일을 완료하는 데 필요한 지루한 일에 정신이 번쩍 들면서 환멸을 느낀다.

난잡형 완벽주의자는 아무것도 포기하지 않아도 모든 걸 다 할 수 있고, 한계 없이 존재하는 방법을 알아낼 수 있다고 믿는다. 그러다가 할 수 없다는 사실이 명백해지면 무너진다. 게으른 완벽주의자처럼 난잡형 완벽주의자도 자신의 완벽주의와 관련된 손실을 경험하는데, 다만 손실을 겪는 단계가 다를 뿐이다. 설상가상으로, 그들은 에너지를 너무 다양한 방향으로 분산시키기 때문에 하나도 제대로 끝내지 못한다.

우리도 모두 약점이 있고 가끔씩 그 약점에 부딪히지만, 난잡형 완벽주의자는 그런 일을 겪으면 무조건 자기 잘못이라 생각한다. 자기는 끈기가 없고 아이디어도 형편없다는 것이다.

어떤 경우에는 이런 좌절 때문에 예상치 못한 우울증이 발생할 수도 있는데, 이는 난잡형 완벽주의자가 평소에 보여주는 낙관적이고 에너지 넘치는 모습과 극명한 대조를 이루기 때문에 본인이나 가장 가까운 사람들에게 매우 무섭게 느껴진다.

난잡형 완벽주의자가 자신의 열정을 역동적으로 실행할 수 있는 하나의 의도적인 임무로 전환하는 방법을 배운다면, 세상을 장악하게 될 것이다. 탁월한 기업가인 마리 폴레오Marie Forleo는 본인의 능력을 제대로 이해한 난잡형 완벽주의자의 좋은 예이다. 폴레오는 주체하지 못할 정도로 많은 아이디어를 통해 정말 세상을 바꿔놓은 진정한 낭만주의자다. 물론 그 아이디어를 활용하는 방법도 다 안다. 폴레오의 성공 비결은 1가지 일에만 집중하는 방법을 스스로 터득하고, 기분이 좋지 않을 때도 일을 계속하는 전문가다운 방식을 받아들였다는 것이다. 그러면서도 자신의 높은 기준을 포기하지 않았다.

◆   열정형 완벽주의자

예전에 쓰던 사무실 건물은 보안이 아주 철저했다. 방문객은 로비에서 신분증을 확인받아야만 엘리베이터를 탈 수 있었다. 던은 첫 번째 상담

시간 중 5분 넘는 시간을 그 보안 시스템이 얼마나 비효율적이고, 바보 같은지 설명하는 데 썼다. 그녀는 정말 말 그대로 부글부글 끓고 있었다. 그 적대감은 이 사무실을 쓰고 있는 나나, 이 사무실을 찾아온 그녀 자신이나, 로비의 보안 요원을 향한 게 아니었다. 그저 시스템에 대한 반감이었다. 한마디로 허공과 맞서 싸우는 것이다.

열정형 완벽주의자의 적대적 에너지가 항상 실존주의와 관련된 건 아니다. 열정형 완벽주의자는 일부러 남의 화를 돋우려고 그럴 때도 있다. 나는 한 5분쯤 듣다가 던의 말을 끊었다. "자리에 앉는 순간부터 지금까지 출입 시스템에 관해 얘기하네요. 그게 짜증 나는 건 이해해요. 그런데 이 건물의 보안 시스템에 대한 불만 외에 느껴지는 다른 감정은 없나요?"

던은 적대감을 모두 끌어모아 내 이마 한가운데를 겨냥했다. "당신은 내 말을 들어주는 대가로 돈을 버는 거잖아요. 이게 내가 하고 싶은 얘기예요." 던은 내가 이 일을 처음 시작할 때 의무적으로 상담받아야 하는 15살 소녀들을 수없이 상대했다는 사실을 모른다. 던에게는 내 경험에 필적할 만한 전투력이 없었다. "당신이 나한테 돈을 내는 이유는 도움을 받기 위해서죠. 반성 없는 되새김은 아무 도움도 되지 않아요."

열정형 완벽주의자는 완벽한 결과를 원한다. 어떤 열정형 완벽주의자는 자신의 원대한 비전에 초점을 맞추면서 다른 사람들의 비전은 폄하한다. 전형적 완벽주의자도 비슷한 목표를 가질 수 있지만, 차이가 있다면 전형적 완벽주의자는 주변에 자신의 기대를 강요하는 게 합리적이지 않다는 걸 알고 있다. 열정형 완벽주의자는 자기가 원하는 효율화에 문제가 생겼다는 걸 감지하자마자 무너진다. 때로는 그들의 분노가 바깥쪽을 향하기도 하지만, 대부분 안쪽을 향한다. 열정형 완벽주의자는 남들의 호감을 사는 것에 별로 신경 쓰지 않는다.

회의에 참석한 다른 사람들이 모두 불필요한 공손함을 표출하는 동안 열정형 완벽주의자는 "그건 효과가 없을 거예요. 다음 아이디어는 뭐죠?"라며 불필요한 말은 다 쳐내고 요점만 말한다. 이건 아주 큰 강점이다. 열정형 완벽주의자는 손쉽게 직설적이고 투명한 태도를 취할 수 있다.

일관되게 획일적인 방식으로 의견을 표현하는 전형적 완벽주의자와 다르게 열정형 완벽주의자는 와일드카드다. 어떤 사람은 극도의 자제력을 발휘하는 반면, 어떤 사람은 직장에서 짜증 내기, 분노 때문에 충동적인 결정 내리기 등 약간은 무모하다. 그들의 비정상적인 직업윤리는 자기 업무를 남에게 맡기는 것에 가깝고 본인의 신체적, 정서적 안녕뿐만 아니라 대인관계에도 심각한 타격을 입힐 수 있다.

열정형 완벽주의자의 주변 사람들 가운데 아직 대처하는 방법을 배우지 못한 이들은 피해자가 되기 쉽다. 이 유형은 자신의 완벽주의 기준을 다른 사람에게도 투영하기 때문에, 자신의 완벽주의를 억제하지 않는 진정한 열정형 완벽주의자에게 저항하기란 매우 힘들다. 더 극단적인 사례를 접한 대부분의 건강한 사람들은 결국 한계점에 도달해서 떠나버린다.

열정형 완벽주의자는 자신의 성취감을 정의하기 위해 해당 과정의 결과에 의존하는 경향이 다른 유형들보다 크다. 열정형 완벽주의자가 목표 달성에 실패하거나 자기가 상상했던 방식으로 달성하지 못한다면, 그들은 그 모든 노력을 실패로 간주한다. 열정형 완벽주의자는 그 과정에서 얻은 교훈을 비롯해 그 어떤 것으로도 실패를 상쇄하지 못한다고 생각한다. 목표를 달성하지 못한다면 모든 게 헛수고다. 다른 사람들은 그들의 관점을 바꾸려고 애쓴다. 물론 열정형 완벽주의자는 그런 말은 들은 척도 안 할 것이다.

열정형 완벽주의자는 완벽주의를 관리하는 방법을 배우기 전까지는 그 과정에서 가치를 느끼지 못하기 때문에 고립감을 느낀다. 다른 사람들은 결과에 상관없이 성취감과 목적의식을 느낄 수 있는 듯한데, 열정형 완벽주의자는 이런 모습을 이해하거나 공감하지 못한다.

열정형 완벽주의자의 경우 성취 욕구가 건강이나 대인관계 같은 다른 모든 우선순위를 압도한다. 열정형 완벽주의자는 항상 미래의 상태를 기준으로 자기 삶을 언급한다. 'OO를 달성한 뒤에 아이들과의 관계를 회복할 거야', 'OO를 달성한 뒤에 건강에 집중할 거야'. 이런 근시안적인 사고방식 때문에 열정형 완벽주의자가 이길 수 없는 상황이 생긴다. 열정형 완벽주의자가 원하는 결과를 얻지 못하는 순간, 패배주의가 그들의 관점을 포화시킨다. 또한 아직 완벽주의를 관리하는 방법을 모르는 열정형 완벽주의자들은 원하는 결과를 얻어도 실망스러운 일이 생긴다. 그 과정에서 자기 성찰이 일어나지 않은 탓에 아무런 의미도 얻지 못했기 때문이다. 의미는 우리의 경험을 채워준다. 의미가 없으면 승리도 중요하지 않다. 기쁨도 제대로 느껴지지 않고 공허할 뿐이다.

열정형 완벽주의자는 과정을 목적을 위한 수단으로 취급한다. 그 때문에 발생하는 대가를 고려할 기회가 없다. 당신의 팀이 다른 팀들을 능가하는 것도 좋지만 다음 분기에 팀원 절반이 그만둔다면 어떻게 될까? 자녀가 당신이 억지로 밀어붙인 명문대에 합격한다면 좋겠지만, 아이가 대학 입학 후 2년 동안 끊임없이 자퇴 충동에 시달린다면? 자기 인식 수준에 따라 다르지만, 열정형 완벽주의자는 자기가 다른 사람에게 가한 압박 때문에 생긴 부정적인 영향과 관련해서 본인의 역할을 최대한 축소할 수도 있다.

우리 사회는 열정형 완벽주의자들을 너무 낭만화하는 경향이 있다. 커피를 무한정 들이켜면서 밤을 꼴딱 새우고, 돌파구를 찾거나 불가능한 목표를 달성하기 위해 자기 자신뿐만 아니라 주변 사람들까지 모두 강하게 몰아붙이는 전략가로 묘사하는 것이다. 몇몇 열정형 완벽주의자가 돌파구를 만들어내는 건 사실이다. 하지만 온갖 유형의 다른 사람들도 그런 돌파구를 만든다. 열정형 완벽주의자만 능력 있는 리더인 건 아니다.

열정형 완벽주의자가 결과보다 과정을 식별하고 연결하는 법을 배우면 높은 기준을 포기하지 않으면서도 더 많은 기쁨과 연결, 대인관계를 통한 만족감을 느낄 수 있다. 모든 열정형 완벽주의자는 남다른 결단력을 가지고 있다. 일반적이고 외부적인 성공 지표에 부합하는 성공을 목표로 삼은 열정형 완벽주의자는 길을 잃는다. 반면 본인이 정의한 성공을 목표로 할 때, 즉 자신의 가치관과 일치하는 목표를 세우고 그 과정을 의식적으로 조율한다면 열정형 완벽주의자도 무사히 집으로 돌아올 수 있다.

새로운 관점에서 자신과 다른 이들을 바라보면 각자가 고군분투하는 방식에 대해 공감하게 될 것이다. 당신이 기발한 아이디어를 가진 난잡형 완벽주의자인데 회사를 운영하고 있다면, 최대한 빨리 열정형과 전형적 완벽주의자를 회사에 영입해야 한다. 그렇지 않으면 회사 이름을 짓는 데서부터 막혀 아무것도 하지 못할 것이다. 당신이 게으른 완벽주의자인데 집을 팔고 싶다면 난잡형 완벽주의자를 저녁 식사에 초대해보자. 그러면 디저트가 나오기도 전에 집 꾸미기 일정을 잡고 부동산 중개인을 정하고 집을 매물 목록에 올릴 수 있다. 하지만 난잡형 완벽주의자가 후속 조치까지 해줄 거라고는 기대하지 말자.

2장

예민한 게 아니라
섬세한 것이다

우리는 내담자를 살펴보고 약점을 기록하라고 배운다.
그래서 내담자에게서 건강한 특성을 찾거나, 우리가
내린 결론에 의문을 제기하는 경우가 적다.

－데랄드 윙 수Derald Wing Sue

♦ 　　　　　　　　　　만족할 줄 모르는 열망을 깨워라

완벽주의를 일차원적이고 부정적인 개념으로 단순화하면 '완벽주의는 나쁘다'라고 받아들이기 쉽다. 나의 몸을 도저히 사랑할 수 없다고? 완벽주의 때문이다. 갑자기 찾아온 예상치 못한 권태감은? 그것도 완벽주의 때문이다. 목적지에 제시간에 도착하지 못할까 봐 불안한가? 거실 벽지 색을 고를 수 없는가? 불면증이 심해졌는가? 전부 완벽주의, 완벽주의, 완벽주의 탓이다.

　우리는 살면서 겪는 일상적인 좌절과 다양한 정신병이 완벽주의와 관련 있다고 반사적으로 생각한다. 하지만 정신 건강 분야에는 완벽주의가 무엇인지에 대한 표준화된 정의가 없다. 이렇게 임상적인 정의가 명확하지 않은 상황에서 학자들은 완벽주의자가 무엇을 의미하는지 독자적으로 정의를 내렸다.

이런 정의 가운데 완벽주의라는 다양하고 복잡하며 변화무쌍한 힘을 제대로 포착한 건 하나도 없다. 완벽주의가 무엇인지 확실하게 정의하려고 할수록, 완벽주의는 개별화된 방식으로 펼쳐지는 개념이라는 걸 깨닫게 된다. 연구원들은 지난 수십 년 동안 몇몇 완벽주의자는 성공하는 반면 다른 완벽주의자는 어려움을 겪게 만드는 요인이 무엇인지 탐구했다.

논란의 여지가 좀 있기는 하지만, 완벽주의는 적응적 완벽주의(완벽주의를 건전한 방식으로 유리하게 활용하는 것)와 부적응적 완벽주의(완벽주의를 건전하지 못한 방식으로 드러내는 것) 두 갈래로 나뉜다. 연구에 따르면 적응적 완벽주의는 더 높은 자존감, 업무 참여도, 심리적 안녕 등 다양한 이점이 있다. 적응적 완벽주의자는 스트레스를 느낄 때 갈등 회피 같은 부정적인 대처를 하지 않고, 문제 중심적이고 해결 지향적이다. 적응적 완벽주의자는 부적응적 완벽주의자에 비해 목표를 달성하려는 의욕이 더 강하다. 또 그들은 미래를 생각할 때도 걱정을 사서 하지 않는다. 이건 아마도 적응적 완벽주의가 몰입 상태(강렬하면서도 힘들이지 않고 작업이나 목표에 매진하는 순간)에 대한 중요한 예측 인자이기 때문일 것이다.

심리학자 요아킴 스퇴버Joachim Stoeber 박사는 《완벽주의의 심리학 The Psychology of Perfectionism》이라는 책을 썼다. 스퇴버는 완벽주의 연구로 저명한 학자인 캐슬린 오토Kathleen Otto 박사와 함께 적응적 완벽주의자들이 성공을 거두는 방법을 탐구했다. 이 연구가 주목받은 이유는 적응적 완벽주의자를 부적응적 완벽주의자 뿐만 아니라 비완벽주의자와도 비교했기 때문이다. 적응적 완벽주의자는 이 3개의 그룹 중에서 가장 높은 수준의 자존감과 협동심을 보였다. 그리고 미루기, 방어적인 태도, 부적응적인 대처 스타일, 대인관계 문제, 신체 불만 수준은 낮았다.

추가적인 3자 연구에서도 적응적 완벽주의자가 가장 높은 주관적 행복감, 삶의 만족도를 나타냈다. 그에 앞서 진행된 연구에서도 적응적 완벽주의자는 자기 비판적인 모습이 가장 적고 다른 사람들과 함께 일하는 데 관심이 많았다. 적응적 완벽주의자는 불안과 우울도 가장 낮았다. 그 때문에 적응적 완벽주의가 불안감과 우울증에 대한 보호 요인으로 작용할 수 있는지 알아보기 위한 추가 연구가 진행되었다. 적응적 완벽주의가 정서적 안전성을 높이고 '웰빙'을 촉진할 수 있을까?

놀랍게도 가능하다는 사실이 밝혀졌다. 하지만 완벽주의에 대한 주류 담론에는 적응적 완벽주의가 포함되어 있지 않다. 오히려 우리는 완벽주의의 전체적인 스펙트럼을 부정적인 방향으로 매도한다. 이는 완벽주의에 대한 일반적인 대화가 사실 완벽주의에 관한 게 아니라 부적응적 완벽주의에 관한 것임을 뜻한다.

현재로서는 '완벽주의는 나쁘다'라는 의견이 대부분이다. 완벽주의를 없애는 방법만 찾을 수 있다면 삶의 모든 부분이 좋아질 거라고 생각한다. 그럴 수만 있다면 얼마나 좋을까. 완벽주의자는 끊임없이 현실과 이상 사이의 간극을 메우고자 한다. 이러한 갈망은 평생 지속되므로 완벽주의는 심리적 불변성이 있다. 완벽주의자는 그 정체성과 끝없이 관련된다. 이건 내 연구에서도 입증된 사실이었고, '완벽주의자'가 영구적인 정체성을 뜻한다는 것은 연구계도 동의한 사실이다.

완벽주의는 관리해야 할 대상이지 파괴해야 할 대상이 아니다. 무언가를 성공적으로 관리하려면 그 시작점과 가장 발전된 반복 형태, 그리고 그 사이의 모든 걸 인식할 수 있어야 한다. 그러니 먼저 완벽주의가 무엇인지부터 제대로 이해해야 한다.

◆   야망은 보편적인 특성이 아니다

어떤 단어는 간단하게 정의를 내리기가 쉽지 않기 때문에 정의하기보다 설명하는 경우가 많다. 전구가 뭔지 정의하는 건 쉽지만 사랑이 뭔지 정의하는 건 어렵다. 모든 심리적 개념화는 본질적으로 이해하기 어려운 무언가, 즉 인간으로서의 특별한 경험을 포함하도록 설계되었다.

완벽주의는 생각, 행동, 감정, 인간관계를 통해 생기를 불어넣는 자연스러운 충동이다. 우리가 상상하는 이상을 실현하려는 보편적인 욕구는 사랑하고, 문제를 해결하고, 예술 작품을 만들고, 이야기를 들려주고 싶은 충동만큼 건전하다. 물론 이 자연스러운 충동을 경험하는 방식은 사람마다 다르다. 이야기하고 싶은 충동은 아주 자연스러운 것이지만, 소설가들은 이 충동을 매우 강하게 느끼기 때문에 직접 집필하는 것이다. 예술가가 작품 활동을 금지당할 경우, 그는 어떻게든 남몰래 그림을 그릴 것이다. 어떤 사람은 몇 달 혹은 몇 년씩 섹스하지 않고도 행복할 수 있지만 어떤 사람은 그렇지 못하다. 요컨대 모든 사람이 완벽주의의 자연스러운 충동을 언짢게 여기는 건 아니라는 얘기다.

야망은 보편적인 특성이 아니다. 사람들은 대부분 최선의 잠재력을 발휘하려고 끊임없이 자신을 밀어붙이지 않는다. 또한 이상을 추구하는 데 관심이 없다. 그들은 그런 생각조차 안 해봤을지도 모른다. 작가이자 영적 교사인 에크하르트 톨레Eckhart Tolle는 그런 이들을 가리켜 '주파수를 유지하는 자'라고 불렀다. 톨레의 말에 따르면 주파수를 유지하는 자의 역할은 혁명을 일으키고 진보하는 자들만큼이나 중요하다. 주파수를 유지하는 자는 그냥 존재 자체로 집단적 안정성을 제공하고, 밀고 나갈 수 있는 견고한 기반을 마련한다. 오히려 모든 사람이 한꺼번에 한계를 깨려고 한다면 너무 많은 혼란이 뒤따를 것이다.

완벽주의자들은 완벽주의 충동이 강하지 않은 사람들과 관계를 맺는 데 어려움을 겪는다. 그 반대의 경우도 마찬가지다. 어떤 것에 대한 충동이 강하게 느껴질수록 '다들 그렇게 느끼지 않아?'라고 생각하게 된다. 어떤 사람들은 완벽주의자와 다르게 이상을 실현하기 위해 노력해야 한다는 부수적인 압박감을 느끼지 않는다. 그러고도 이상에 대한 공상을 즐길 수 있다. 그들은 내면의 심한 잠재적 압박감을 느끼지 않는다. 그건 완벽주의자만 느끼는 감정이다. 또한 남보다 뛰어난 성과를 올리고 발전해야 한다는 만성적인 초조함을 느끼지도 않는다. 그들은 완벽주의자가 스스로 최고의 자아로 성장할 기회를 주지 않았을 때처럼 괴로워하지도 않을 것이다.

모든 인간이 다 마찬가지겠지만 완벽주의자도 연속체 상에서 작동한다. 연속체란 서로 다른 것들이 알고 보면 비슷한 것이라 하나라는 뜻이다. 이러한 완벽주의 연속체에는 개념적 이해부터 공백이 있다. 이 공백이 무엇이고 왜 존재하는지 이해하려면 정신 건강 분야가 질병 치료 모델을 기반으로 구축되었다는 걸 알아야 한다.

의료 분야에는 환자 치료를 위한 주요 프레임워크 2가지가 있다. 첫 번째는 질병 치료 모델이다. 질병 모델은 효율성과 진단에 투자한다. 목표는 무엇이 잘못되었는지 최대한 빨리 파악하고 치료할 수 있게 하는 것이다. 또 질병 모델은 원자론에 기반을 두는데, 원자론은 잘못된 것의 원인을 1가지로 추적할 수 있다는 생각을 뒷받침한다.

두 번째로 웰니스 모델은 반대로 전체론에 기반을 둔다. 전체론적 치료는 자신의 각 측면(사회적 환경, 직장 생활, 유전적 성향 등)이 불가분의 전체 안에서 서로 연결되어 있다는 것이다. 건강에 전체론적으로 접근한다는 것은 잘못된 부분 하나만 찾아내서 고치는 게 아니라, 전체적으로 더 건강해질 수 있도록 모든 부분을 강화한다는 얘기다.

질병 모델은 특정 상황에서는 가장 적절하고 알맞은 행동 방침이지만 문제점이 하나 있다. 부정적인 증상 제시에 의존한다는 것이다. 이 모델을 따르는 완벽주의는 결국 기능 장애 상태가 될 때까지 목표를 이룰 수 없다. 질병 치료 모델에 따라 움직일 경우 완벽주의를 개념화하는 방식에 강력한 영향을 미칠 뿐만 아니라, 정신 건강의 모든 측면을 개념화하는 방식에도 영향을 미친다. 아주 약간의 슬픔이나 스쳐가는 좌절감 때문에 긍정적인 감정이 감소하면, 이를 병리학적 추정에 따라 일일이 기록한다. 이건 문화적 틱 증상에 가깝다.

틱은 병리학 중심의 질병 모델에서 태어난다. 우리는 이해하려고 하기 전에 진단부터 내린다. "무슨 일이 일어나고 있는지 알아보자."라고 하는 게 아니라 "당신에게 무슨 문제가 있는지 알아보자."라고 말한다. 정신 건강 분야에 이렇게 기본적인 병리학을 내재했기 때문에, 우리는 정신 건강이라는 말을 들을 때 혼란스러운 것이다. 정신 건강은 정신 질환이 포함된 개념일까? 번영이나 건강과 관련된 것이니 정신 질환과는 별도로 분류해야 할까?

정신 건강의 큰 틀은 정신 질환과 웰니스를 모두 포함한다. 웰니스 부분을 정신 건강에 적극적으로 통합하는 데는 큰 진전을 이루었지만, 여전히 질환에 대한 반응적인 접근법에 있어서는 지나치게 수동적이다. 패턴화된 기능 장애를 드러내는 경향이 나타날 때까지 기다렸다가 그때서야 증상을 억제하려고 한다.

현재 정신 건강 상담에 대한 보험 보상을 받으려면 먼저 정신 건강 장애 진단부터 받아야 한다는 놀라운 사실은 우리의 치료 모델이 사전 예방을 목표로 하는 게 아니라 사후 대응적이라는 사실을 가장 명확하게 드러낸다. 이건 마치 독감에 걸려야만 손을 씻어도 된다고 허락해주는 것과도 같다.

완벽주의는 현상이지 장애가 아니다. 주류 문화권에서 완벽주의의 역기능 문제에 더 집중하는 이유는 정신 건강 산업이 질병 모델에 기반을 두고 있기 때문이다. 그래서 다들 모든 심리적 경험의 역기능적 재발에 더 집중하는 것이다.

✦　　　　　　고정관념을 허물고 완전히 벗어나라

당신이 의식적 또는 무의식적으로 완벽주의의 힘을 이용해서 자신을 돕고 치유한다면 그건 적응적 완벽주의다. 반대로 완벽주의의 힘을 의식적 또는 무의식적으로 이용해서 자신을 제한하고 상처를 입힌다면 그건 부적응적 완벽주의다.

완벽주의는 힘이다. 모든 종류의 힘과 마찬가지로 그 안에는 두 갈래로 양분된 잠재력이 내재되어 있다. 사랑은 건전한 관계와 유해한 관계를 모두 구축할 수 있다. 부는 박애 정신으로 이어지기도 하지만 착취하고도 관련이 있다. 아름다움은 예술적 영감을 불러일으키기도 하지만 사람을 대상화하는 경우도 있다. 지성은 백신을 개발해 전염성 질병을 없애서 많은 생명을 구하기도 하지만 한편으로는 원자 폭탄 같은 대량 살상 무기를 만들기도 한다. 따라서 완벽주의를 비롯한 모든 힘에는 경계가 필요하다.

부적응적 완벽주의는 당신의 인생 전체를 망쳐놓고는 뻔뻔스럽게도 파괴 비용에 이자까지 청구한다. 내부에서는 이 문제를 놓고 논쟁이 벌어지지는 않았다. 사정을 잘 아는 치료 전문가와 연구자, 학자들은 부적응적 완벽주의와 관련해 심각한 위험 요소가 있다는 것에 망설임 없이 동의한다. 이 책 전체에 걸쳐 이런 위험 요소에 대한 얘기가 많이 나오므로 당신은 위험 요소를 식별하고 적절하게 대응하는 방법을 배울 수 있다

위험 요소가 있는 곳에는 보호 요소도 있다. 정서적 안정을 높이고 웰빙을 촉진하려면 그런 조건을 만들어서 기반으로 삼아야 한다. 자기가 잘 알고 감정적으로도 친숙한 장소에서 위험 요소를 완화하고 보호 요소를 강조하는 것은 정신 건강의 모든 측면을 관리하는 것과 다름없다.

근절에 실패하더라도 통합은 성공할 수 있다. 완벽주의에 대해 통합적인 접근 방식을 취하려면 고정관념을 허물고 완전히 벗어나야 한다. 그래야 지금부터 새로운 생각이 시작된다. 완벽주의는 건강해지는 법을 배우기 전의 자기 모습이라고 배웠을 것이다. 제발 완벽주의를 극복해야 한다는 헛소리를 머릿속에서 지우기 바란다. 당신의 본모습 중에 회복이 필요한 부분은 전혀 없다. 그게 우리가 가장 먼저 해야 할 일이다.

두 번째는 자기가 가진 것에 감사하는 마음을 느껴야 한다. 자신의 완벽주의를 당연하게 여기지 말자. 모든 사람이 당신처럼 자기 자신과 주변 세계를 위한 가능성의 한계를 탐험하도록 밀어붙이는 충동을 느끼는 건 아니다. 완벽주의자는 현실적인 것에 구속되려고 하지 않는다. 이런 사고방식의 이점만 따져봐도 완벽주의는 매우 유용하다.

완벽주의자인 당신은 내면에 매우 많은 에너지를 품고 있어서 때로는 그걸 어떻게 써야 할지 모를 정도다. 하지만 그걸로 뭘 해야 할지 알아냈다면 어떨까? 행동을 주저할 경우 그 에너지가 당신 안에서 심하게 요동치면서 고통을 안겨줄 것이다. 그 고통을 저주하는 걸 멈추고 왜 그런 고통이 생겼는지 궁금해하자. 완벽주의자라면 더 많은 걸 원할 것이다. 원하는 게 무엇인가? 왜 그걸 원하는가? 원하는 걸 얻으면 어떤 기분이 들 것 같은가? 완벽주의는 당신의 본질과 이 삶에서 가장 원하는 것에 대해 깊이, 그리고 끝없이 탐구하게 한다.

자기가 원하는 걸 파악한 뒤에는 완벽주의에 부수적으로 따라오는 압박감이 목표를 향해 전진할 수 있는 동기를 부여할 것이다. 이상주의자와 다르게 완벽주의자인 당신은 공상에 만족하지 않는다. 목표를 이루기 위해 뭔가를 해야 할 것이다. 처음에는 완벽주의의 이런 실행 특성이 짜증 나고 좌절스럽고 견디기 어려울 수 있다. 하지만 완벽주의를 관리하는 법을 배우면 그로 인해 압도당하는 일이 줄어들 것이다.

당신은 자기 내면의 추진력에 감사하기 시작할 것이다. 그 추진력이 해가 되는 게 아니라 잠재력을 끌어낸다는 걸 알게 된다. 그러면 추진력을 회피하던 사람도 그걸 존중하게 되는데, 그러려면 자신의 에너지를 잘못된 방향으로 돌리는 걸 멈춰야 한다. 그러면 상상했던 것 이상으로 성장할 수 있다.

우리가 완벽하다는 말을 들었을 때 얼마나 방어적인 태도를 취하게 되었는지 생각하면 슬프면서도 이상한 기분이 든다. "어떻게 그런 말을 할 수가 있어?", "넌 나를 알지도 못하잖아.", "그런 말을 하다니 믿을 수가 없네." 우리는 이런 방어 태세를 취할 정당한 자격이 있다고 생각하기 때문에 우리를 감히 그렇게 분류한 사람에게 당장 큰 소리로 거부 의사를 밝혀야 마음이 편해진다. 하지만 누군가 우리를 비판하거나 함부로 재단하면서 신경을 건드릴 때는 곧장 큰 소리로 자신을 방어하는 경우가 드물다. 나쁜 얘기는 더 믿기 쉽기 때문에 자신에 대한 부정적인 평가를 거부할 자격이 있다고 곧바로 느끼지도 못한다.

'완벽Perfect'이라는 단어는 라틴어 '페르피체레Perficere'에서 유래되었는데 per는 '완료하다', ficere는 '하다'라는 뜻이다. 우리는 '완전히 완료된 것'을 완벽하다고 여기며, 그것은 완성되어 온전히 마무리된 상태로 존재한다. 어떤 걸 완벽하다고 말하는 것은 그걸 더 좋게 만들기 위해 추가할 게 아무것도 없다는 뜻이다. 이미 완전해진 것에 뭔가를 추가할 수는 없기 때문에 더 이상 아무것도 필요하지 않다.

당신은 흠 없는 사람은 아니지만 그래도 온전하고 완전하며 완벽하다. 우리는 아이들, 자연, 친한 친구의 완벽함은 쉽게 인정하지만 여성인 우리 자신의 완벽함은 부정한다. 자신에게 아무것도 추가할 필요가 없다면 무슨 일이 일어날지 모르기 때문이다. 우리가 망가진 상태가 아니라 온전한 상태라는 걸 제대로 이해하면 어떻게 될까? 언제나 온전한 상태였다는 것. 삶을 준비하기 위해 아무것도 고칠 필요가 없다는 것. 그냥 원래의 모습을 보이기만 하면 된다는 것을 말이다.

그 답은 "우리는 강해질 것이다."가 아니다. 우리는 이미 강하다.

답은 우리가 이미 가지고 있는 내적인 힘에 발을 들여놓을 자격이 있음을 느끼게 된다는 것이다. 자신의 전체성을 포기할 자격이 있는 것만큼 자신의 힘에 발을 들여놓을 자격도 있다고 느낀다면 세상이 어떻게 보일까?

내가 가장 좋아하는 완벽의 정의는 아리스토텔레스의 《형이상학》에 나온다(실존적 삶과 존재의 본질과 관련된 모든 문제를 다룬 14권짜리 철학 논문이다). 아리스토텔레스는 이 유쾌하고 가벼운 읽을거리에서 무언가를 완벽하게 만드는 3가지 요소를 제시했다.

완전한 것은 완벽하며 필요한 부분이 모두 포함되어 있다

당신은 이미 완전하고 총체적인 인간이기 때문에 완벽하다. 당신에게는 이미 필요한 부분이 모두 포함되어 있다. 그러니 완벽해지기 위해 아무것도 할 필요가 없다. 당신은 아기일 때, 눈을 뜨기도 전부터 완벽했다. 글씨를 쓰거나, 걷거나, 좋은 성적을 받거나, 사람들을 웃게 만드는 법을 배운 뒤에 더 완전한 인간이 된 게 아니다. 당신의 온전성은 노력해서 얻은 게 아니라 원래부터 갖고 태어난 것이다.

완전한 사람이라고 해서 상처받지 않는 건 아니다. 때로 당신은 자신의 작은 일부분만 볼 수 있다. 때로는 자신의 전체적이고 진정한 자아와 관계를 맺지 못한다. 제한된 인식이 현실을 좌우하지는 않는다. 달은 항상 둥글고 완전하다. 우리 눈에 가느다란 일부만 보일 때도, 하늘에서 아예 찾아볼 수 없을 때도 말이다.

너무 좋아서 이보다 더 좋을 수 없는 것이 완벽이다

당신이 완벽한 이유는 당신만의 본질적인 독특함이 너무 좋아서 그 어떤 것도 그보다 더 좋을 수 없기 때문이다. 당신보다 더 당신다울 수 있는 사람은 없을 것이다. 당신은 100만분의 일도 아니고 10억분의 1도 아니다. 세상에서 유일한 존재다. 그 사실을 받아들이자.

목적을 달성한 것은 완벽하다

당신은 세상에 살아있다는 것 자체만으로도 이미 목적을 달성했기 때문에 완벽하다. 당신은 존재함으로써, 유일무이한 자신이 됨으로써 이미 목적을 달성했다. 톨레의 말처럼, "당신은 세상에 존재한다. 그것이 당신이 해야 할 일의 전부다."

당신이 태어난 날, 당신은 단지 세상에 존재한다는 이유만으로 세상의 모든 사랑과 기쁨, 자유, 연결, 존엄을 누릴 자격을 얻었다. 그건 지금도 마찬가지다. 당신이 살면서 성취하는 모든 것은 노래가 끝난 후의 박수에 불과하다. 당신은 노래 그 자체다.

여성의 욕망을 병적으로 여기는 세상에서 이 책의 메시지는 급진적으로 들릴지도 모른다. 하지만 절대 그렇지 않다. 급진적이기는커녕 출발점에 가깝다. 당신은 이미 완전하다. 당신에게는 아무 문제도 없다. 당신은 약점으로 가득한 사람이 아니다. 당신은 풍부한 강점을 가지고 있고 그 강점을 이용해 자기가 선택한 어떤 방향으로든 삶을 이끌 수 있다. 당신이 어떤 식으로든 엉망이 되었다고 끊임없이 되뇌는 '전문가'들의 진실성을 기꺼이 받아들일 때와 같은 편한 마음으로 자기가 그렇지 않다는 생각을 즐기자.

자기가 원하는 방식으로 살기 위해 추가해야 할 게 하나도 없다면 어떨까? 당신에게 필요한 건 자신을 다른 관점에서 바라볼 수 있는 개방적인 태도뿐이라면 어떨까? 꾸준한 교정은 필요없고 꾸준한 연결만 필요하다면? 이건 수사학적인 질문이 아니다.

◆ 완벽주의의 역설

완벽은 역설적인 말이다. 당신은 완벽해질 수 없지만 이미 완벽하다. 적응적 사고방식을 지닌 완벽주의자는 이 2가지 진술이 모두 사실이라고 믿는다. 부적응적 사고방식을 가진 완벽주의자는 이 2가지 진술이 모두 거짓이라고 믿는다.

모든 완벽주의자는 달성할 수 없는 비현실적인 이상을 추구한다. 그러나 부적응적 사고방식을 지닌 완벽주의자와 다르게 적응적 완벽주의자는 이상은 성취하기 위한 게 아니라 영감을 얻기 위한 것이라는 사실을 이해한다. 적응적 완벽주의자는 이렇게 영감을 받으면서 삶을 살아간다. 자기 자신보다 더 큰 것, 결코 끝낼 수 없는 위대한 일, 평생 노력할 가치가 있는 것에 이끌린다.

이렇게 영감이 가득한 삶을 살려면 당신 안에 있는 완벽주의적인 충동에 익숙해지고, 자신에게 완벽주의의 에너지를 포용할 수 있는 권한을 부여하고, 거기에 대항하는 게 아니라 함께 협력하는 방법을 배워야 한다. 뭔가를 고치거나 없애거나 바로잡는 게 아니라 뭔가와 연결되기 위해 애써야 한다. 가장 중요한 건 연결이다.

당신은 오랫동안 자신의 약점이나 결점과 연결을 맺어 왔다. 단순히 연결되는 수준을 넘어 그 약점에 자신의 정체성을 집중하지는 않았는지, 본인은 알고 있을 것이다. 어느 쪽이든, 그것들과의 관계는 끝났다. 이제 자신의 강점과 연결되어야 할 때다.

자신의 강점과 연결되면, 완벽주의적 성향을 건강한 방식으로 본인의 삶과 통합하는 데 필요한 관점이 생길 것이다. 건강하다는 건 안전하다는 뜻이고, 권한이 있다는 뜻이며, 자신의 진정한 자아를 반영한다는 뜻이다. 하지만 건강하다고 해서 항상 행복한 건 아니다.

◆   행복 추구, 쾌락 추구

웰빙은 2가지 기본적인 갈래로 나눌 수 있다. 웰빙에 대한 헤도닉적 접근(쾌락 추구)은 행복을 증가시키고 고통을 피하려고 하는 반면, 에우다이모닉적 접근(행복 추구)은 의미를 증가시키는 걸 추구한다. 행복과 의미 있는 경험이 상호 배타적인 건 결코 아니지만 하나가 다른 하나를 낳지는 못한다.

완벽주의자는 웰니스에 대한 헤도닉적 접근은 전혀 감동스럽지 않고 기본에 불과하다고 여긴다. 그래서 사람들이 완벽주의자는 즐길 줄을 모른다고 불평하는 것이다. 완벽주의자가 즐기는 방법을 모르는 건 아니다. 다만 그들은 강한 에우다이모닉 성향을 가지고 있는 것뿐이다. 완벽주의자는 프리스비나 다른 사람들이 좋아하는 놀이를 하는 것보다는, 새로운 과제를 만들고 그 과제를 극복하는 방법을 중심으로 의미를 구축하는 데서 재미를 느낀다.

연구 분야에서는 에우다이모닉 라이프스타일을 자신의 진정한 잠재력 실현을 나타내는 완벽을 위한 노력이라고 설명했다. 강한 에우다이모닉 지향성은 우리가 얘기를 진행하는 동안 명심해둬야 하는 완벽주의의 가장 중요한 특징이다. 항상 행복하지 않기 때문에 실패했다고 느낄 필요는 없다. 쾌활하지 않다고 해서 문제가 있는 건 아니다.

당신의 목표는 즉각적인 만족감을 안겨주는 도파민의 홍수 속에서 밤낮으로 계속 행복하거나 즐기는 게 아니다. 그게 목표라면 당신은 쾌락 지향적인 사람이므로 완벽주의자가 아니라 쾌락주의자가 될 것이다. 완벽주의자는 쾌락주의에 싫증을 낸다. 완벽주의자는 일하는 걸 좋아한다. 완벽주의자는 도전을 좋아한다. 완벽주의자는 어딘가에 기여하고, 무언가를 창조하고, 성장하기를 원한다.

♦ 진정한 자신의 모습에 적응하라

당신이 완벽주의에 본능적으로 강한 충동을 느끼든, 아니면 어떤 경험 때문에 잠재되어 있던 충동이 드러났든 그건 중요하지 않다. 완벽주의가 당신의 꾸준한 동반자인지, 압박감을 느낄 때 솟아오르는 요긴한 능력인지, 취약한 순간에 튀어나오는 위험한 성향인지 그런 건 중요하지 않다. 중요한 것은 성인인 당신은 자신의 완벽주의를 책임져야 하고, 이를 적응적인 방향으로 조종하는 방법을 배울 수 있다는 것이다.

그렇다면 정확히 무엇에 적응해야 할까? 가장 진정한 자신의 모습에 적응해야 한다. 적응적 완벽주의자들은 외부 환경이나 남들의 기대에 순응하지 않는다. 그들은 내부 프로세스에 적응한다. 적응적 완벽주의에는 학습 가능한 기술이 포함되어 있다. 당신은 곧 그 기술을 배우게 될 뿐만 아니라 거기에 수반되는 다양한 혜택을 누리게 될 것이다. 예를 들어, 적응적 완벽주의자는 성공에 대한 강한 추진력을 즐긴다.

하지만 난 이미 성공을 위해 분발하고 있다. 당신은 그럴 수도 있고 아닐 수도 있다. 완벽주의자들은 대부분 자기가 성공을 위해 분발하고 있다고 여기지만 실제로는 실패를 피하는 게 목적인 경우가 많다. 이 2가지는 매우 다르다. 성공을 위해 노력하는 걸 성취 지향적 동기라고 부른다. 실패를 피하려고 하는 건 예방 지향적 동기라고 부른다. 저명한 심리학자 하이디 그랜트Heidi Grant 박사와 E. 토리 히긴스E. Tory Higgins 박사는 〈이기기 위해 경기하는가, 지지 않기 위해 경기하는가?〉라는 논문에서 이 2가지 근본적인 동기를 잘 설명한다. "승진에 집중하는 이들에게는 영감을 주는 역할 모델이 있고, 예방에 집중하는 이들은 경고성 이야기를 들은 적이 있다."

자신의 가치관에 맞는 성공 버전에 내적으로 적응하는 기술을 배우면, 노력을 통해 더 많은 흥분과 의미, 그리고 가장 중요한 더 많은 기쁨을 누릴 수 있다. 연구에서 알 수 있듯이 적응적 완벽주의자는 이기기 위해 경기한다. 그들의 노력은 낙관주의와 보상 추구 성향을 통해 촉진되기 때문에 이기기까지의 과정을 즐길 가능성이 크다. 반면 부적응적 완벽주의자들은 지지 않기 위해 경기한다. 그들의 노력은 두려움으로 인해 촉발된 것이기 때문에 스트레스와 걱정에 시달릴 가능성이 더 크다.

본인에게 의미 있는 게 뭔지 정의하는 사람은 바로 자기 자신이라는 걸 깨달으면 자기 방식대로 성공을 받아들이는 힘과 연결된다. 자기 방식대로 계속해서 성공을 거두면 외부의 찬사와는 비교도 안 되는 자기만의 자신감이 쌓인다. 적응적 완벽주의자에게는 전통적인 성공 지표를 통한 승리도 좋지만 그게 다다. 당신이 내재된 자아 존중감과 연결되어 있을 때는 외적인 승리와 패배가 당신을 만들거나 무너뜨리지 않는다. 같은 맥락에서, 적응적 완벽주의자에게는 실패도 그리 큰 문제가 아니라는 게 밝혀졌다.

적응적 완벽주의자는 좌절을 실패로 여기지 않는다. 그보다는 좌절을 성장과 배움의 기회로 받아들인다. 적응적 완벽주의자는 마법처럼 실망감을 느끼지 않는 게 아니라, 그 경험을 통해서 배운 것들에 감사하고 시도 자체에서 스릴을 느끼기 때문에 실망감이 무색해지는 것이다.

그 결과 대담함이 적응적 완벽주의의 자연스러운 부작용이라는 걸 알 수 있다. 어떻게 그렇지 않을 수 있겠는가? 사람들은 실패가 두려워서 자신을 억제하지만 결과가 아닌 과정에서 의미를 추출하는 법을 배우면 실패할 수 없다. 그러면 의미를 찾는 것이 곧 성공인 에우다이모닉한 삶으로 돌아가게 된다.

참고로 지더라도 겁을 먹지 않으면 얼마나 자주 이길 수 있는지 아는가? 토마스 J. 왓슨Thomas J. Watson의 말처럼, "성공률을 높이려면 실패율을 2배로 올려야 한다." 부적응적 완벽주의자들은 성공을 추구하는 것이 아니라 실패를 피해 도망친다. 부적응적 완벽주의자는 실패를 피하려고 애쓴다. 수치심을 느끼는 걸 어떻게 피하고 싶기 때문이다.

수치심을 피하는 건 우리가 할 수 있는 가장 힘들고 쓸데없는 감정 훈련 중 하나다. 부적응 상태에 있을 때는 과정을 즐길 수 없다. 많이 다치지 않았다고 해서 교통사고를 즐길 수 없는 것과 같은 이유다. 수치심을 피하기 위해서 이기는 걸 목표로 삼는다면 이겨도 기분이 좋지 않고 그냥 심각한 부상을 피했을 때의 기분 정도만 느껴질 것이다. 실패를 피하는 것에서 자기가 정의한 성공을 추구하는 쪽으로 옮겨가는 중요한 변화를 이루면 한마디로 자유로워진다. 그리고 이게 바로 적응적 완벽주의다.

건강해지는 건 건강하지 않은 상태를 멈추기 위한 결정이 아니다.

그건 자기 삶의 난국에 대처하기 위한 결정이다. 적응적 완벽주의에 전념하는 것은 1번만 하면 끝나는 선택이 아니다. 적응적 완벽주의를 수용하려면 시간의 흐름에 따라 반복적으로 여러 가지 선택을 해야 하는데, 그중 첫 번째 선택은 성장 마인드셋에 집중하는 것이다.

연구에 따르면 적응적 완벽주의는 성장 마인드셋을 받아들이는 것과 긍정적인 상관관계가 있다. 확신하는 수준까지는 아니더라도 자신의 성장 능력을 열린 마음으로 받아들이는 게 이롭다. 나는 부적응적 상황에 처해 있는 수많은 완벽주의자들을 상담했는데, 그들은 자신에게 가능한 일에 대해 고정관념을 가진 상태로 상담을 받기 시작한다. 이들이 일반적으로 품고 있는 감정은 내가 결코 행복해지지 못하리라는 건 알지만, 그래도 덜 불행해지고 싶다는 것이다

그들은 건강해지기 위해 여러 가지 방법을 시도했지만, 아무것도 효과가 없었다는 사실을 자기가 영구적인 불만 속에서 살아갈 운명이라는 증거로 제시한다. 기능 장애의 근원이 사람이 아닌 접근 방법이라는 사실을 고려하지 않은 채 패배의 결론에 도달하는 건 부당하다.

완벽주의를 관리하기 위한 현재의 방식은 재앙과도 같다. 현재의 모든 전략은 강력한 근절에 기반을 두고 있다. 그래서 완벽주의자들은 평범해지라는 끔찍한 충고를 받는다. 일부러 낮은 점수를 받고, 일부러 지각하고, 일부러 자랑스럽지 않은 성과를 발표하라고 강요한다.

자신의 완벽주의가 열병처럼 낫기를 바라는 완벽주의자들은 이 조언을 따른다. 하지만 이 방법은 효과가 없을 뿐만 아니라 완벽주의자들

은 자기가 뭔가 잘못하고 있는 게 분명하다고 가정하기 때문에 기분만 더 나빠진다. 과거에 잘못 시작했던 이력이 당신의 치유, 성장, 번영 능력이 정체되어 있다는 증거는 아니다. 시작 단계에서 실패했던 이력이 있어도 상관없다. 나는 그런 건 신경 쓰지 않는다. 당신도 그래야 한다. 길고 구불구불한 잘못된 시작의 역사를 진정한 자아를 발견하기 위한 지속적인 노력의 증거로 여기자.

완벽주의를 관리하기 위해 시도한 모든 해결책이 지금까지는 전혀 효과가 없었다는 걸 인정해야 한다. 그 방법들은 모두 잘못된 문제를 해결하고 있기 때문이다. 그건 당신이 완벽주의자가 되는 걸 멈추도록 하려고 애쓴다. 자신의 본질을 바꾸는 방법으로는 치유될 수 없다. 이 세상에서 진정한 자기 자신으로 살아가는 방법을 배워야만 치유가 가능하다.

고정 마인드셋에 도전하려면, 문제를 잘못 파악하면 해결책도 잘못 선택하게 된다는 걸 알아야 한다. 당신은 지금까지 잘못된 해결책에 의존해 왔다. 자기 자신이 되지 않으려고 노력하고 자신의 본모습을 통제하려고 애써왔다. 하지만 진정한 해결책은 건전한 방식으로 자신의 본모습을 드러내는 것이다.

성장 마인드셋을 선택하려면 잠시 시간을 내서 가능성을 위한 공간을 확보해야 한다. 가능성을 위한 공간을 확보하는 것은 숨을 쉬는 것과도 같다. 진짜 호흡 말이다. 공기가 목구멍으로 흘러들어가게 하자. 기꺼이 그리고 자주 기쁨을 느끼는 삶이 자신에게도 가능하다고 생각하자. 일주일 동안 웃는 횟수, 인간관계의 질, 밤새 숙면을 취할 수 있는 능력, 직업적 성취감 등 모든 게 더 나아질 수 있다.

단순히 객관적인 가능성을 머리로 인정하는 것뿐이라도 자신에게 변화가 가능하다는 생각에 마음을 여는 것이 중요하다. 노력해 봤지만 여전히 개방적인 태도를 취할 수 없다면, 그래도 상관없다. 이 책을 읽는 다는 사실 자체만으로도 충분히 마음이 열린 것이다.

자신의 에너지를 의도적인 방향으로 흐르게 한다면, 항상 힘들게 느껴지는 삶이 아닌 자기가 원하는 삶을 일굴 수 있다. 아무도 이런 말은 해주지 않았겠지만, 자기가 원하는 삶을 일군 뒤에도 여전히 힘들게 느껴지는 시간이 많다. 차이는 그런 어려움도 가치 있게 느껴진다는 것이다.

완벽주의를
질병이라 칭하는
몰상식한 사람들

재능 있는 여성, 능력 있는 여성, 창의적인 여성의
삶과 생활 방식을 설명하는 것은 거의 없다.

– 클라리사 핀콜라 에스테스Clarissa Pinkola Estes

◆　　　　　　　　우리의 욕심은 질병이 아니다

루파는 하는 일이 정말 많았다. 매일 아침 운동을 마치고 지하철을 탈 때쯤 되면 그녀의 애플워치는 운동 목표를 달성했다며 축하해준다. 루파는 새해 결심을 지키기 위해 경영 고문을 고용했다. 덕분에 돈 문제와 관련해 마음에 드는 결정을 내리고 있다. 그녀는 열심히 노력해서 일군 삶의 많은 부분을 사랑했다. 그녀는 여기까지 오기가 얼마나 힘들었는지, 얼마나 높고 험한 산을 올랐는지 강조했다. 그런 루파가 나를 만나러 온 이유는 가끔 밤새 잠을 못 자기 때문이었다. "가끔이라는 게 얼마나 자주인가요?" 나는 그렇게 물었다.

　"잘 모르겠어요, 딱히 기록해 두지는 않거든요." 우리는 기록을 시작했다. 루파는 일주일에 4번 정도 별다른 이유 없이 새벽 2시에 깼다.

그러면 어두운 천장을 응시하면서 시간을 보냈는데, 대부분은 휴대폰에 손을 뻗고 싶은 충동을 참아냈지만 가끔은 손을 뻗기도 했다. 루파는 1시간쯤 뒤에 다시 잠들었지만, 이 불면은 당연히 그녀를 괴롭혔다. 그녀는 솔직히 스트레스를 그렇게 많이 받지는 않는다고 말했다. 정오 이후에는 커피를 마시지 않고 너무 단 음식도 피했다. 루파는 육체적으로 피곤했지만 그녀의 표현을 빌자면 이랬다. "뇌를 끌 수가 없어요. 왜 그런지 모르겠네요."

사람들이 잠을 못 자는 이유를 모르겠다고 말할 때, 보통 그들이 의미하는 것은 가능한 이유를 소리 내어 탐색할 준비가 되어 있지 않다는 것이다. 때론 중요한 생각이 떠오르면 까먹지 않기 위해 소리 내어 말하곤 한다. 가끔은 쓸데없는 생각을 잊으려고 소리 내어 말하기도 한다. 단어가 허공에 울려 퍼지기 전까지는 뭐가 뭔지 구분하기 어려울 수 있다. 무언가를 큰 소리로 말하면 사실이 더 명확해지기 때문에 그만큼 위험성도 커진다.

또 사실을 인정하면 자유로워질 순 있지만, 그보단 고통을 겪는 경우가 많기 때문에 알아도 소리 내어 말하지 않는다. 잠을 잘 자지 못할 때, 당신은 사실 그 이유를 알고 있다. 그렇지 않다면 여전히 잘 자고 있을 것이기 때문이다. 난 루파가 왜 한밤중에 잠을 깨는지 전혀 몰랐지만, 본인은 어느 정도 알고 있을 거라고 생각했다. 루파는 아무것도 없는 사무실 구석을 응시했다. 대략 10초 정도 가만히 있던 루파가 침묵을 깼다. "우리 집에 있는 모든 것에서 머드 냄새가 나요. 나한테도 그 냄새가 배어 있고요." 이제 그녀는 금방이라도 울음을 터뜨릴 것 같은 표정을 지었다.

그 순간에 웃는다는 건 말도 안 되는 일이지만, 그녀는 그렇게 했다. 루파는 손을 꼼지락거리면서 빠르게 말을 이어가기 시작했다. 그녀는 취미가 필요하다고 생각해서 빈 방에 가마를 설치했고, 덕분에 그녀 집에 묵고 싶다는 사람들의 부탁을 거절하는 것도 쉬워졌다. 하지만 이제 그녀의 삶 전체에서 머드 냄새가 풍기게 되었다.

루파는 이 우스꽝스러운 상황을 비웃는 것과 완전히 무너지는 것 사이에서 아슬아슬한 곡예를 하고 있었다. 그녀는 의식의 흐름에 따라 얘기할 때 누구나 감수해야 하는 감정적 위험을 감수하고 있었다. 난 그게 루파의 본능적인 행동이라는 걸 깨닫고 놀랐다. 사실 치료는 대부분 상담사의 사무실 밖에서 이루어진다. 그런데 루파는 며칠 전에 경험한 깨달음을 얘기하는 게 아니라, 그 순간을 실시간으로 나와 공유했다.

루파가 계속해서 고백을 이어갔다. 그동안 내 마음은 걱정과 긴장으로 가득했다. 그녀는 대체 뭘 위해 저축하는 걸까? 금주는 그녀가 앞으로 계속 해나가야 하지만, 이제 그녀는 술에 취하지 않은 사람들이 짜증이 나는지, 모든 사람이 다 짜증이 나는지 판단이 안 섰다. 그녀는 먹고 싶은 걸 먹는 게 아니라 다들 이렇게 하겠거니 싶어 아몬드를 많이 먹었다. 또 친구들을 좋아했지만, 딱히 보고 싶어 하지는 않았다. 데이트하는 것도 전혀 좋아하지 않았다. 좋아하기는커녕 정말 싫어했다. 그래서 자기가 무성애자일지도 모른다고 생각했다. 그녀는 집에 있으면서 화장을 하고 혼자 잠자리에 드는 걸 선호했다. 그리고 정체를 알 수 없는 것에 분노했는데, 그것이 어떤 냄새를 풍기는지는 정확하게 알고 있었다. 도예용 점토 냄새.

루파는 자기가 정의한 삶을 규범적 균형과 맞바꾸는 아주 초보적인 실수를 했다. 이건 여자들이 매우 흔하게 저지르는 실수다. 유감스럽게도 여성성을 갖추기 위한 통과의례로 여겨지기도 한다. 루파는 일을 줄이고, 취미를 찾고, 남들과 잘 어울리면서 몸에 좋은 음식을 먹고, 밖에 나가 연애를 하는 데 집중하려 했다. 자신에게 약속된 평화로우면서도 매력적이고 건강하고 감정적으로 절제된 라이프스타일을 영위할 수 있다는 거짓된 생각에 속았다. 그건 처음부터 잘못됐다.

운이 좋다면 다른 사람이 이룬 성공에 만족할 수 없을 것이다. 그게 아무리 멋지더라도 말이다. 무언가가 당신의 관심을 끌려고 당신 인생을 두드릴 것이다. 퇴근 후 집 앞을 걸을 때일 수도 있고, 아침밥을 만들 때일 수도 있다. 아마 루파처럼 한밤중에 느끼는 게 가장 일반적인 경우일 것이다. 무언가가 당신을 안쪽에서부터 압박하면서 더 많은 걸 요구할 것이다. 더 나은 삶, 더 큰 삶, 당신에게 딱 맞는 삶. 그게 무엇인지 짐작이 가는가?

루파가 한밤중에 잠에서 깬 이유는 자기 삶을 그리드에 맞춰서 조정하고 있었기 때문이다. 수평축에는 남들이 그녀에게 하라고 한 일, 수직축에는 남들이 그녀에게 기대하는 모습이 새겨져 있다. 이렇게 야심찬 수많은 여성들이 20대와 30대, 그리고 그 이후의 시간을 정작 본인은 원하지 않는 균형 잡힌 삶을 추구하면서 보낸다.

　　루파는 균형 잡힌 삶을 위한 할 일 목록에 적힌 일을 다 마친 다음 기다렸다. 하지만 아무 일도 일어나지 않았다. 만족감은 커녕 불안감만 느껴졌다. 마침내 균형을 이룬 여성이 실망스러운 결말을 맞은 뒤 충격받는 모습을 보면 정신이 번쩍 든다. 그들은 내 사무실 소파에 앉아 사실을 말하는 것 외에는 아무것도 할 수 없을 정도로 지친 상태로 찾아와, 내게 "이게 맞는 건가요?"라는 잔인한 질문을 던진다.

　　이와 대조적으로, 여성들이 나이 먹는 것의 기쁨을 설명할 때는 속이 탁 트인 모습을 보여준다. 그들은 항상 이렇게 말한다. "특정 나이가 되면 더 이상 신경 쓰지 않는 법을 배워요. 모든 사람을 기쁘게 하는 건 불가능하다는 사실을 마침내 받아들이고, 이제 자신을 기쁘게 하려고 노력하죠. 자기에게 필요한 게 뭔지 자기가 알고 있어요. 최대한 양심적으로 나아가기 위해 최선을 다하고, 그곳에서 원하는 말과 행동을 하는 거죠. 결과가 어찌 되든 소신대로 행동할 거예요." 남성들은 나이 먹는 문제를 결코 이런 식으로 묘사하지 않는다.

◆　　　　　"세상에 균형 같은 건 존재하지 않아요."

나는 균형 잡힌 여성을 만나본 적이 없다. 일주일에 이틀은 균형을 느끼지 못하거나, 전문적인 청소 서비스를 받아야만 균형을 느낄 수 있거나,

마감을 넉넉하게 연장해야 균형을 되찾을 수 있거나, 애정 넘치고 유능한 누군가가 아이들을 사흘 내내 보살펴줘야만 균형을 느낄 수 있는 여성들은 많이 안다. 균형은 영원히 붙잡기 어렵다. 여전히 우리보다 한 발 앞쪽에 있다.

그럼에도 상담하다 보면, 여성들은 끊임없이 균형을 이루는 데 실패한 사실을 얘기하면서 마치 자기를 제외한 모든 사람이 그 방법을 터득한 것처럼 말한다. 그럴 때마다 나는 "걱정 말아요, 세상에 균형 같은 건 존재하지 않으니까."라고 대답한다. 이건 여성을 위한 동화 같은 것으로, 왕자를 균형으로 대체했다는 점만 다르다. 착하게 행동하면서 자기가 해야 할 일을 다 한다면, 자아가 없는 상태를 조금만 더 오랫동안 버틴다면, 언젠가 균형이 찾아와 당신을 구해줄 테고 그러면 모든 일이 잘 풀려서 영원히 행복하게 살 수 있다.

우리는 2가지 잘못된 약속을 믿는다. 그래서 겉보기에 매력적인 '균형'이란 목표를 받아들인다. 첫 번째 약속은 삶은 대체로 정적이라는 것이다. 물론 도로를 달리다 보면 때때로 예상치 못한 상황이 생기기도 하지만 그건 예외적인 경우다. 우리 삶이 자동화되지 않거나 하루하루 매끄럽게 흘러가지 않는다면 뭔가 잘못하고 있기 때문이라는 게 일반적인 원칙이다. 인생은 대부분 정적이기 때문에 자동화하기 쉽다. 따라서 모든 게 예상에 따라 원활하게 실행되도록 하는 올바른 공식만 찾으면 된다. 그러면 문제가 해결되는 것이다.

두 번째 약속은 우리의 가장 기본적인 욕구를 처음부터 충족시킬 수 있다는 것이다. 그뿐 아니라 사회에 기여하는 기본적인 구성원이 되면서 발생하는 수많은 사회적, 직업적, 가족적 의무를 합리적으로 충족시키면서 동시에 그 모든 걸 만족시킬 수 있다는 것이다.

애초에 현대적인 균형관은 우리 삶을 할 일 목록에 끼워 맞출 수 있다는 개념에 기초한다. 그래서 할 일 목록의 일들을 끝내고 당신의 문제를 인접한 해결책과 연결하면, 마치 안전벨트가 제대로 고정되었을 때와 같은 만족스러운 딸깍 소리를 느낄 수 있을 것이다. 이런 딸깍 소리를 아직 느껴보지 못했다면 그건 균형이 맞지 않았기 때문이다. 일을 제대로 하고 있지 않다는 얘기다. 어느새 '균형 잡히다'라는 말이 '건강하다'와 동의어가 되었다. 균형 잡힌 여성이 아니면 건강한 여성이 아니다.

지금쯤 알아차렸겠지만, 살면서 가끔씩 부딪히는 장애물이나 예상치 못한 상황은 예외가 아니라 규칙이다. 인생은 전혀 정적이지 않다. 우리 삶의 내부나 외부, 혹은 양쪽 모두에 그늘이 드리워지는 순간이 발생하는 건 얼마든지 자연스러운 일이다. 균형의 반대라고 생각할 수도 있는 이런 현상은 항상 유동적이다. 우리 삶은 결코 정적이지 않다.

사랑에 빠지거나, 집을 고치거나, 슬픔을 헤쳐 나갈 때는 어떨까? 이혼 절차를 진행하는 동안에는 어떨까? 아침에 차 시동이 안 걸릴 때는 어떨까? 3개월째 아무런 성과도 없이 구직 활동을 할 때는 어떨까? 연로한 부모님이 아파서 간병이 필요할 때는 어떨까? 당신이 사는 지역에 태풍이 불어 닥쳤을 때는 균형이 어떤 모습을 띠는가? 세계적인 팬데믹 기간에 균형을 잡기 위한 올바른 공식은 무엇인가? 팬데믹은 끝났지만, 그

것이 당신과 주변 사람들을 변화시킨 방식에 적응하느라 고심하고 있다면?

여성이 자기 삶의 균형을 잘 맞췄다는 건 에너지가 완벽하게 균형을 이룬 지점을 찾아냈다는 뜻이 아니다. 동시에 여러 가지 일과 책임을 저글링할 수 있다는 뜻이다. 그녀는 공을 떨어뜨리지 않고 일정을 계속 늘릴 수 있다. 우리는 균형의 정의를 다 쳐내고 바쁘게 살아가는 걸 잘한다고 칭찬하는데, 이건 건강과는 아무런 상관 없다. 내가 앞으로 얘기할 균형은 중요한 부분은 다 벗겨내고 비현실적인 부분만 남은 균형이다.

친한 친구가 법조계에서 자주 주고받는 얘기를 들려준 적이 있다. 로펌에서 파트너로 승진하는 건 상품으로 피자를 주는 피자 먹기 대회에 나가는 것과 같다는 거다. 균형도 그와 비슷하다. 균형을 잃지 않고 처리할 수 있는 일이 많아질수록 임무 수행 능력이 커져서 결국 더 많은 일을 떠맡아 균형을 잡으려고 애쓰게 된다.

일과 모성의 균형은 어떻게 이룰 것인가? 이건 자녀가 있는 모든 워킹맘들이 주기적으로 듣는 질문이다. 아버지가 주 양육자라고 생각하는 경우는 드물기 때문에, 자녀가 있는 남성에게는 이런 질문을 하지 않는다. 남성들은 일에 일차적인 에너지를 집중한 다음, 보조 양육자가 되거나 자녀들의 삶에서 제3의 존재가 될 것이다. 따라서 집 밖에서 일하는 여성은 자신을 '워킹맘'이라고 부르지만, 집 밖에서 일하는 남성은 자신을 '워킹대디'라고 부르지 않는다. 이건 아버지들이 직장 생활과 가정 생활의 상충되는 요구에 대해 어머니들과 똑같은 수준의 죄책감을 느끼지 않는 이유이기도 하다. 그들은 여성과 같은 수준의 상충되는 요구를 받지 않기 때문이다.

그렇다고 우리의 목표가 남자처럼 대우받는 게 아니라는 사실에 주목해야 한다. 남자들의 자존감은 우리의 일반적인 상상을 뛰어넘을 정도로 불안정하다. 남자들은 괜찮은 척하지만 사실은 괜찮지 않다. 그들은 가부장제라는 왕좌에 높이 올라앉아 다른 이들을 비웃고 있는 게 아니다. 그들은 절벽에서 떨어지지 않기 위해 이분법적 성별 구분의 모서리에서 비틀거리고 있다.

나는 이 일을 시작한 초반에 잭슨 카츠Jackson Katz 박사의 연구를 발견한 게 행운이라고 생각한다. 그의 저서 《마초 패러독스》는 이 문제의 범위를 벗어난 모든 문제에 대한 훌륭한 시작점이다. 작가이자 예술가인 알록 베이드 메논Alok Vaid-Menon의 책 《젠더 이분법을 넘어Beyond the Gender Binary》도 훌륭한 시작점이다. 하지만 우선은 균형 찾기라는 불가능한 일을 하기에 더 좋은 방법이나 나쁜 방법은 없는 이유로 돌아가 보자.

◆　　　　　여기서 말하는 '우리'는 ○○이다

두 여자가 있다. 두 사람 다 아내이자 어머니다. 두 사람 다 다른 가족들보다 2시간이나 일찍 일어난다. 여자1은 아침에 가족을 위해 신선한 빵을 굽고 손으로 반죽하면서 반죽의 촉감을 느끼는 걸 좋아한다. 빵이 구워지는 동안에 집을 청소한다. 집이 깨끗하면 중심이 잡힌 듯한 기분이 든다. 이 시간에는 혼자 있으면서 나의 페이스대로 움직이기 때문에, 청소는 잡일이라기보다 일종의 명상처럼 느껴진다. 청소를 마치면 책을 읽는다. 그녀는 혼자 보내는 아침 시간을 절대적으로 사랑한다.

여자2는 사무실에 출근해 일할 준비를 하기 위해 일찍 일어난다. 일정표를 확인하면서 모든 회의에 대비가 잘 되어 있다는 걸 알면 기분이 좋다. 문제를 파악하면 해결책을 찾는 데도 도움이 된다. 그녀는 전날 받은 이메일을 한꺼번에 처리하는 것도 좋아한다. 일정표를 확인하고 이메일을 다 처리한 뒤에도 시간이 남으면 책을 읽는다. 그녀의 집은 지저분하지만 더럽지는 않다. 그녀의 집은 사람들을 초대하지 않는 한 대부분 이런 식으로 유지된다. 그녀의 아이들은 아침에 시리얼을 먹기 때문에 요리할 필요도 없다. 둘 중 어느 여성이 균형 잡힌 생활을 하라는 말을 더 자주 들었을 것 같은가?

이 질문은 속임수다. 답은 둘 다 아니다. 이들이 만약 현대 여성 평의회에 참여한다면, 계속 자신에게 관심을 기울이라는 강력한 권고를 받을 것이다. 동시에 두 여성 모두 강력한 지지를 받을 게 틀림없다. "잘하고 있어요! 내가 나답게 느껴지는 일을 해야 해요! 자기부터 먼저 산소마스크를 착용해야 합니다. 자신을 먼저 돌보지 않으면 다른 사람을 도울 수 없으니까요."

그런 다음, 이 상상 속 평의회에서 뒤이어 나오는 질문이 있다. 정말

3장

사소하고 형식적인 질문. 누군가가 속삭이듯 나지막한 목소리로 묻는다. "하지만 당신이 혼자서 이 모든 일을 처리할 때, 다른 사람들은 모두 자고 있죠?"

그건 경고다. 당신은 운동, 독서, 동호회 가입, 창밖 응시, 경력을 위한 투자 등 원하는 건 뭐든지 다 할 수 있다. 다른 식구들이 일어났을 때 준비만 되어 있다면 말이다. 우리는 여성들에게 균형의 돌을 건네주면서, 엄청나게 무거운 그 돌이 그들을 슈퍼히어로로 만들어준다는 사실을 상기시키고 자기 관리에 대해 앵무새처럼 설교한다.

여성들은 일단 균형을 이루면 세상에 자기 힘을 펼칠 준비가 될 것이라고 가정한다. 하지만 그걸 위해 균형을 잡을 필요는 없다. 균형은 자신의 본질을 위한 입문서가 아니다. 대부분의 여성들에게, 그리고 모든 유형의 완벽주의자에게, 진정한 삶이란 표면적으로 균형의 반대처럼 보인다. 내가 아는 여성들 중 가장 큰 성취감을 느끼는 이들은 균형 잡는 데 정말 서툴다. 한마디로 끔찍하게 못한다.

여성들은 나이가 들면서 점점 더 해방감을 느낀다. 그들이 원하던 균형을 이루었기 때문이 아니다. 마침내 그걸 포기했기 때문이다. 여성들은 고통스러운 시행착오 끝에 여기서 아무리 져봤자 이길 수 없다는 걸 깨닫는다. 더 이상 자기에게 도움이 되지 않는 걸 버릴 때 생기는 활기찬 불손함으로, 여성들은 자신의 균형 주문서를 구겨서 쓰레기통에 버린다. 그리고 쓰레기를 태운다. 끝났다. 그렇게 그만두는 것이다.

균형은 존재하지 않는다. 그냥 생각일 뿐이다. 실제 상황에서는 균형을 이룰 수 없다. 균형은 실제로 나타나지 않지만, 우리는 빨리 균형을 이루지 못하는 자신을 탓하느라 너무 바빠서 그 사실을 알아차리지 못한다. 여기서 말하는 '우리'는 여성이다.

◆ 왈가닥, 억척스러움, 죄책감

균형을 이루지 못하는 여성을 가리키는 표현이 있다. '왈가닥'이다. 그녀는 수백만 가지 일을 처리하는 데 실패하고 회의에도 늦게 도착한다. 어쩌면 머리가 약간 헝클어졌거나 휴대폰을 무음으로 바꾸는 걸 잊는 바람에 자리에 앉은 지 5분 뒤부터 전화가 울리기 시작할지도 모른다. 그런 건 신경 쓰지 말자. 요점은 그녀가 균형이 맞지 않는 것처럼 보인다는 점이다. 그녀는 자신의 시간과 에너지에 대한 경쟁적인 수요를 겉으로 드러내고 우리는 그걸 알아차린다.

왈가닥이라는 표현은 상황을 쉽게 알아차릴 수 있게 해준다. 뭔가에 이름이 있으면 부르기가 더 쉽다. 왈가닥이라는 말을 생각하면 여성 또는 여성적인 사람만 떠오른다. 왈가닥은 여성성에 대한 설명이다. 또여기서는 가시성이 중요하다. 왈가닥인 사람이 조화를 이룬 듯 보이거나 균형 잡힌 척하는 태도를 잘 보여주면 왈가닥으로 간주되지 않을 것이다. 왈가닥은 외적인 것이 중요하다. 여성의 내적 경험은 외양에 비하면 부차적인 문제이기 때문이다. 이건 여성이 겉보기에 날씬하기만 하면 안에서 무슨 일이 일어나든 상관없이 건강하다는 가정을 반영한다. 자신을 위해 건강해지는 게 아니라 다른 사람들 눈에 건강해 보이는 걸 요구하는 것이다.

우리가 사용하는 언어는 우리의 문화권을 반영한다. 하지만 실제로 사용하지 않는 언어가 그 문화권을 훨씬 명확하게 반영한다는 사실은 잘 알려져 있지 않다. '길티 플레저Guilty pleasure'라는 말을 프랑스어로 옮기기 쉽지 않은 것처럼 '억척스러운', '왈가닥', '엄마의 죄책감'에 해당하는 남성적 표현은 없다. 이를 남성에게 적용할 경우 그 문구에 포함된 암시적인 메시지가 우리 문화의 가치 체계와 일치하지 않는다. 다시 말해, 의미가 통하지 않기 때문에 쓰지 않는 것이다.

남성은 항상 균형을 이뤄야 한다는 기대를 받지 않기 때문에 왈가닥이 될 수 없다. '아빠의 죄책감' 같은 건 존재하지 않는다. 남자들은 일하는 것에 죄책감을 느껴야 한다는 메시지를 받지 않기 때문이다. '억척스럽다'라는 말을 남자에게 적용할 때는 불필요한 특성을 가정하게 된다.

우리는 암묵적인 성별에 대한 기대치를 일상 언어로 정착시켜서 널리 알린다. 언어는 벌칙 없는 '보상'을 비롯해 다양한 수준의 처벌과 보상을 통해 이런 기대치를 강화함으로써 규제 기능을 수행한다. 예를 들어, 건강하고 균형 잡힌 여성으로 보여야 한다는 암묵적인 기대에서 벗어나면 '왈가닥'이라는 낙인이 찍힌다. 불필요한 감탄 부호 남발을 이메일에 포함시키면 아무도 당신을 '나쁜 년'이라고 부를 수 없다.

물론 성공적으로 업계의 존경과 권력을 얻기 위해 성별에 대한 기대를 뒤엎는 여성들도 있지만, 이런 여성들은 막대한 개인적, 직업적 대가를 치러야 한다. 위험이 즉각적인 비용으로 우회되는 것이다. 기억에 남는 사례는 '역사상 가장 논란이 심한 US 오픈 결승전'이라고 부른 경기다. 세레나 윌리엄스Serena Williams는 세 차례 규정 위반을 저지르는 바람에 1점을 잃어서 패배했다. 마지막 규정 위반인 폭언은 윌리엄스가 주심을 '거짓말쟁이'라고 부르는 바람에 생긴 일이다. 윌리엄스는 이 위반에 항의했다. "나한테만 이런 일이 너무 자주 일어나는데요. 이건 불공평합니다. 이보다 훨씬 나쁜 짓을 하는 남자들이 얼마나 많은지 아세요?" 윌리엄스는 계속해서 자신을 적극적으로 변호했다. "거친 말을 하는 남자들이 많죠. 하지만 내가 여자이기 때문에 결국 승리를 빼앗기게 될 거예요. 이건 옳지 않습니다."

경기가 끝난 뒤 언론에서도 난리가 났는데, 〈스포츠 일러스트레이티드〉 기자인 S. L. 프라이스S. L. Price는 남자들이 훨씬 나쁜 짓을 많이 한다는 윌리엄스의 주장에 동의했다. 윔블던과 US 오픈 챔피언인 지미 코너스Jimmy Connors가 US 오픈 경기에서 심판을 계속 '미숙아'라고 부르면서 의자에서 내려가라고 말했는데도 아무 제재도 받지 않은 일을 인용한 것이다. 코너스는 경기를 계속 이어갔고 결국 이겼다. 페미니스트 작가 필리스 체슬러Phyllis Chesler 박사의 말을 빌리자면 정말 기이하고, 정말 익숙한 일이다.

자기 자신이나 다른 사람을 왈가닥이라고 여기는 건 균형이 맞지 않는 것처럼 보이는 데 대한 처벌이지만, 이것이 균형 잡힌 상태의 반대는 아니다. 건강하고 균형 잡힌 여성의 반대는 완벽주의자다. 완벽주의는 당신의 몰락의 원인이 될 수도 있지만, 앞서도 말했듯이 여기에 부여된 경계 없는 모든 힘이 몰락의 원인이 될 수 있다. 그런데 왜 우리는 완벽주의를 선택한 걸까? 왜 우리는 완벽주의를 여성의 부정적인 지표로 선택한 걸까?

여성은 만성적으로 미안함을 느껴야 한다고 조건화되어 있다. 2010년 연구를 통해 여성이 남성보다 사과를 많이 한다는 사실이 확인되자, 우리는 여성이 '미안하지만'이라는 단어를 써서 요청과 일반적인 진술을 완화하는 패턴에 주목했다. 여성들이 과도하게 사과하는 경향에 익숙해진 건 하룻밤 사이에 일어난 일이 아니다. 문화 인식상의 이런 티핑 포인트는 너무나 많은 기업과 언론 매체, 개인이 이 현상을 반복적으로 밀어붙였기 때문에 발생했다. '미안해'라는 말을 사용하는 데 주의하라는 지침이 건조기 속에서 빙빙 도는 양말처럼 시대정신 속을 굴러다니고 있다.

현재 여성들의 야망은 그 표현을 완벽주의의 개념 안에 몰아넣고 완벽주의를 지겹도록 병리화하는 방법으로 억압되고 있다. 이건 우리 문화권의 성차별적 의제에서 가장 널리 전파된 암묵적 동인 중 하나다. 남성이 아닌 여성에게만 강력하게 밀어붙이는 '균형 찾기'도 여성의 권력 표현 절제를 강화한다.

여성에게 완벽주의는 평생에 걸쳐 회복해야 하는 병이다. 완벽주의자라는 단어 뒤에 숨겨진 메시지는 '당신은 너무 많은 걸 하고 있다'는 것이다. 그리고 균형을 필수적인 치료법으로 제시한다. '균형 찾기'라는 말에 내포된 메시지는 침착하게 속도를 늦추면서 자신을 돌보는 동시에 모든 사람에게 필요한 모든 것이 되어 다른 사람을 돌보라는 것이다.

✦　　　　　　완벽주의를 버리고 균형을 잡으라고?

어떤 사진작가가 공동 작업 공간에서 사진을 찍기 위해 설치한 장소 가까이에 앉아 있었다. 사진작가는 여러 차례 촬영을 진행하면서 계속 이런 말을 했다. "내가 완벽주의자인 건 알지만 손을 엉덩이에 좀 더 가까이 대주시겠어요? 난 완벽주의자예요. 정말 짜증 나죠, 알아요! 하지만 창문 쪽으로 얼굴을 좀 더 돌릴 수 있나요? 자, 이 부분에 대해서는 완벽주의자가 되어야겠어요. 턱을 가슴에서 90도 각도로 유지해 주세요."

　　그 사진작가는 완벽주의자일 수도 있고 아닐 수도 있다. 난 그녀가 어떤 사람인지 모른다. 내가 아는 건 그 사람이 전문 사진작가라는 것뿐이다. 그 사람의 직업은 사진의 피사체를 구체적이고 일반적인 방법으로 연출해서 사진에 담는 것이다. 그녀는 촬영과 관련된 권력을 유지하면서 동시에 좋은 분위기를 이어가기 위해 '완벽주의자'라는 모호한 수식어를 사용했다. 이 관계에서 그녀에게 부여된 힘은 사전에 인정받은 것이다. 그녀는 합의된 전문가지만 여전히 자신의 권한을 실행하기 위해서는 구두로 자격을 부여해야 한다고 느끼는 것 같았다. 그녀는 더 괜찮은 샷을 원할 때마다 완벽주의자라는 맥락을 이용해 커뮤니케이션 강도를 완화했다.

암묵적인 커뮤니케이션에는 미묘함이 필요하다. 성공적인 미묘함의 지표는 그럴듯하게 부정할 수 있는 가능성이 많다는 것이다. "완벽주의는 정말 건강에 좋지 않을 수 있다. 그러니까 여성들은 완벽주의 성향을 줄이고 균형을 맞춰야 한다." 같은 말을 하면서 완벽주의의 조절 기능을 부인하기 쉽다. 볶음밥 속 잘게 다져 넣은 채소처럼, 탁월해지고자 하는 여성의 욕구를 억압해서 이미 모호하게 덩어리진 완벽주의의 개념과 섞어놓으면 거기에 뭐가 들어 있는지 알아차리지 못하고 꿀꺽 삼켜버릴 수 있다.

균형을 늘리라는 요구는 여성의 건강 상태에 대한 반응이 아니라, 여성의 권력 상태에 대한 반응이다. 여기에도 암묵적인 메시지가 작동한다. 여성들은 균형을 찾기 위한 부질없는 시도에 에너지를 쏟으면서 더 많은 걸 원하는 더없이 건전한 욕망을 감사한 마음이 부족해서 그런 것이라고 내재화한다.

완벽주의가 한 사람의 삶을 파괴하는 힘으로 작용할 수도 있다는 걸 부인하는 건 아니다. 완벽주의는 그 사람이 어떻게 관리하느냐에 따라 해로울 수도 있고 도움이 될 수도 있다. 우리가 완벽주의의 이분법적이고 젠더화된 성격을 인정하기 전까지는, 엉뚱한 생각을 품은 남성들이 불타는 태양 속으로 곧장 날아가고 여성들의 날개가 보호라는 미명하에 잘려 나가는 걸 수수방관하는 것이나 다름없다.

지금 균형 잡힌 삶을 살고 있지 않더라도 당신에게 뭔가 문제가 있는 건 아니다. 당신은 너무 피곤해서 화를 낼 수조차 없는 상태가 될 때까지 헬스장에 다닐 필요도 없고, 더 이상 원하는 게 없어질 때까지 감사일기에 긴 목록을 작성할 필요도 없다. 당신은 화를 낼 수도 있고 사랑으로 가득 찰 수도 있다. 더 많은 걸 원할 수도 있다. 이중 어느 것도 균형을 맞출 필요가 없다. 더 많은 것을 원하고 그걸 얻을 수 있다. 더 많이 원하는 건 당연한 일이다. 당신의 욕망은 현실적이고 중요하며 당신 이외의 그 누구도 이해할 필요가 없다.

완벽주의가 잘못된 것이라고 배운 여성들은 더 많은 것을 원하는 게 불온하다고 느낄 수 있다. 성욕은 잘못된 것이라고 배운 여성들은 성적으로 자극을 받는 게 더럽다고 느낄 수도 있다. 더 많은 걸 원하는 여자는 배은망덕하고, 더 많은 걸 원하는 남자는 리더십이 있다. 권력을 추구하는 여성은 권력에 굶주린 사람이고, 권력을 추구하는 남성은 야망 넘치는 '진짜 남자'이다. 이런 이야기는 이제 지루하고 너덜너덜하다. 여기서 그만 끝내자.

자신의 야망을 병적인 것으로 만들지 말자. 탁월해지고 싶다는 만족할 줄 모르는 욕망을 사과하거나 위장하지 말자. 자기를 고쳐야 한다는 생각을 완전히 거부하자. 지금 완벽주의를 되찾자. 당신에게는 아무 문제도 없다.

4장

완벽주의는
강박증일까?

마음과 정신의 문제에는 정해진 것이 없다.

－해리엇 러너Harriet Lerner

◆ 완벽주의 vs 강박장애

완벽주의자는 현실과 이상의 차이의 틈을 메워야 한다고 느낀다. 적응적 완벽주의의 경우, 완벽주의자 본인이나 다른 이들에게 해롭지 않은 가치 지향적이고 성취감을 주는 방식으로 노력을 기울인다. 하지만 부적응적 완벽주의의 경우, 그 실행 방식이 완벽주의자와 다른 사람들에게 해를 입힌다.

완벽주의가 강박적이라는 사실을 인정하는 것은, 완벽주의자는 항상 자신의 완벽주의 유형이 나타내는 이상을 향해 적극적으로 노력할 수밖에 없다는 사실을 인정하는 것이다. 완벽주의의 강박적인 본성을 받아들이는 것, 강력하고 자연스러운 충동의 강박적인 본성을 받아들이는 건 무섭고 제한적으로 느껴질 수 있다. 우리는 어떤 일을 하라고 강요받는 정도를 통제하고 싶다. 우리는 자유를 원한다.

우리는 통제를 통해서 자유를 얻는 게 아니다. 수용을 통해서 얻는다. 어떤 식으로든 탁월해지려고 노력하지 않으면 패배자가 된 기분을 느낄 거라는 얘기는 완벽주의를 설명할 때 가장 자극적인 부분이다. 사람들은 그런 말을 듣는 걸 좋아하지 않는다. 어떤 사람에게는 그게 평균에 대한 비판처럼 들리지만 그건 사실이 아니다.

보통은 나쁜 게 아니다. 완벽주의자는 많은 부분에서 평균 또는 평균 이하의 능력을 발휘하면서도 별로 개의치 않는데, 이건 그들이 갈망하는 분야가 아니기 때문이다. 또한 충분한 수준에 만족하는 법을 아는 사람이 건강한 사람이라고 말하는 편이 훨씬 기분 좋고 적절하다. 충분한 수준을 인정하고 그에 감사하는 마음을 키우는 법을 배우지 않으면 건강한 완벽주의자가 될 수 없다. 하지만 우리는 그런 감사를 느끼면서도 여전히 더 많은 걸 원할 수 있다. 그것도 건강에도 더 좋다.

때로 나는 자극을 완화하기 위해 미사여구를 사용한다. 본인의 이상을 적극적으로 탐구하려는 의욕을 존중하지 않으면 지속적으로 패배감을 느낄 가능성이 높다. 내가 말하는 '패배자'는 사회적으로 비교 가능한 맥락이나 타인과의 관계에서의 '패배자'가 아니다. 자신의 온전한 자아와의 접촉을 상실했다는 뜻이다. 완벽주의자는 탁월한 능력을 발휘하는 걸 멈추려고 할 때마다 입을 틀어막힌 듯한 기분을 느낀다고 상담 중에 고백한다. 뭔가를 잃어버린 듯한 기분이고 패배자가 된 듯하다. 중요한 건 너무 뛰어나고 싶어 하는 걸 멈추는 방법을 알아내는 게 아니다.

진정한 완벽주의자의 경우 오히려 역효과를 낳는다. 다른 사람의 가치관이 아닌 자신의 가치관을 바탕으로 탁월해지는 방법을 찾아내는 게 비법이다.

완벽주의의 강박적이고 적극적인 특성은 이상주의자와 노력가를 완벽주의자와 구분할 수 있게 해준다. 이상주의자는 자신의 이상에 대해 얘기하거나 공상하는 것만으로도 행복을 느끼지만, 완벽주의자는 이상을 적극적으로 추구해야 한다. 적극적으로 노력하는 사람은 노력을 멈추고 현재의 선택에 만족할 수 있지만 완벽주의자는 그럴 수 없다.

사람들은 강박장애OCD를 완벽주의와 혼동하기도 하는데 둘은 완전히 다르다. 강박장애를 앓는 사람은 특정한 강박적 주제를 중심으로 침투적 사고를 할 수 있다. 예를 들어 사랑하는 사람이 다칠까 봐 걱정하다 보면, 그 사람이 버스에 치이는 이미지가 머릿속에 계속 맴돌 수도 있다. 강박장애를 앓는 사람의 강박적인 생각은 마치 뇌가 남에게 잠식당한 것 같다. 경험하고 싶지 않은 생각이나 이미지를 반복적으로 마주하도록 강요받는 것처럼 이질적인 기분이 든다.

강박장애 때문에 원치 않는 생각에 잠식당한 사람은 반복되는 생각으로 인한 위협과 불안을 무력화하기 위해 의식적이고 강박적인 행동을 할 수도 있다. 강박장애 안에는 '선반 위의 모든 꽃병을 완벽하게 대칭 상태로 유지하면 주변 사람들이 다치지 않도록 보호할 수 있다' 같은 약간 황당한 생각이 존재하기도 한다.

완벽주의자들이 이상을 추구하기 위해 보여주는 일반적인 강박적 노력과 다르게, 강박장애를 앓는 이들은 특정한 숫자까지 세거나 손을 씻거나 정확한 문구를 반복하는 등 특정한 행동을 통해서 강박성을 드러낸다. 강박장애의 강박성은 논리적인 이유 없이 적용되는 엄격한 규칙을 통해 나타날 수도 있다. 문을 3번 두드리지 않고는 방에 들어갈 수 없는 사람처럼 말이다. 완벽주의자도 경직된 행동을 할 수 있지만 그들의 경직성은 현실이나 논리와 연결되어 있다. 내 경우 이메일을 보낼 때 남들에게 무능해 보이고 싶지 않아 꼭 3번씩 확인한 다음에 보낸다.

분명히 말하는데, 완벽주의는 장애가 아니다. 자기애성 성격장애나 강박장애와 다르게, 임상적인 수준에서 완벽주의자로 인정받을 수 있는 표준화된 기준은 없다. 이런 차이는 완벽주의라는 말에 대한 나의 개념적 해석을 반영한다. 부적응적 완벽주의에 가장 근접한 임상 장애는 강박성 인격장애OCPD다. 이름은 강박장애와 매우 비슷하지만 완전히 다른 병이다. OCPD는 여러 진단 기준 중에서도 특히 건전한 대인관계를 희생하면서까지 보이는 일에 대한 지나친 집착, 통제에 대한 집착, 질서에 대한 집착 등으로 특징지어지며, 〈DSM(미국정신의학회가 발간하는 정신질환의 진단 및 통계 편람)〉은 이를 '경직된 완벽주의'라고 칭한다.

언뜻 생각하기에 완벽주의자는 강박성 인격장애와 관련되기 쉬울 것 같다. 이 장애와 관련된 경직성 정도를 더 자세히 살펴보면 상황이 명확해진다. 〈DSM〉에 따르면, 이 장애가 있는 사람은 권위와 규칙에 엄격하게 복종할 수 있고, 참작 가능한 상황에서도 규칙을 어기지 말고 문자 그대로 준수해야 한다고 주장할 수 있다. 예를 들어, 누군가 잔디밭에 넘어져서 도움이 필요할 때도 강박성 인격장애가 있는 사람은 '잔디밭에 들어가지 마시오'라는 표지판을 보면 그 사람을 돕기 위해 잔디밭에 들어가는 게 적절하지 않다고 생각한다.

장애의 진단 임계값에 도달하기 위해 모든 진단 기준을 충족할 필요는 없지만, 강박성 인격장애의 다른 기준 중에는 수집 욕구와 돈에 대한 인색함 등도 포함되는데 이 2가지 모두 자신의 삶에 대한 극단적인 통제를 유지하려는 시도와 관련이 있다. 좀 더 구체적으로 말하자면, 고장 난 가전제품이나 수천 권의 오래된 잡지 같은 물건을 쌓아두는 건 예상치 못한 미래의 사건을 통제하려는 비논리적이고 극단적이며 융통성 없는 시도에서 비롯된 행동이다. 강박성 인격장애를 앓는 사람은 '앞으로 벌어질 어떤 일을 위해 낡은 토스터기 손잡이가 필요할지도 몰라. 그러니까 이 고장난 토스터기 17대를 버릴 수 없어'라고 생각할 수도 있다.

강박성 인격장애 환자에게 때때로 존재하는 극단적인 검소함도 통제 집착 메커니즘 때문에 생긴 것이다. 이들은 자기가 미래를 통제할 수 없다는 사실에 대처하기 위해, 앞으로 생길 일에 잘 대비하고 잘 통제할 수 있다는 기분을 느끼려고 돈 쓰는 걸 거부한다. 지금 얘기하는 건 단순히 구두쇠가 아니다. 강박성 인격장애를 앓는 사람은 돈이 200만 달러나 있으면서도 자기 돈으로 점심을 사먹지 않고 식료품점의 무료 시식대에서 배를 채운다.

당신이 겪는 경험이 임상적으로 질병으로 인식되지 않는다고 해서 위험을 벗어났다는 뜻은 아니라는 걸 알아야 한다. 먼저 자신의 생각, 감정, 행동, 대인관계가 삶의 질을 저하하는 정도를 확인해봐야 한다. 그런 문제를 고려할 때 상담사, 책, 자기 계발서 등이 도움될 수는 있지만, 결국 세상에서 당신이 어떤 사람인지 아는 사람은 자신뿐이다. 완벽주의에 대한 탐구를 진행하는 동안 무엇이 자신에게 도움이 되고 무엇이 상처가 되는지 스스로 솔직해지자.

♦   완벽주의자 + 자존감

자존감이란 아직 성취하지 못한 일이 많지만, 성취했을 때만큼 많은 사랑과 기쁨, 존엄성, 자유, 연결을 누릴 가치가 있다는 걸 이해하는 것이다. 당신은 존재한다는 이유만으로도 이 모든 걸 받을 자격이 있다.

　자존감은 이미 준비되어 있으므로 직접 관여할 필요가 없다. 당신은 태어난 순간부터 죽는 순간까지 계속 가치 있는 존재다. 매시간마다, 어떤 실수를 저질러도, 좋은 날이든 궂은 날이든 항상 가치가 있다. 이런 자신의 가치를 받아들일지 거부할지는 본인에게 달려 있다.

　자존감을 이해하는 또 다른 방법은 자존감이 아닌 게 뭔지 이해하는 것이다. 자존감은 자부심과 다르다. 브레네 브라운 박사의 간결한 설명에 따르면, 우리는 자부심을 느끼는 게 아니라 생각한다. 자부심은 감정이 아니라는 얘기다.

　반면 자존감은 내면 더 깊숙한 곳에서 느끼는 감정이다. 자존감은

자기가 받을 자격이 있다고 생각하거나 믿는 것이다. 이런 차이는 자부심은 크지만 불안감을 느끼는 완벽주의자들에게 혼란의 원인이 된다.

예를 들어, 고생해서 꿈의 자리로 승진했는데 다음과 같은 내면의 독백이 들려오는 것이다. '내가 똑똑하고 유능하고 좋은 성과도 올리고 있다는 걸 알아. 그런데 왜 이렇게 부족하다는 기분이 들지?' 당신은 자기가 유능하고 똑똑하다는 걸 알지만 자기가 좋아하는 직업을 가질 가치가 있다고 생각하는가?

반면 완벽주의자는 지옥 같은 상황에 처해 있으면서도 벗어날 수 없을지 모른다. 예를 들어, 누군가와 유해한 관계를 맺고 있는 이들은 자기가 재미있고 매력적이고 똑똑하고 탐나는 존재라는 걸 안다. 그들은 자부심이 대단하지만 자기를 냉장고 속의 유통기한이 지난 음식물처럼 취급하는 사람과 함께 있다. 그 관계는 상대방이 그를 버리지 않았기 때문에 유지된다. 그들은 이렇게 말할지도 모른다. "이건 정말 건전하지 못한 관계야. 내가 떠나야 한다는 걸 알면서도 왜 남아있는 거지?" 당신은 자기가 똑똑하고 매력적이고 재미있는 사람이라는 걸 안다. 하지만 진정한 사랑을 받을 자격이 있다고 믿는가?

적응적 완벽주의자는 자존감과 연결되어 있다. 자기가 있는 모습 그대로 이미 온전하고 완전한 존재라는 사실을 안다면 풍요로운 마음가짐으로 살아가는 것이다. 당신은 이미 자기에게 필요한 것을 가지고 있다. 적응적 완벽주의자가 이상을 향해 노력하는 건 그런 안정감을 표현하는 것이다.

부적응적 완벽주의자는 자기가 온전하거나 안전하다고 느끼지 못한다. 그들은 좌절감을 느끼고 항상 뭔가 부족하다는 기분으로 살아간다. 그들의 노력은 부족한 것을 보상하고, 고장 난 것을 고치고, 대체품을 제공하고, 빠진 것을 숨기려는 욕구에 의해 움직인다.

적응적 완벽주의자는 내면이 멀쩡하기 때문에 최상의 모습을 보이고 싶어 한다. 내면의 긍정적인 감정에 생기를 불어넣고 외적으로 표현하면 자신의 본질과 일치하는 기분을 느낀다. 반대로 부적응적 완벽주의자는 내면이 좋지 못하기 때문에 최상의 모습을 보이고 싶어 한다. 그들은 이미 자기가 너무 부족한 사람이라고 느낀다. 그래서 적어도 무언가에 익숙하다는 기분이라도 느끼기 위해 최고의 모습을 보여주려고 필사적으로 애쓴다.

이 문제에 대해 생각해 볼 수 있는 또 다른 방법은, 적응적 완벽주의자는 선물을 주고 부적응적 완벽주의자는 위로를 준다는 것이다. 위로는 사과의 표시다. 위로를 받는다는 것은 누군가가 당신의 마음을 달래기 위해, 빈손으로 가지 않도록 가치가 좀 떨어지는 이거라도 주겠다고 하는 것이다. 부적응적 완벽주의자는 자기가 있는 그대로 괜찮은 사람이 될 기회를 이미 놓친 것 같은 기분을 느낀다. 그 때문에 다른 사람들이 자기에게서 공허한 느낌을 받지 않길 바라는 마음으로 목표 달성을 위해 노력한다.

부적응적인 사고방식을 지니고 있다고 해서 반드시 자기가 무가치하다고 느끼는 건 아니다. 지금 완전한 가치를 발휘하지 못한다고 느끼는 것뿐이다. 자신을 다 고친 뒤에야 비로소 자기가 가장 갈망하는 걸 얻을 자격이 생긴다고 생각한다. 그렇게 계속 기다리는 상태로 살아가는 것이다. 자존감과 멀어졌다고 해서 '난 쓰레기야. 그러니 이걸 만회하기 위해 필사적으로 노력해야 해'라고 느끼지는 않는다. 일반적으로 이런 단절은 더 미묘한 방식으로 경험하게 된다. 그리고 잘못된 낙관주의의 뉘앙스가 가득하다.

본인의 자존감과 단절되면 이런 기분이 든다. '좋아, 거의 다 왔어. 바로 코앞이야. 곧 인생을 즐길 수 있게 될 거야. 그걸 끝내기만 하면, 다이어트에 성공하면, X 달러 이상을 벌기만 하면, 직장을 구하기만 하면, 임신하기만 하면, 그 학교에 합격하기만 하면, 내 아이들이 그 학교에 합격하기만 하면, 연애하기만 하면, 사랑하는 사람에게 그가 원하는 선물을 사줄 수 있기만 하면, 그걸 손에 넣기만 하면 나 자신에게 만족하게 될 거야.' 자존감과 단절되면 목표를 달성해야만 기쁨을 느낄 수 있다고 여기게 된다.

나는 다음 문장을 쓰기 위해서 이 책 전체를 쓴 건 아닌가 하는 생각이 든다. 기쁨은 노력해서 얻는 게 아니다. 기쁨은 타고난 권리다. 사랑, 자유, 존엄성도 그렇다. 높은 자부심과 높은 자존감은 다르다. 자존감에 대한 또 다른 중요한 오해는 그게 정적이라는 것이다. 자존감은 유동적이다. 우리 가운데 가장 자신감이 넘치는 사람들도 자존감이 떨어지는 것에 면역이 되어 있지 않다. 순식간에 자존감이 사라질 수 있다.

◆　　　　　　　　　　피상적인 통제 + 진정한 힘

욕망과 사랑이 그렇듯이 힘과 통제도 똑같아 보일 수 있다. 하지만 그 둘은 같은 게 아니다. 통제는 제한적이며 거래 방식으로 소유하는 것이다. 만약 당신이 통제할 수 있는 위치에 있는데, 다른 사람에게 통제권을 넘겨준다면 그 통제권을 포기한 것이다. 반대로 힘은 무제한적이며 공유할 수 있다. 당신이 힘 있는 위치에 있으면서 다른 사람에게 권한을 부여한다면 아무런 힘도 잃지 않을 것이다.

힘은 자기가 지닌 가치의 불변성을 이해하는 것이다. 그런 위치에 있으면 어떤 일의 결과가 특정한 방식으로 전개되기를 간절히 바라지 않는다. 그 결과가 무엇을 제공하든 자기는 받을 가치가 있다는 걸 이미 알기 때문이다. 당신은 지금 기쁨, 사랑, 존엄성, 자유를 누릴 수 있는 권한을 자신에게 부여한다. 당신은 이미 승리한 자다.

벌써 이겼다는 자신감이 당신의 잠재력을 해방시킨다. 자존감이 위태로운 상황이 아니라면 위험을 감수하기가 더 쉬워진다. 당신은 시도하는 위험을 기꺼이 감수할 수 있기 때문에 원하는 걸 더 많이 얻을 수 있다.

자존감과 단절되면 통제에 집착하게 된다. 특정한 결과가 나오는데 너무 집착하기 때문에 주변에 있기 부담스럽거나 힘든 사람이 될 수 있다. 당신은 어떤 일이 특정한 방식으로 일어나야만 안도감을 느낀다. 스스로 깨닫든 깨닫지 못하든, 지금 당신은 필사적이다.

자기 업무 분야, 가족, 지역사회, 세상에서 리더가 되고 싶다면 통제하는 방법이 아니라 강해지는 방법을 배워야 한다. 남을 통제하는 사람을 위해 일하거나 그 주변에 있고 싶어 하는 이들은 아무도 없다. 통제는 제한을 조장하고 힘은 자유를 독려한다. 통제는 옹졸하고 힘은 관대하다. 통제는 사소한 일까지 간섭하고 힘은 영감을 준다. 통제는 조작하고 힘은 영향을 미친다. 통제는 근시안적이라서 모든 게 한 번에 하나씩 정확하게 움직이도록 계획해야 한다. 힘은 선견지명이 있어서 믿음의 도약을 할 수 있는 엄청난 호사를 약속한다. 힘은 업그레이드다.

힘을 이용하지 않고 피상적인 통제 전략에 의존하는 것은 자동차를 운전하는 게 아니라 밀어 움직이려는 것과 같다. 당신이 마음이 가는 리더들에 대해 생각해보자. 그들의 권위가 통제나 힘에 기반을 두고 있는가? 힘 없이도 권위적인 인물이 될 수 있고, 권한이 없어도 리더가 될 수 있다. 힘은 직함이 부여하는 게 아니다. 그러니 누구나 강해질 수 있다.

◆　　　　　　　　　　　　완벽주의자 ＋ 마음챙김

세상에 '마음챙김'만큼 희한하게 상품화된 단어는 별로 없다. 정말 이상한 세상이다. 어쨌든 나는 자신의 자아 전체를 현재 순간에 의식적으로 가져오는 능력을 설명할 때 마음챙김이라는 말보다는 '현재에 머무르다'라는 표현을 쓰는 걸 선호한다. 완벽을 추구하는 것과 현재에 머무르는 걸 추구하는 것 사이에는 변치 않는 관계가 존재한다.

어떤 걸 완벽하게 경험했다면 그건 그 일을 경험한 사람이 자신의 관심을 온전히 쏟았기 때문에 가능했던 것이다. 무언가가 기능적으로 완벽하더라도 그 사람이 제대로 관심을 기울이지 않는다면 결점이 발견되게 마련이다.

완벽한 순간에 대한 당신의 기억은 당신이 가장 확실하게 집중했던 순간에 대한 기억이다. 완벽주의자는 이상을 추구하는 걸 좋아하기 때문에 완벽주의자다. 목표는 달성하면 그걸로 끝이지만 이상은 계속된다. 완벽주의자가 목표에 도달하면 그들은 항상 새로운 목표, 더 큰 목표를 만든다. 그들의 진정한 관심은 목표가 나타내는 이상을 추구하는 데 있기 때문이다. 현재에 머무른다는 목표를 달성하는 건 이 규칙에서 예외다.

완벽주의는 내부와 외부 세계와 완전한 일치를 경험하려는 우리의 자연스러운 욕구를 반영한다. 그건 이상(가능한 것을 포용)과 현실(있는 그대로를 포용)을 융합하려는 시도다. 이 틈을 완전히 메우는 유일한 방법은 현재에 집중하는 것뿐이다. 그렇게 하면 지금 있는 것과 가능한 것을 동시에 받아들이게 된다. 즉, 이상적인 인식 상태를 달성하게 된다.

현재에 머무른다는 것은 지금 이 순간과 접촉하고 있다는 뜻이다. 당신이 이 문장을 읽고 있다는 사실, 얕게라도 숨을 쉬고 있다는 사실, 죽지 않고 지금 여기에 살아 있다는 사실 말이다. 당신에게 아무 일도 일어나지 않아도 괜찮다. 당신을 좋아하는 사람이 아무도 없어도 된다. 미래가 당신 쪽을 향하도록 하거나 지금 모든 일이 일어나야 한다는 부담감에서 벗어나라. 자신의 인색하고 좁은 생각에서도 완전히 해방될 수 있다.

당신이 현재에 머무를 때, 지금 당신의 삶은 과거의 삶에 의해 좌우되지 않고 가능성에 의해 결정된다. 당신은 자신의 온전함에 둘러싸여 있는 동시에 완전히 자유롭다. 현재에 머무르는 것과 관련된 오해 중 하나는 그것이 행복과 동일하다는 것이다. 우리는 심호흡을 하고, 자세를 고친다. 무언가를 느끼려고 기다리는 것이다. 반짝거리고 깨끗하고 준비된 상태로 행복을 느낀다.

물론 현재에 머무르면서도 피곤함을 느낄 수 있다. 현재에 머무르면서 마음이 아플 수도 있다. 현재에 머무르면서 준비가 되어 있지 않다고 느낄 수도 있다. 현재에 머무를 때 보장되는 것은 행복이 아니라 자유다. 현재에 머무르는 것은 심적인 상태가 아니다. 존재하는 상태다. 그러므로 현재에 머무르면 단순히 생각하고 인식하는 방식만 바뀌는 게 아니다. 당신이 움직이는 방식, 머리를 들고 있는 각도, 목소리의 톤과 말하는 속도도 바뀐다. 숨을 깊게 들이마셔서 배 속 깊숙이 집어넣을 수도 있고, 얕은 숨을 목구멍 위쪽에 매달아 놓을 수도 있다. 자기를 둘러싼 생동감을 완전히 알아차릴 수도 있고 놓칠 수도 있다. 다른 사람의 말을 끊을 수도 있고 경청할 수도 있다. 손톱의 일부분을 뜯어낼 수도 있고 손을 가만히 둘 수도 있다. 이는 당신의 현재에 머무를 때의 특징들을 보여주는 속성이다.

존재감은 당신이 얼마나 판단력 있고 동정적이고 해결책 지향적인지를 변화시킨다. 현재에 머무르면 부족하고 잘못된 것이 이미 존재하는 선한 것들을 가차 없이 가려버리는 세상에 살면서도 안도감을 느낄 수 있다. 현실을 받아들이는 게 고통스러워서 현재에 머무르기 힘든 순간에도 존재감은 개선된 성질을 유지한다. 현재에 머무르는 것은 달성 가능한 유일한 이상이며, 이것이 바로 완벽주의자들이 거기에 자석처럼 이끌리는 이유다.

그렇다면 왜 모든 완벽주의자가 내면의 평화를 누리지 못하는 것일까? 왜냐하면 적어도 처음에는 완벽주의자들이 현재에 머무르는 경험을 역설계하려고 하기 때문이다. 완벽주의자는 '만약 내가 이것/나 자신/다른 사람을 완벽하게 만들 수만 있다면 완벽한 기분을 느끼게 될 것'이라고 생각한다.

일단 외부적으로 완벽한 모습을 만들어내면 자기가 완전히 살아 있고, 만족하고, 가능성과 접촉하고, 중심이 잡힌 듯한 기분을 느낄 것이라고 생각한다. 하지만 사실은 그 반대다. 내부적으로 존재감을 키울수록 주변에서 일어나는 일에 상관없이 자기가 온전히 살아 있다는 기분을 느낀다. 내면에 집중하면 할수록 외적으로 완벽함을 많이 인식하게 된다.

사람들이 완벽한 순간을 묘사하는 걸 들어보면, 그들은 물질을 얘기하지 않고 온전하고 연결된 느낌을 얘기한다. 완벽했어야 했는데 그렇지 못한 순간을 묘사하는 걸 들어보면, 외적이고 피상적인 완벽함만 얘기하고 내면의 감정은 그 속에서 파편화되어 있다.

자기 분야에서 최고의 자리에 올라 계속 그 자리를 지키는 사람들이 자기 일을 하면서 현재에 머무르는 감각을 느끼는 이들이라는 건 우연이 아니다. 그들은 우리가 자기 일을 '완벽하게' 해낸다고 느끼는 사람들이다. 비욘세가 무대에 오르면 그녀는 공연으로 우리를 즐겁게 해주는 게 아니라 자신의 존재감을 드러내면서 우리에게 영감을 준다.

비욘세가 터득한 것은 완벽한 춤 동작이나 아름답게 노래하는 법이 아니다. 그렇게 춤을 추거나 아름다운 목소리를 가진 사람은 그녀 외에도 많다. 비욘세가 터득한 것은 자신만의 독특한 존재의 힘에 지속적으로 접근하는 능력이다. 비욘세가 이불만 걸친 채로 무대 위를 걷거나 가만히 서 있어도, 그녀에게 시선을 빼앗길 것이다. 당신이 무엇에 매료되었는지 아는가? 그녀의 힘이 어디에서 나오는지 아는가? 그녀의 존재가 어떤 느낌인지 아는가?

당신에게 필요한 모든 것이 이미 당신 안에 있다. 이것은 곧 당신이 지닌 존재의 힘에 대해 얘기한다. 누군가가 당신과 온전히 함께 있으면 최면에 걸린 듯한 상태가 된다. 당신은 '이런 사람은 만나본 적 없어'라고 생각하게 될 것이다. 그게 사실이기 때문이다. 모든 사람은 자기만의 독특한 존재감을 가지고 있다. 우리는 현재에 온전히 집중하는 사람들 곁에 있는 걸 감사하게 여긴다. 그들이 우리의 존재감까지 일깨워주기 때문이다. 다른 사람이 지닌 존재감의 힘을 인식하고 나면 자기가 가진 힘을 계속 잊고 지내기 어렵다.

당신의 존재감은 힘의 진원지다. 현재에 머무르기 위해 필요한 모든 걸 이미 가지고 있다. 적응적 사고방식을 지닌 완벽주의자에게는 존재감이 가장 중요하다. 무엇을 하고, 생각하고, 느끼든 간에 먼저 현재에 집중하려고 노력한다. 어떤 이들은 순간에 이 정도로 집중하는 걸 가리켜 특별한 상태에 있다고 표현하는데, 심리학자 미하이 칙센트미하이Mihaly Csikszentmihalyi는 이를 몰입 상태라고 부른다.

현재에 머무르는 것을 보다 일반적인 방식으로 설명해볼까? 자신을 해방시키고, 자유롭게 행동하며, 가능성을 열린 태도로 받아들이고, 과거의 명령이나 미래의 지시 없이 살아가고, 자발성을 위한 여지를 만드는 것이다. 이 모든 설명의 공통점은 통제에서 벗어나는 것에 대한 강조다.

당신이 현재에 머물 때는 당신을 통제하는 것이 없다. 아무도 신경 쓰지 않는다. 자신의 힘과 연결되어 있으면 통제할 필요가 없다. 존재의 반대는 부재다. 당신이 부재중일 때는 자신의 힘과 단절된다. 자기가 가치 있다고 느끼지 못하고, 그런 기분이 들길 기다린다. 자기 내면의 공간을 완전히 차지하지 못하고 집을 자꾸 비운다. 있는 그대로를 받아들이지 못한다. 계속해서 자기가 처한 상황의 현실을 거부하고 저항하는 데 에너지를 소모한다. 당신의 정체성이 결과물로 대체된다. 자기가 하는 일과 그걸 얼마나 잘하고 빠른지가 자신의 본질이 되는 것이다.

부적응적 사고방식을 가진 완벽주의자에게는 성과가 가장 중요하다. 자기가 하는 일에 관심이 없거나, 그 일을 하고 싶지 않거나, 그걸 하면서 기쁨을 느끼지 못하거나, 그 일을 하는 게 실제로 자신에게 해가 되더라도 어쨌든 뛰어나게 잘해야 한다. 무력감을 느낄 때는 통제하는 게 책임감 있는 일처럼 느껴지기 때문에 통제가 극대화된다.

◆　　　　　　　　　"당신은 이미 정답을 알고 있어요."

외부 성과를 통해 평화를 추구할 경우, 가장 치명적인 고통은 목표를 달성했을 때 발생한다. 마침내 당신이 원하던 걸 얻었다. 본인의 가치를 보여주는 확실한 증거를 얻었다. 어쩌면 그건 근사한 명패가 달린 사무실일 수도 있다. 어쩌면 크고 완벽한 집을 매매했을지도 모른다. 작년엔 작던 청바지가 몸에 딱 맞을 수도 있다. 이름이 새겨진 상을 받았을 수도 있다. 요점은 당신이 원하는 걸 모두 얻었다는 것이다. 부적응적인 사고방식을 가진 완벽주의자는 바로 그 순간 칼에 맞은 기분이 든다.

　　그건 수많은 상담사와 완벽주의자들이 직접 보고한 완벽주의의 가장 당혹스러운 측면 중 하나다. 부적응적인 완벽주의자는 목표를 달성해서 완벽한 수준에 도달해도 여전히 만족하지 못한다. 정신 분석가 카렌 호니Karen Horney 박사는 이런 불만을 성공과 내적 안정 사이의 '역비율'이라고 설명했다. 그런 사람은 '내가 해냈다'라고 느끼는 게 아니라 그냥 '그 일이 일어났구나'라고 느낀다. 자기 분야에서 반복적으로 업적을 쌓아도 안정감이 커지는 게 아니라 더 불안해지기만 한다. 현대 완벽주의 전문가 폴 L. 휴잇Paul L. Hewitt 박사와 고든 L. 플렛Gordon L. Flett 박사, 새뮤얼 F. 미카일Samuel F. Mikail 박사는 만성적인 불만 대신 완벽주의가 지속되는 것은 "강화에 대한 수십 년간의 연구와 생각에 직접적으로 위배되기 때문에 특히 당혹스럽다."라고 덧붙인다.

많은 연구에서는 목표 달성이 단순히 일부 완벽주의자를 만족시키지 못하기만 하는 게 아니라는 걸 강조한다. 목표를 달성하면 완벽주의자들의 기분이 나빠지는 경우도 많다. 자기가 원하던 걸 얻거나 심지어 목표를 초과 달성한 뒤에도 기분이 나빠지는 이유는 무엇일까? 승리의 경험을 통해 자존감이나 존재감을 대체할 수 있는 게 없다는 사실을 깨닫게 되기 때문이다.

나는 일을 하는 동안 앞서 얘기한 객체 완벽주의 외에도 행동적, 정서적, 인지적, 과정 지향적 완벽주의가 반복해서 나타나는 모습을 관찰했다. 문자 그대로의 행동적 완벽주의는 어떤 일을 완벽하게 수행하는 것이지만, 자기가 맡은 역할과 관련해 완벽하다고 생각하는 행동 방식을 스스로에게 강요하는 것도 포함될 수 있다.

행동적 완벽주의는 자신의 행복을 희생시키거나 결과에 연연하지 않고 개선된 성과를 고무시킬 때 적응력이 있다. 예를 들면, '내가 좋아하는 일을 열심히 하면 기분이 좋으니까 이 피아노곡을 마스터하고 싶다. 연주회 당일에 실수해도 별로 상관은 없지만, 내게 최선을 다할 기회를 줘야 한다' 같은 생각이다.

자신의 행복을 희생하면서까지 행동적 완벽주의에 빠지는 건 부적응적인 태도다. 예를 들어, 불편한데도 불구하고 시댁 식구들이 근처에 올 때마다 계속 당신 집에 머물라고 한다. 그게 완벽한 며느리라고 생각하기 때문이다. 아니면 회의 도중에 얘기를 놓쳐서 질문을 하고 싶은데, 항상 내용을 속속들이 알고 있는 완벽한 지원이 되고 싶다는 생각에 가만히 있는 것이다.

누구나 가끔은 자신의 가장 진실한 자아를 대신해서 행동하는 데 어려움을 겪는다. 이렇게 진실한 자아를 대신해서 행동하지 못하는 것이 패턴화된 반응으로 발전하면 기능 장애가 나타난다. 계속해서 자신의 필요, 목표, 가치관에 위배되는 방식으로 행동해야 한다는 의무감을 느낀다면, 그건 대부분 자기가 얽매이고 있다는 사실을 깨닫지 못하는 행동적 완벽주의의 기준에 대한 의무감이다.

인지적 완벽주의는 미지수를 완벽하게 이해하는 것과 관련이 있다. 인지적인 관점에서 완전히 이해할 수 있는 시스템과 공식이 몇 가지 있다. 예를 들어, '우리 창고에서 고객의 문 앞까지 제품을 배송하는 방법에 대한 모든 세부적인 사항' 같은 것이다. 이건 과정을 분석적으로 이해하는 데는 매우 유용하지만, 엄격하게 공식화된 시스템을 벗어나면 뭔가를 완벽하게 이해하거나 알고자 하는 욕구 때문에 꼼짝달싹 못 하거나 길을 잃을 수 있다.

예컨대 게으른 완벽주의자는 그 일자리에 지원하기 전에 도시 계획의 모든 측면이 어떻게 작동하는지 완벽하게 이해해야 한다. 손실과 관련해서는 직원이 퇴사한 정확한 이유를 찾거나, 자기가 고용되지 않은 논리적 이유를 알고 싶어 하는 등 이유를 완전히 이해하려는 고집스러운 태도를 생각해보자. 그게 바로 인지적 완벽주의다.

인지적 완벽주의는 결과에 집착하지 않고 호기심과 학습을 통해 추진해야만 적응력을 발휘한다. 예를 들어, 어떤 신경학자는 우리가 꿈을 꾸는 이유를 연구하는 데 일생을 바쳤다. 하지만 수십 년의 연구 끝에 결국 "우리가 왜 꿈을 꾸는 건지 도통 모르겠다."라고 말할 수도 있다. 그는 확실한 대답이나 결론을 얻지는 못했지만 수십 년간 의미 있는 작업을 즐겼다. 그 신경학자는 그대로 은퇴할 수도 있지만 그건 중요하지 않다. 그들은 어떤 식으로든 그 질문에 대한 답을 찾으려는 노력을 포기하지 않을 것이다.

프로세스 완벽주의는 과정이 완벽하게 시작되고 진행되고 끝나기를 바란다. 장기적인 과정의 완벽한 결말은 그 과정이 영영 끝나지 않는 것일 수 있다. 따라서 어떤 과정이 끝나거나 중요한 혼란이 발생한다면 그 과정 전체가 실패로 간주된다. 프로세스 완벽주의에는 그 과정에 필요한 시간, 에너지 소모, 도움에 대한 자체적인 기준과 선입견도 포함될 수 있다. 예를 들어, 완벽주의자는 변호사 시험에 합격한 뒤에도 합격을 위해 그렇게 열심히 공부할 필요가 없었다고 생각하기 때문에 자신의 승리를 여전히 실패로 여기고 있을지도 모른다.

좀 더 시야를 넓혀서, 정체성 형성과 관련된 프로세스 완벽주의를 생각해보자. 만약 당신이 자신의 어린 시절이 제대로 기능하지 못했다고 여기면서 프로세스 완벽주의의 개념 안에 갇혀 있다면, 영원히 남들보다 뒤처지는 삶을 살았다고 느낄 수 있다. 진정한 자신이 되는 과정이 처음부터 완벽하게 시작되지 않았는데 어떻게 좋은 일이 있을 수 있겠는가?

자기가 완벽한 어린 시절을 누렸다고 생각하는 완벽주의자는 어떨까? 이와 반대되지만 유사한 프로세스가 나타난다. 그들은 인생이 완벽했기 때문에 남은 인생도 완벽해야 한다는 압박감을 느낀다. 그들이 생각하기에 그렇지 않을 경우 변명의 여지가 없기 때문이다.

게으른 완벽주의자는 완벽하게 시작되길 바라는 욕망에 압도되지 않도록 노력해야 한다. 난잡형 완벽주의자는 과정이 완벽하게 진행되지 않으면 꼼짝할 수가 없다. 열정형 완벽주의자는 과정이 완벽하게 끝나는 것에 집착한다. 낭만형 완벽주의자의 목표는 기본적으로 대인관계와 관련이 있기 때문에, 그들은 다른 이들과 연결되어 있다고 느끼기만 하면 자기가 과정의 어느 단계에 있는지 신경 쓰지 않는다. 전형적 완벽주의자는 조직력을 발휘하면서 어느 정도 안정감을 얻을 수만 있으면 자기가 어느 단계에 있는지 신경 쓰지 않는다.

모든 완벽주의 유형과 마찬가지로 프로세스 완벽주의도 그에 따라 삶의 질이 좌우되는 게 아니다. 본인에게 도움이 되는 방향으로 사용해야만 적응력을 발휘할 수 있다. 재능은 있는데 기술을 연마할 기회가 없는 건 고통스러운 일이다. 그 재능을 부담스러운 짐으로 여기는 것 또한 고통스럽다.

산업 디자인, 연출, 서비스업 같은 특정 분야는 거대 프로세스 안의

미세한 공정을 자연스럽게 파악하거나 예상할 수 있는 사람에게 적합하다. 그러나 프로세스 완벽주의로 이익을 얻기 위해 그걸 공식적이거나 전문적인 역량으로 구현할 필요는 없다. 본인이 프로세스 완벽주의에 빠져 있다는 사실을 안다면, 과정이 완벽하기를 바라는 마음을 현재에 머물면서 시야를 넓혀야 한다는 신호로 받아들이자.

정서적 완벽주의는 완벽한 감정 상태에 있기를 바라는 것이다. 여기서 말하는 완벽한 감정 상태는 행복하거나 평화롭다는 뜻이 아니다. 자기가 느끼는 감정, 시간, 정도를 완벽하게 통제하고 싶다는 얘기다.

예를 들어, 엄마들에게 완벽한 감정 상태는 아이가 시끄럽게 굴 때 아이에게 짜증을 내지 않고 참는 것도 포함될 수 있다. 이때 그녀가 느끼는 감정은 짜증이고, 느끼는 시간은 아이가 시끄럽게 굴 때이며, 느끼는 정도는 경미하다. 하지만 그녀가 완벽한 짜증이라고 생각하는 수준을 넘어설 경우 자기 검열에 취약해진다. 아이가 시끄럽게 굴지도 않았는데 엄마가 짜증을 내거나, 아이가 잠깐 시끄럽게 굴었다고 엄마가 심하게 짜증을 내면서 화를 낸다고 가정해 보자. 부적응 상태의 완벽주의자에게는 완벽한 감정 상태에서 벗어난 모든 경험이 실패로 다가온다.

바람직하지 않은 감정을 받아들이는 것에 대해 부분적으로 통제된 반응을 보이는 것은 드문 일이 아니다. 정서적 완벽주의가 계속 부적응적으로 반복되는 사람의 경우에는 감정을 제한하면서 자신의 내면세계와 만나는 것이 핵심적인 전략이다. 이 개념은 연구를 통해서도 뒷받침된다. 부적응적 완벽주의는 스트레스에 대처하기 위해 감정을 억제하는 것과 관계가 있다.

감정적 완벽주의 때문에 씨름하는 완벽주의자 입장에서는 모든 게 시간을 재거나 측정해야 할 대상이다. 그들은 음량 조절 장치를 조작하듯이 자신의 감정을 조절하려고 하는데, 이때 그들이 조절하는 감정은 나쁜 것뿐만이 아니다. 완벽한 감정적 반응에는 기분이 좋지 않을 때 억지로 감사함을 느끼도록 강요하고, 지루하다고 느낄 때 억지로 신이 나는 척하고, 몸에서 짜릿한 전율이 느껴지지 않을 때 억지로 전율을 느끼려고 하는 것 등이 포함될 수 있다. 감정을 적절히 통제하지 못하면 본인에게 가혹하게 굴게 된다.

적응적 완벽주의자가 자신의 감정적 반응이 마음속에 품고 있던 이상적인 반응과 다르다는 걸 알아차리면 어떻게 될까? 우선 왜 그런 일이 일어났는지에 호기심을 느낀다. 또 뭐가 필요한지 궁금해한다. 적응형 완벽주의자는 자기감정에서 도망치지 않고 건전한 방법으로 감정적 경험을 조절하려고 노력한다.

감정적 완벽주의는 유연성과 고의성이 특징인 이상적인 감정 상태를 만들고 자신의 이상을 사용해서 긍정적인 변화를 향한 동기를 부여할 때 적응력을 발휘한다. 예를 들어, 직장에서 비참한 기분을 느끼는 사람은 일할 때 느끼고 싶은 기분에 대한 이상적인 감정 상태를 의식적으로 떠올린다.

그리고 이상은 달성하기 위한 게 아니라 영감을 주기 위한 것임을 기억하면서, 새로운 직업을 찾을 때 이 이상이 당신을 안내하도록 한다.

정서적 완벽을 추구하는 건 완벽주의에서 가장 심하게 간과되는 요소 중 하나다. 정서적 완벽주의는 항상 행복을 느끼고 싶다는 그런 간단한 문제가 아니기 때문에 레이더에 잡히지 않는다. 그건 개인화된 사적인 경험이다.

치유의 의미에 대한 완벽주의자의 비전만큼 정서적 완벽주의가 명확하게 드러나는 곳도 없다. 자기가 치유되었다는 증거로, 특정한 상황에서 특정한 감정을 특정한 수준으로 느끼고 싶어 한다. 마리사에게도 그런 일이 일어났다.

마리사는 평생의 연인이라고 부르는 남자와 함께 일했다. 그들은 몇 주 동안 데이트를 했지만 결국 친구로 남았다. 그들이 마지막으로 만난 날로부터 몇 주 뒤, 그는 함께 일했던 다른 여성과 사귀기 시작했고 6개월 뒤 결혼했다. 마리사는 옛 연인이 아내의 임신 사실을 알리자 그를 위해 순수하게 기뻐하고 싶었다. 하지만 실제로는 기쁨이 아닌 절망감을 느꼈다. 그리고 그녀는 상황을 통제하려고 했다. 마리사의 완벽주의가 모든 방향에서 과하게 드러나기 시작했다.

먼저 그 부부를 위해 사무실에서 임신 축하 파티를 열어야 한다고 주장했다. 그녀는 완벽한 친구가 되어야 했고(행동적 완벽주의), 그들을 위해 완벽한 기쁨을 느껴야 했으며(정서적 완벽주의), 파티 자체도 완벽해야 했다(객체 완벽주의). 만약 옛 연인과 함께 두 사람이 잘 되지 못한 정확한 이유를 파악하기 위한 마무리 대화를 나누는 걸(인지적 완벽주의) 포함해서 그녀가 추구하는 모든 통제가 이루어진다면, 그에 대한 마음을 완전히 접고 완벽한 방법으로 관계를 끝내는 결과를 얻게 될 것이다(프로세스 완벽주의). 그건 엄청난 규모의 행동 계획이었다. 우리는 정서적 완벽주의 문제부터 시작했다.

나 임신 축하 파티에서 그가 아내의 배에 손을 얹고 웃는 모습을 봤을 때 적절한 반응이 뭐라고 생각해요?
마리사 잊을 수 없을 정도로 기분이 좋았으면 좋겠어요.

마리사의 목표는 일어난 일을 처리하는 게 아니라 일어난 일에 대한 자신의 감정을 통제하는 법을 배우는 것이었다. 공식적으로 치유된다는 말의 의미에 대한 선입견이 우리 마음속에 어슬렁거리고 있다. 우리가 생각하는 치유의 모습에 대한 이런 상상은 항상 잘못되었다. 당신은 자신의 치유가 어떤 형태로 이루어질지 전혀 모른다.

치유를 정의하는 하나의 방법은 가능성에 마음을 열어두는 것이다. 감정 조절에만 집중하면 가능성을 차단하게 된다. 지금 어떤 기분을 느끼든 자기 삶의 모든 순간에 대한 선택권이 있다는 걸 알면 힘이 생긴다.

당신의 완벽주의를
찬양하라

"회초리를 찾을 수가 없어서 돌을 주워왔어요."
어머니는 그제야 아들의 마음을 이해했다.
난 모든 사람이 그걸 명심해야 한다고 생각한다.

─ 아스트리드 린드그렌Astrid Lindgren

◆　실수에 자기 처벌로 대응하는 사람들

수요일 오후 7시 7분. 칼라가 전화를 걸었다. 칼라의 상담 시간은 수요일 오후 7시였는데, 그녀는 좀처럼 늦는 법이 없었다.

나 여보세요, 칼라? 무슨 일 있어요?

칼라 아니에요. 지금 건물 밖에 있어요.

나 혹시 초인종이 고장 났나요? 제가 지금 내려갈게요.

칼라 괜찮아요. 금방 들어갈게요.

당시 나는 오래된 건물의 1층 사무실에서 상담을 했는데, 가끔 초인종이 고장 나곤 했다. 검지로 창문 커튼을 살짝 잡아당기자 칼라가 현관

입구의 계단에 서 있는 게 보였다. 그녀는 아래를 내려다보고 있었다. 바닥을 발로 툭툭 차며 담배를 피우고 있었다. "나갈게요." 나는 그렇게 말하고 전화를 끊었다. 우리 사이를 가로막던 유리창이 사라지자 칼라가 울고 있다는 걸 알 수 있었다. 나는 계단 위에 앉았다. 곧 비가 내릴 것 같았다. 사람들이 몇 명 지나갔고 우리는 그들이 지나가는 동안 입을 다물고 있었다.

나 담배를 피우는 줄은 몰랐네요.

칼라 안 피워요. 신경 쓰이나요? 미안해요. 역겹다는 거 알아요.

나 하늘이 예쁘죠? 저는 이런 순간에 하늘이 도움이 되는지 안 되는지 잘 모르겠더라고요.

칼라 어떤 순간이요?

나 난 몰라요, 칼라. 당신이 알겠죠. 무슨 일이 있었나요?

칼라는 계속 담배를 피우면서 마치 춤을 배우기라도 하는 것처럼 길고 넓은 보폭으로 보도를 서성거리기 시작했다. 그녀는 그날 아침 엄마와 말다툼을 하다가 일방적으로 전화를 끊어버렸다고 했다. 자기 행동을 후회한 칼라는 다시 전화를 걸어서 사과했고 다행히 일이 잘 풀렸다. 그녀의 엄마는 이해심이 깊었다. 고작 이야기의 이 부분까지 도달하는 데 10분이 걸렸다. 나는 칼라의 말을 끊고 "안으로 들어갈래요?"라고 물었다.

그녀는 피우던 담배를 끄고 사무실로 들어왔다. 칼라가 자신의 하루를 자세히 얘기하는 동안, 나는 그녀가 상담사에게만 할 수 있는 얘기를 꺼내길 기다렸다. 하지만 그런 얘기는 나오지 않았다.

칼라는 자기가 일을 망쳐놓고는 무의식적으로 상황을 더 힘들게 만들었던 일련의 사건들에 대해 설명했다. 칼라는 속으로 그 사건을 계속 떠올리면서 자기는 정말 배은망덕한 딸이고 인내심을 기르기 위해 더 열심히 노력해야 한다고 생각했다. 칼라는 이를 통해 자기가 책임감을 느낀다고 여기게 되었다.

그날 하루가 흘러가는 동안 칼라는 부정적인 자기대화로 뇌를 계속 후려쳤다. 필라델피아에 살다가 그날 하루 뉴욕을 방문한 친구와의 점심 약속도 취소했다. 나는 칼라가 그 점심 약속을 얼마나 기대하고 있었는지 알고 있다. 그래서 왜 취소했느냐고 물었다. 칼라는 자기가 뒤처져 있을 때 친구와의 시시한 대화에 빠져드는 게 탐탁지 않다는 식으로 말했다. '뒤처졌다'라는 말이 마음에 와닿았다.

나 무엇에 뒤처졌는데요?

칼라 모르겠어요.

나 당신 앞에 뭐가 있나요?

칼라 내 최선의 모습이요, 나는 최선의 모습을 보이고 싶어요.

나 완벽해지고 싶다는 말인가요?

칼라 아뇨, 완벽한 걸 원하지는 않아요. 세상에 완벽한 사람은 없다

는 거 알아요. 하지만 지금보다는 나은 모습의 나를 보여주고 싶어
요. 이건 내가 아니니까요.

나 뭐가 다른데요?

칼라 뭐가 다르냐는 게 무슨 말이죠?

나 최선의 당신과 완벽의 차이가 뭔가요?

자기 처벌은 의식적 또는 무의식적으로 자신에게 해가 되리라는
걸 아는 상태로 돌아가거나 자신에게 도움이 되는 것들을 거부하는 행
동이다. 처벌은 더 많은 고통을 가하도록 만들어졌다. 스스로에게 벌을
줄 때의 원대한 계획은 자신을 다치게 해서 스스로 교훈을 주려는 것이
다. 자신의 이익을 위해 스스로 벌하고 학습, 성장, 치유를 위한 전략으
로 자신을 해치는 것이다.

하지만 처벌은 효과가 없다. 당신이 누군가를 벌한다고 해서 그 사
람이 변화하는 법을 배우지는 않는다. 그는 처벌의 근원을 피하는 법을
배운다. 만약 당신 자신이 자기 처벌의 근원이라면 감정을 마비시켜서
스스로 피하는 방법을 익힐 것이다. 감정을 마비시키는 방법으로는 과
식, 과소비, 과로, 드라마에 빠져드는 것, 약물 남용, 무분별한 TV 시청,
SNS 중독 등이 있다.

자신을 다치게 해서는 스스로 치유할 수 없다. 개인적인 성장을 유
지하려면 과거의 실수를 통해 얻은 교훈을 자기 것으로 흡수하고, 보다
건강한 대안이 무엇인지 이해하고, 처음부터 자기가 변화할 수 있다고

믿어야 한다. 당신 인생에 긍정적인 변화를 만들 때는 어떤 처벌도 필요하지 않다.

처벌이 원치 않는 행동을 바람직한 행동으로 바꾸는 기능을 하더라도 여전히 효과가 없다. 처벌은 더 많은 문제를 야기하기 때문이다. 예를 들어, 식당을 운영하면서 직원들이 늦지 않기를 바란다면 다음에 지각하는 사람 3명을 해고해 보자. 다음 날, 남아 있는 직원들은 모두 정시에 출근할 것이다. 당신의 처벌은 효과적이었다. 처벌 덕분에 직원들은 이제 제시간에 출근하겠지만, 그들은 자기가 아는 모든 사람에게 그 식당에 오지 말라고 말리고 다른 곳에서 일할 기회가 생기자마자 떠날 채비를 할 것이다. 최선을 다해 일하려고 하지 않고 가장 기본적인 일만 처리할 것이다.

직원을 처벌하면 표면적으로는 처벌 대상이 된 특정한 행동이 바뀌는 이점을 얻을 수 있지만, 직원 충성도나 유지율, 자기 주도적 행동처럼 비용이 많이 드는 부분에서 발생하는 막대한 기회 비용 때문에 이익이 감소할 것이다. 처벌은 사기를 떨어뜨리기 때문에 자발성과 협동심이 위축된다. 당신의 회사는 창의성과 혁신이 죽어가는 곳이 된다.

처벌을 사용하면 문제가 해결되는 게 아니다. 그 문제를 피하려다가 새로운 문제가 생긴다. 처벌은 문제에 접근하는 부정적인 방법이다. 처벌은 문제를 증가시킨다. 해결책은 문제에 접근하는 긍정적인 방법이다. 해결책은 문제를 감소시킨다. 해결책의 반대는 문제가 아니다. 해결책의 반대는 처벌이다.

완벽주의자는 처벌을 통해서는 원하는 목표를 이루지 못한다는 걸 이해해야 한다. 완벽주의자가 스스로 벌을 준다는 건 모든 전문가가 동의하는 사실이다. 부적응적인 상황에 처해 있을 때는 의식적으로 처벌을 중단하겠다고 선택하지 않는 이상 처벌이 당신 마음의 기본적인 자동 주행 설정이 될 것이다.

♦ 5가지 유형별 자기 처벌

처벌은 규율, 개인적 책임, 자연스러운 결과, 재활과 다르다.

처벌과 규율의 차이점

- 처벌은 고통을 증가시킨다. 규율은 체계를 강화한다.
- 처벌은 사후 대응적이다. 규율은 사전 예방적이면서 동시에 사후 대응적이다.
- 처벌은 부정적인 행동을 억제하는 데만 초점이 맞춰져 있다. 규율은 긍정적인 행동의 촉진을 통해 부정적인 행동을 억제하는 데 중점을 둔다.

심리 치료사 에이미 모린Amy Morin이 지적한 것처럼 처벌에는 변화에 대한 긍정적인 접근이 포함되지 않지만, 규율에는 이것이 포함된다.

변화에 대한 긍정적인 접근 방법으로는 긍정적인 대처 전략을 가르치고, 잘하면 칭찬해주고, 잘못하면 앞으로 비슷한 상황에 처했을 때 현명하게 대처하는 방법을 찬찬히 가르쳐주는 등의 개입이다. 모린은 처벌은 고통을 통해 누군가를 통제하려는 행동이라고 지적한다. 규율은 체계를 통해 힘을 키우는 방법을 누군가에게 가르치는 것이다.

처벌과 개인적 책임의 차이

개인적인 책임에는 사전 예방적인 측면과 사후 대응적인 측면이 모두 있으며, 항상 자신에 대한 책임을 지도록 유도한다. 미리부터 책임감을 발휘하면 신뢰가 생긴다. 책임감 있는 사람은 외부의 요구와 무관하게 어떤 상황에서든 자기 역할에 책임을 질 것이라고 믿을 수 있다. 책임감이 사후 대응적으로 발휘될 때(즉, 발생한 피해에 대한 책임을 질 때)는 치유를 제공한다. 개인적 책임을 통해서 치유가 가능한 이유는 상처받은 이들을 적극적으로 치료하는 것도 책임에 포함되어 있기 때문이다.

　스스로 책임을 지는 건 능동적인 행동이고 처벌은 수동적인 행동이다. 책임을 지는 것에는 자신의 행동이 관련된 모든 사람에게 어떻게 영향을 미쳤는지 공개적으로 인정하고, 다른 선택을 할 수 있었다는 걸 시인하며, 피해 입은 사람들에게 사과하고, 문제를 해결하기 위해 할 수 있는 일을 하며, 개선을 약속하고, 개선을 유지하기 위한 계획을 세우는 것 등이 포함된다.

　개인적인 책임을 지려면 자기 잘못을 인정해야 한다. 하지만 개인적 책임은 실수에 대한 비난을 감수하는 것보다는 해결을 위한 책임을 지는 것에 가깝다. 반면 처벌은 반성, 인정, 책임, 애도, 또는 개선을 위한 약속과 계획이 전혀 필요 없다. 처벌은 게으르다.

처벌과 자연스러운 결과의 차이

처벌은 원하는 결과를 얻기 위해 두려움에 의존한다. 자연스러운 결과는 원하는 결과를 얻기 위해 자기가 한 선택의 영향을 이해하는 데 의존한다. 전자는 '나는 잘못된 일을 하는 게 두렵다'는 생각을 낳고, 후자는 '나는 적극적으로 옳은 일을 하고 싶다'는 사고방식을 낳는다.

처벌은 처벌의 원인을 회피하도록 독려한다. 자연스러운 결과는 애초에 부정적인 선택을 피하고 보다 긍정적인 선택을 적극적으로 추구하도록 장려한다.

자기 처벌은 어떤 모습을 띠는가

자신을 처벌하려는 생각을 없애려면 자기 처벌이 어떤 형태로 드러나는지 제대로 알아야 한다. 우리는 처벌을 감옥에 가거나 특권을 박탈당하는 등의 실재인 모습으로 생각한다. 그러나 자기 처벌은 스스로 의식하지 못하는 경우가 많다. 자기 처벌 방법은 월요일 아침에 카페에 쌓여 있는 커피잔보다 많지만, 완벽주의자는 본인만의 확실한 자기 처벌 방식을 고수한다.

게으른 완벽주의자: 반추

자신을 타인이나 이상화된 버전의 자신과 부정적으로 비교한다. 지금까지 이룬 성공을 최소화하고 자기는 부족한 사람이라는 비생산적이고 우회적인 생각에 에너지를 집중한다. 상상해보자. 그녀는 멍한 눈으로 지하철에 올라타 지하철이 움직이는 대로 흔들리고 있다. 자기가 하지 않은 모든 일에 대한 후회와 원망에 사로잡혀서 내려야 할 곳을 놓친다.

전형적 완벽주의자: 분열

해야 할 일 목록에 따라 움직이지만, 의미 있게 참여하는 게 아니라 공허한 분주함에 집중한다. 상상해보자. 그녀는 섹스하는 동안 침대 헤드의 먼지를 털어낸다.

낭만형 완벽주의자: 비위 맞추기

아무도 부탁하지 않았는데 자진해서 도움을 제공한다. 다각도로 자신을 증명하려고 애쓰는 것이다. 그녀는 자신보다 다른 사람들의 즐거움과 편안함을 우선시한다. 모든 사람이 쉽게 다가올 수 있으리라고 생각되는 자신을 연기하면서 누군가와 진정으로 연결될 수 있는 기회를 거부한다. 상상해보자. 그녀는 반짝이는 짧은 옷을 입고 밤새 춤을 춘다. 몇 시간 동안 열정적으로 탭댄스를 추고 빈 접시 앞에서 땀을 흘린다.

열정형 완벽주의자: 대인관계와 관련된 혼란

사랑과 지지가 가장 필요한 순간에 도를 벗어난 행동과 사회적 위축으로 모든 사람을 밀어낸다. 상상해보자. 그녀는 자신을 가장 사랑하는 사람들에게 똑바로 걸어가서 "얘기 좀 할까요?"라고 말하는 대신 수류탄 핀을 뽑고 떠나버린다.

난잡형 완벽주의자: 정체된 발전

자신의 아이디어(또는 자기 자신)가 번창하고 발전하고 성숙하도록 허락하지 않는다. 결국 자신의 꿈이 사라지는 걸 지켜볼 수밖에 없다. 상상해보자. 그녀는 칠흑 같은 어둠 속에서 수천 줄씩 늘어선 묘목에 다정하게 물을 준다.

보다 일반적인 처벌들

- 비판적이고 부정적인 자기 대화를 계속한다. 예를 들어, 다음과 같은 내용이 머릿속에서 재생되도록 하는 것이다. '나는 어떻게 이렇게 멍청하지? 차라리 그만하는 게 낫겠어. 정말 형편없잖아.'
- 자기 삶의 좋은 것들을 스스로 파괴한다. 예를 들어, 꿈꾸던 직장에 취직하기 위한 면접 기회를 얻었는데, 전날 밤 늦게까지 술을 마신다. 숙취가 심해서 면접을 망치고 결국 그 일자리를 얻지 못한다.
- 특정한 방식으로 성과를 거둘 수 있을 때까지 삶의 모든 부분에서 자신을 제한한다. 예를 들어, '살이 빠지면 예쁜 옷을 살 거야' 같은 생각이다.

- 순수한 즐거움을 느낄 수 있는 공간과 시간을 스스로 거부한다. 예를 들어, 일을 잠시 쉬고 산책을 가거나 특별한 안건 없이 친구와 대화를 나누는 걸 자신에게 허락하지 않는다.
- 즐거움을 누릴 기회를 주긴 하지만 계속해서 그걸 혹독하게 비판한다. 예를 들어, 편히 앉아 드라마를 보면서도 속으로는 다음과 같은 생각을 하는 것이다. '이런 거나 보고 있으면 안 돼. 할 일이 많잖아. 게으름 피우지 마.'

시종일관 자신을 책망하기만 할 거라면 휴식을 취하는 게 무슨 의미가 있겠는가? 요점은 자신에게 벌을 주는 것이다. 다시 한번 말하지만, 자기 삶에 징벌적으로 관여하는 건 무의식적으로 일어나는 경우가 많다. 의식적인 수준에서는 꼼짝달싹할 수 없는 기분으로 나타난다.

상담사가 경계라는 말을 자주 쓴다면, 내담자는 자기 상태를 묘사하기 위해 꼼짝달싹할 수 없다는 표현을 자주 쓴다. 때때로 지금 무슨 일이 일어나고 있고 자기가 뭘 해야 하는지 정말 혼란스러워서 꼼짝달싹할 수 없는 경우가 있긴 하지만, 그런 종류의 혼란은 드물다. 열에 아홉은 자기 삶을 개선하기 위해 뭘 해야 하는지 정확히 알고 있고, 그걸 하기 위해 고군분투한다. 우리가 고군분투하는 이유는 자기 처벌의 악순환에 빠져 있기 때문이다.

긍정적인 변화를 위한 전략으로 자기 처벌을 계속 사용한다면, 일종의 심리적 연옥에 빠진다. 심리적 연옥은 매번 자신을 증오하면서 같은 실수를 반복할 수밖에 없는 운명을 말한다. 자기가 꼼짝달싹할 수 없는 상태라는 건 알지만 뭔가 다른 결과를 얻고 싶다. 실제로 다른 결과가 나오기를 간절히 바라지만 그러면서도 계속 똑같은 부정적인 선택을 반복한다. 자기 처벌은 고통스러운 소용돌이다. 이게 무슨 얘기인지 예를 들어보겠다.

✦　　　　　　　　　　　　　　　알코올 사용 장애 아바

예전에 브루클린에 있는 재활 센터에서 집단 상담 치료를 자주 했다. 목요일은 알코올 사용 장애 상담을 했는데 밤 9시까지 상담이 이어졌다. 오후 8시 58분, 늘 하던 방식대로 모임을 마무리하고 있었다. 우리는 한 사람씩 돌아가면서 모임 중에 다른 사람에게 들은 의미 있는 말을 짧게 반복했다. 아바 차례가 되자 그녀는 이 실습에 참여하는 걸 포기하고 모임에 오기 전에 술을 마셨고, 모임 내내 취해 있었으며 이 자리가 끝나면 나가서 더 마실 계획이라고 말했다.

　이건 상담계에서 LMB(막판에 터진 폭탄)라고 부르는 것이다. 가끔 상담이 끝날 때쯤에, 정확히 말하자면 이제 상담이 다 끝났기 때문에 내담자가 가장 중요한 정보를 전한다. 한 마디로 폭탄을 떨어뜨린다. LMB는 내담자가 준비가 되었다는 걸 보여주기 때문에 긍정적이긴 하다. 긴장돼서 말하기 힘든 뭔가를 말할 준비는 되었지만, 그 문제를 실제로 논의

할 시간이 있을 때 말할 준비는 되지 않은 것이다.

경험이 풍부한 상담사라면 누구나 그렇겠지만, 나도 내 상담실 소파에서 폭발한 LMB 사례로 책 한 권을 다 채울 수 있다. 상담의 경계를 존중하기 위해 그걸 끌어들이지는 않았다. 난 보통 다음과 같은 식으로 대답한다. "막판에 터진 폭탄이라는 말을 들어본 적이 있어요? 막판에 터진 폭탄은 당신이 방금 터뜨린 그거예요. 하기 어려운 말이었을 텐데 해줘서 기쁘네요. 당신이 내게 하는 말은 중요하니까 지금 남은 시간보다 더 긴 시간을 들여서 얘기할 가치가 있어요. 다음 주에 이 얘기를 나누는 걸 고대할게요. 지금은 끝내야겠네요."

일반적으로 내담자는 지금 당장 상담실을 나설 수 있고 다음 주에 어려운 문제를 제기하는 건 내 쪽이 되리라는 걸 알고 안심한다. 하지만 아바의 경우, 그녀의 안전이 걱정됐기 때문에 그런 말은 하지 않았다. 나는 그룹 사람들에게 양해를 구하고 아바에게 남아달라고 했다. 다른 사람들이 자리에서 일어나는 동안 아바와 나는 계속 의자에 앉아 있었다. 마지막으로 나가는 사람이 문을 닫았다. "여기 다시 돌아오기 힘들었죠?" 내가 그렇게 말하자 아바는 무너졌다. 그녀는 눈을 가늘게 뜨고 고개를 끄덕이더니 숨을 죽이고 울기 시작했다.

잠시 뒤, 아바에게 모임 전에 술을 마시지 않았다면 뭘 했을 것 같은지 물었다. 그녀는 절박한 목소리로 즉시 대답했다. "목욕을 할 거예요. 하루종일 추웠어요. 그냥 집에 가서 뜨거운 물로 목욕하고 싶어요." 그녀는 어릴 때부터 항상 물속에 귀를 대고 메아리치는 소리를 듣는 걸 좋아했다고 한다. 그녀는 욕조에서 책을 읽거나 음악을 듣거나 전화기를 가지고 들어가지 않고 그냥 귀를 물속에 넣었다 뺐다 할 뿐이라고 했다.

가끔 화장실 벽을 공유하는 이웃들의 소리가 들릴 때도 있다. 화장실 벽 건너편에서 사람들이 이리저리 돌아다니는 소리, 웅웅거리는 말소리, 접시가 부딪치는 소리가 들린다. 아바는 "그건 신경 쓰이지 않아요. 오히려 그런 소음이 들리면 마음이 좀 편안해져요."라고 말했다. 그녀는 울음을 멈췄다. "오늘 밤에도 그런 소리를 들을지, 집에 가서 목욕할지 궁금하네요."

아바는 자기 처벌의 순환에 갇혀 있다. 그녀는 뭘 해야 하는지 알고 있지만(집에 가서 뜨거운 물로 목욕을 하면서 자신을 회복하기 시작한다) 대신 자신을 벌할 계획이다(술을 더 많이 마신다). "내가 왜 그랬을까요?" 아바는 한탄하기 시작했다. "내가 뭘 하고 있는지 모르겠어요. 내가 왜 그랬을까요?" 나는 휴지를 가져오려고 일어섰다가 다시 앉을 때 의자를 그녀 옆으로 끌어당겨서 앉았다. 의자에 쭈그리고 앉아 있던 아바는 후드티에 얼굴을 파묻었다. 그리고 흐느끼기 시작했다. 평소 같으면 비어 있었을 둥글게 놓인 의자에 나란히 앉은 나는 아바 쪽으로 몸을 기울이고 그녀가 울게 내버려 두었다.

그 순간 아바에게 하고 싶은 말이 너무 많았지만 아직 말을 할 때가 아니었다. 좀 더 마음 편히 얘기할 수 있을 때에 아바에게 바바라 L. 프레드릭슨Barbara L. Fredrickson 박사가 어떻게 했는지 얘기할 것이다. 프레드릭슨은 심리학 연구계의 제니퍼 애니스톤Jennifer Aniston이다. 긍정 심리학의 선구자인 프레드릭슨은 '확장과 수립' 이론으로 가장 잘 알려져 있다. 확장과 수립 이론은 긍정적인 정신 상태를 유지하면 '생각–행동 레퍼토리'가 넓어진다고 주장한다. 긍정적인 상태에 있으면 자기가 취할 수 있는 행동에 대한 생각이 확장된다. 자기가 여러 가지 다양한 일을 할 수 있다는 걸 깨닫고 미래의 긍정적인 상태를 촉진하는 선택을 한다.

예를 들어, 행복한 기분을 느끼면 다음 주 일요일 아침에 친구들과 놀러 갈 계획을 세울 가능성이 높다. 그 뒤에는 집에 가서 즐거운 저녁 시간을 보낸다. 좋은 기분에 힘을 얻어 음악을 들으면서 요리를 해야겠다고 결심한다. 저녁 식사로 몸에 좋은 음식을 만들어 먹은 다음 일찍 잠자리에 든다. 덕분에 다음 날 아침에는 회복된 기분을 느낄 수 있다.

기분 좋게 기력을 회복한 당신은 긍정적인 정신 상태로 직장에 출근한다. 물론 일하던 중에 몇 가지 문제가 발생하겠지만 부정적인 분위기에 짓눌리지 않기 때문에 해결하기가 쉽다. 평소라면 자신을 억지로 몰아붙였을 상황에서도 즐거운 시간을 보낼 수 있다. 그날의 힘든 일과에 잘 대처하면서 힘을 얻은 당신은 애인에게 나중에 만나자고 자발적으로 문자를 보낸다. 이런 식으로 긍정성이 자체적으로 쌓이면서 점점 더 강해진다.

프레드릭슨이 지적한 것처럼 긍정적인 감정은 단순히 최적의 기능을 나타내는 최종 상태가 아니다. 긍정적인 감정은 최적의 기능을 만들어낸다. 프레드릭슨의 말에 따르면, 긍정적인 감정은 새롭고 창의적인 행동, 아이디어, 사회적 유대감의 발견을 촉진해서 신체적, 지적 자원부터 사회적, 심리적 자원에 이르기까지 다양한 개인적 자원을 구축한다. 중요한 건 이런 자원이 나중에 성공적인 대처 및 생존 가능성을 높이기 위해 사용할 수 있는 비축고 역할을 한다는 것이다.

당신이 긍정적인 감정 상태에 있을 때와 생각-행동 레퍼토리를 빈약하게 만드는 부정적인 감정 상태에 있을 때를 비교해 보라. 생각-행동 레퍼토리가 빈약해지면 문제를 해결하기가 더 어렵다. 생각-행동 레퍼토리가 빈약해지면 관점도 위축돼서 겨우 10~20분 뒤까지만 내다볼 수 있다. 어떻게 하면 생각-행동 레퍼토리를 넓힐 수 있을까? 자기 연민을 품어야 한다.

자기 연민을 실천하면 두려움으로 인한 부정성에서 벗어나게 되고 안전, 안심, 긍정의 감정이 증가하므로 생각-행동 레퍼토리도 확장된다. 연구에 따르면 자기 연민은 자존감 향상, 개인 주도권 증가, 스트레스에 대한 회복력 증가, 강점과 약점에 대한 보다 현실적인 자기 평가, 낮은 수준의 우울증과 불안, 번아웃 발생률 감소, 과거의 실수를 보상하려는 의욕 증가 등과 긍정적인 연관성이 있다. 자기 연민은 생각-행동 레퍼토리를 넓히는 반면 처벌은 그걸 줄여놓는다.

아바에게 돌아가 보자. 이 연구는 자기 연민, 건설적인 의사 결정, 향상된 삶의 질 사이의 강력한 상관관계에 대한 이해를 높여주지만, 아바가 다음에 뭘 해야 하는지 알려주기 위해 경험적 연구가 필요하지는 않다. 아바가 술을 더 마시지 말고 집에 돌아가 회복에 힘써야 한다는 건 명백하다. 그녀에게는 그 어느 때보다 자신에 대한 감정적 관대함이 필요하다. 자신에게 동정심을 느껴야 한다.

이건 지금 당신과 내게 명백할 뿐만 아니라 당시 아바에게도 명백한 사실이었다. 아바의 머릿속에는 밖에 나가 술을 마시는 게 더 현명한 선택이라고 생각하는 부분이 없었다. 그렇다면 왜 그냥 집에 가서 목욕하지 않은 걸까? 자기 연민은 우리에게 그렇게 좋고 처벌은 그렇게 나쁜데 왜 우리는 계속해서 자신을 벌하는 것일까?

◆   자기 연민 대신 자기 처벌을
선택하는 이유 3가지

우리는 성과에 따라 자기 가치를 결정한다

완벽주의자는 모임 전에 술을 마심으로써 모든 걸 망쳤다는 아바의 생각에 공감할 수 있다. 아바는 지난 4개월 동안 매일 술 마시는 걸 피했지만, 이날의 부정적인 성과가 지난 120일 동안의 긍정적인 성과보다 훨씬 더 중요했다.

아바는 술을 마시지 않았을 뿐만 아니라 4개월 동안 가족과 다시 유의미한 관계를 맺기 시작했고, 러닝 동호회에 가입해서 새로운 사람들을 만났으며, 식습관을 개선했고, 부정적인 대처 기술을 긍정적인 대처 기술로 바꿨으며, 나와 유의미한 관계를 맺는 등 수많은 일을 제대로

해냈다. 하지만 단 1번의 실수를 저지른 순간, 그 4개월의 노력이 무의미해졌다.

아바는 술에 취한 상태에서도 모임에 참석했고, 자신의 행동을 솔직하게 털어놓았으며, 막판에 터진 폭탄의 형태로 도움을 청했다. 하지만 상황을 바로잡기 위한 즉각적인 시도는 그녀에게 전혀 중요하지 않았다. 아바의 뇌리에는 자기가 술을 마셨다는 사실만 남아 있었다. 이제 그녀는 완전히 실패자가 되었다.

이전 장에서 적응적인 상태에 있는 완벽주의자는 자신의 존재를 자존감의 기반으로 삼는 반면, 부적응적인 완벽주의자는 성과에 따라서 자존감이 달라진다고 얘기했던 걸 기억하는가. 아바는 부적응적인 상태에 있었다. 아바가 좋은 성과를 올리는 동안에는 훌륭하고 가치 있고 벌을 받을 이유가 없는 사람임을 의미한다. 하지만 술에 취한 순간 자동으로 질이 나쁘고 자격이 없고 벌을 받아야 하는 사람이 되었다.

본인이 가치 있는 사람임을 알리는 또 하나의 방법은 자기가 긍정적인 뭔가를 받을 자격이 있다고 믿는 것이다. 긍정적인 뭔가를 받을 자격이 없다고 생각하는 건 자기가 가치 없는 사람임을 알리는 또 다른 방법이다. 아바는 자기가 안락함을 누릴 자격이 없다고 판단했다. 그래서 그날 밤에 뜨거운 물로 목욕하는 간단한 일조차 할 수 없었던 것이다. 우리는 자신의 가치가 위태롭다는 사실을 깨닫지 못한 채 일상을 살아간다.

우리는 자기 연민이 최고라는 걸 배우지 못했다

사람들은 모두 고통을 느끼며 살아가지만, 대부분은 거기에 어떻게 대처해야 하는지 잘 모른다. 우리는 감성 지능보다 분석 지능을 우선시하기 때문에 정서적 웰빙(해로운 긍정주의라고도 한다)에 대해서도 건강한 사람은 고통을 우회할 수 있다는 건전한 관점을 택했다. 학교에서는 정서적 소양을 별로 강조하지 않기 때문에 성인이 된 뒤 자기가 정서적 문맹이라는 사실을 깨닫더라도 그렇게 충격을 받을 필요는 없다. 자부심과 자존감, 책임감과 처벌, 연민과 동정, 존엄성과 존중의 차이는 무엇일까? 경계가 무엇일까? 죄책감에 대응하는 건전한 방법은 무엇인가?

그래도 자신의 기본적인 감정 어휘 능력이 모호하다는 사실을 깨닫는 건 다소 충격적이다. 우리가 발견한 가장 충격적인 사실은 자기감정을 느끼는 방법을 실제로 배워야 한다는 것이다. 감정 조절 방법으로는 자기 연민이 최고다. 하지만 안타깝게도 우리는 그걸 배운 적이 없다. 솔직히 말하면 자기 연민이 뭔지도 잘 모른다. 자기 연민에 대해 잘 모르기 때문에 그걸 과소평가한다.

우리는 자기 연민을 중요한 동력원으로 여기는 게 아니라 다리에 로션을 바르는 동안 자신을 위해 할 수 있는 즐거운 일로 생각한다. 우리는 자기 연민을 선택사항으로 여기지만 이건 선택할 수 있는 게 아니다. 자기 연민 없이는 치유도 성장도 불가능하다. 자기 연민이 없을 때 기대할 수 있는 최선의 상태는 침체다.

어떤 사람은 자기 연민을 면죄부로 여긴다. 즉, 개인적인 책임을 회피하면서 감정적으로 자신을 쓰다듬는 것이다. 자기 연민이 우리를 개인적인 책임으로 이끈다는 사실을 깨닫지 못한다.

자기 처벌을 개인적인 책임으로 착각한다

개인적 책임과 다른 유형의 책임을 구분하는 것도 중요하다. 우리에게 외부의 책임이 부과될 수도 있지만, 개인적인 책임을 지게 하는 건 자기 자신밖에 없다. 개인적 책임은 개인의 선택이다. 말로는 간단하지만, 개인적 책임이 뭔지 모르면 그 책임을 질 수가 없다. 개인적 책임을 지는 방법을 모르지만 기분이 좋지 않고 뭔가를 하고 싶을 때 입력되는 문화적, 개인적인 기본값이 자기 처벌이다.

스스로를 처벌하면 자신은 규율을 준수하고 있고 이번에는 진심이며 힘든 일도 할 채비가 되어 있다는 걸 증명할 수 있다고 생각한다. 첫째, 고통을 만들거나 처참한 기분을 느끼는 건 어렵지 않기 때문에 그걸로는 아무것도 증명하지 못한다. 인생 전체를 얼마나 쉽게 망가뜨릴 수 있는지 아는가? 눈 감고도 10분 안에 그 일을 해낼 수 있다.

둘째, 고통은 책임지려는 의욕을 자극할 수 있지만, 책임을 지는 데 반드시 필요한 건 아니다. 처음부터 옳은 일을 하고 실수가 생기면 당연히 바로잡을 거라고 신뢰할 수 있는 사람이 되기 위해 꼭 고통스럽고 비참한 사람이 될 필요는 없다. 사실 자신에게 벌을 주면 책임 지는 게 더 어려워질 뿐이다.

해리엇 러너 박사의 말처럼, 스스로 책임지려면 자존감이 올라설 수 있는 커다란 플랫폼이 필요하다. 이런 높은 관점에서는 자신의 실수를 확실하게 파악하고 한 인간으로서의 자신을 더 크고 복잡하고 변화무쌍한 그림의 일부로 바라볼 수 있다.

실수를 저지르면서 개인적인 책임을 지려면, 자기가 실수하긴 했지만 여전히 배우고 성장하고 번성할 수 있는 능력이 있는 강하고 좋은 사람이라는 사실을 인정할 수 있어야 한다. 규율이라는 이름으로 자신을 벌하고 책임이라는 이름으로 자기 연민을 부정하는 이런 노력은 잘못된 것이다.

단언컨대 우리는 이미 충분히 고통받고 있으니 자기 처벌을 통해 더 많은 고통을 스스로 가할 필요가 없다. 아바가 자기 후드티에 얼굴을 묻고 흐느끼는 동안 그녀에게 하고 싶은 말이 바로 이거였다. "당신은 이미 충분히 고통받고 있잖아요. 당신에게 필요한 건 더 많은 고통이 아니라 더 많은 연민이에요."

◆   비난, 자기 처벌의 공범

무감각은 느끼고 싶지 않은 감정을 무시하는 데 도움이 되는 활동에 참여하는 것이다. 회복을 위한 휴식과 다르게 무감각한 행동은 감정을 억누르기 위해 고안된 산만한 행동이다. 이 챕터 첫머리에 얘기한 과식, 과소비, 과로, 드라마에 빠져드는 것, 약물 남용, 무분별한 TV 시청, SNS

같은 예가 떠오를 것이다.

우리에게는 규칙적인 휴식과 약간의 현실 도피가 필요하다. 자기가 회복 중인 건지 아니면 무감각해지는 건지 어떻게 알 수 있을까? 회복 활동은 감정을 조절하고 새로운 관점을 얻는 데 도움이 된다. 예를 들어, 머리를 맑게 하기 위해 산책을 하는 것이다. 회복은 감정을 조절하고 무감각은 감정을 억제한다. 회복되고 나면 초기화된 듯한 느낌이 든다. 재충전된 기분이 든다. 회복은 기분이 좋다.

무감각은 기분을 좋게 해주기는커녕 아무것도 느끼지 못 하게 한다. 무감각한 상태가 없어져도 여전히 고통에 대응해야만 한다. 무감각은 고통을 묻으려는 시도이고 비난은 고통을 쓰레기와 함께 버리려는 우리의 노력을 나타낸다.

브레네 브라운 박사의 연구가 증명하듯이, 비난은 자신의 고통을 발산하려는 시도다. 우리는 만약 어떤 일이 내 잘못이 아니라 당신 잘못이라면 나는 그걸 처리할 필요가 없고 당신이 처리해야 한다고 생각한다. 비난은 그런 식으로 작동하지 않는다.

다른 사람을 비난하는 건 자신의 고통을 더는 데 아무 도움도 되지 않는다. 비난은 특히 완벽주의자에게 비효율적이다. 책임을 지려고 노력하는 사람인 완벽주의자가 누굴 가장 먼저 비난하겠는지 추측해 보라. 적응적인 상태에 있을 때는 비난에 집착하지 않고 개인적인 책임에 초점을 맞춘다. 하지만 부적응적인 상태이거나 개인적인 책임을 진다는 게 뭘 의미하는지 모를 때는 자신을 비난하는 게 옳은 일처럼 보인다.

난잡형 완벽주의자는 일을 끝까지 해내지 못한 자신을 비난하고 너무 관료적인 세상을 비난한다. 열정형 완벽주의자는 다른 이들이 높은 기준에 도달하도록 이끌지 못한 자신과 평범한 능력을 가진 다른 사람들을 비난한다. 낭만형 완벽주의자는 너무 신경을 많이 쓰는 자신과 지나치게 무관심한 다른 사람들을 비난한다. 전형적 완벽주의자는 기능 장애나 불확실한 상황을 관리할 수 있을 만큼 체계적이지 못한 자신과 사려 깊게 계획을 고수하지 못한 다른 사람들을 비난한다. 게으른 완벽주의자는 완벽하게 준비되지 않은 자신과 주제넘게도 완전히 준비되거나 자격을 갖추거나 모든 게 완벽하지 않은 상태에서 일을 시작한 다른 사람들을 비난한다.

무감각과 비난은 자기 연민을 지연시키기 때문에 진행이 늦어진다. 부정적인 자기 대화도 자기 연민을 지연시킨다.

◆　　　　　　　　　　　가장 흔한 자기 처벌

자기 대화는 스스로에게 자신에 대해서 말하는 방식이다. 부정적인 자기 대화란 스스로에게 자신에 대한 부정적인 말을 하는 것이다. '난 정말 바보야. 내가 그런 짓을 했다니 믿어지지가 않아. 그러니 나와 함께 시간을 보내고 싶어 하는 사람이 아무도 없는 것도 당연해' 같은 식이다.

부정적인 자기 대화는 자기 처벌의 일종이고 그중에서도 극도로 음흉한 것이다. 자신을 질책하는 습관이 들면 만성적인 죄책감이 생기고 그것이 수치심으로 변하게 될 것이다.

자기 연민을 통해 자기 처벌을 가로막지 않으면 결국 자기는 무능하고 하자 있고 게으르고 짜증나고 엉망진창인 사람이라는 거짓되고 부끄러운 정체성을 받아들이게 될 것이다. 모든 처벌이 그렇듯이 부정적인 자기 대화도 이미 겪고 있는 것보다 더 많은 고통을 안겨준다.

고통이 증가하면 어느 순간부터 당신의 주된 목표가 성장에서 고통 회피로 바뀐다. 그리고 자신의 목표를 뒷받침하는 습관을 들이려는 의욕보다는 고통을 마비시키는 습관을 들여야겠다는 생각이 든다.

예를 들어, 직장에서 프레젠테이션을 제대로 하지 못한다고 가정해보자. 당신이 프레젠테이션이 끝난 뒤에 자기 연민을 실천한다면 자신에게 친절히 대하면서도 개선의 필요성을 인식하게 될 것이다. 프레젠테이션이 형편없었다는 건 인정하지만, 그 서투른 프레젠테이션 때문에 한 인간으로서의 본질까지 비판받는 것은 허용하지 않는다.

기분이 좋으면 에너지가 생기고 기분이 나쁘면 에너지가 고갈된다. 자신에게 연민을 품으면 기분이 좋아지므로, 프레젠테이션 기술을 향상할 수 있도록 도와줄 사람이 누구인지 생각해볼 에너지가 생긴다. 뛰어난 발표자라고 생각되는 사람에게 비결이 뭔지 물어봤더니, 자기가 해당 주제와 관련해서 봤던 수많은 유튜브 동영상을 알려줬다. 당신은 다음 프레젠테이션 전에 그 동영상을 시청했다.

다음 프레젠테이션 날 아침, 새로 알게 된 팁에 따라 카페인을 과도

하게 섭취하지 않도록 주의하고 심호흡 연습도 했다. 좀 이상하게 느껴지긴 하지만 사무실에 촛불도 미리 켜놓았다. 동영상 중 하나에서 촛불이 긴장을 푸는 데 도움이 될 수 있다고 했기 때문이다. 촛불이 실제로 그런 효과를 발휘하는지 여부에 관계없이 기분이 좋다. 그리고 다시 한 번 프레젠테이션을 진행했다.

이번에는 그럭저럭 괜찮았다. 물론 아직 좀 개선해야 할 부분이 있고 그걸 본인에게도 솔직히 말했다. 하지만 지난번 프레젠테이션 이후로 상당히 발전한 것도 사실이므로 그것도 자신에게 숨기지 않았다. '그 프레젠테이션은 엉망이었어. 네가 팀 전체를 무너뜨린 거야. 넌 네가 이 회사에 어울리지 않는다는 걸 늘 알고 있었는데 이제 다른 사람들까지 다 알게 됐네.'

수치심을 느끼는 상태에서는 자기가 나쁜 사람이라고 믿게 된다. 죄책감은 내가 한 일에 대해 유감스럽다고 말한다. 수치심은 나라는 존재 자체가 유감스럽다고 말한다. 수치심에서 기술 습득으로 전환하기는 어렵지만, 수치심에서 무감각으로 전환하는 건 쉽다.

결국 부정적인 자기 대화가 당신을 압도하면 이제 자신을 무감각하게 만들어주는 것들에 손을 뻗는다. 배도 안 고픈데 시리얼을 세 그릇씩 먹는다. 이제 맛도 안 느껴지는 와인을 더 마신다. 어쩌다 조용한 순간이 찾아오면 자기가 저지른 다른 고통스러운 실수, 더 큰 실수를 다시 떠올린다. 당신은 자기 연민을 이용해서 자기 처벌을 가로막지 않았기 때문에 온 정신이 오직 하나의 채널, 즉 내가 저지른 모든 고통스러운 실수에만 머물 수 있다.

이 시점에서 당신은 자기가 지독히도 갈팡질팡하고 형편없을 정도로 엉망진창인 사람이라고 확신했다. 나쁜 사람은 기분이 좋아질 자격이 없기 때문에 계속해서 부정적인 선택을 한다. 나쁜 사람들은 벌을 받아야 마땅하지 않겠는가?

시리얼과 와인으로도 부정적인 생각을 끊어내지 못하자 이제 과로로 넘어가기 시작한다. 일정이 너무 과중해서 다음 프레젠테이션을 제대로 준비할 수 없을 정도다. 일이 최대한 빨리 진행되도록 밀어붙였지만 제대로 안 되는 바람에 불안해하던 일들이 전부 현실화되는 고통을 겪는다. 하지만 어차피 고통을 느낄 겨를도 없으니 상관없다.

미친 듯이 돌아가는 직장 생활에 너무 지친 나머지 이제 프레젠테이션에 대한 불안감도 느끼지 않게 되었다. 사실 항상 피곤하다는 것 외에는 더 이상 아무것도 느끼지 못한다. 당신은 항상 피곤한가, 아니면 무감각한가?

자기가 좋은 걸 누릴 자격이 있다고 여기는 사람은 나쁜 대우를 참지 않는 것처럼, 자기가 좋은 걸 누릴 자격이 없다고 생각하는 사람은 좋은 대우를 참지 않는다. 당신은 연민의 마음을 품고 자신을 대할 수 있을 때까지 인생의 좋은 것들을 거부할 것이다. 좋은 게 아무리 작은 것이라도 솔직히 그걸 받을 자격이 없다고 생각할 것이다.

아바가 왜 자기는 뜨거운 목욕을 할 수 없다고 생각했는지 알겠는가? 그녀는 자기가 너무 부끄러운 나머지 목욕을 할 수 없었다. 목욕은 자기가 얼마나 나쁜 사람이고 기분이 좋아질 자격이 없는 사람인지 털어놓은 그녀의 이야기에 들어맞지 않았다. 목욕은 술에 취한 채로 단체 상담을 받으러 온 사람이 아니라 5년 동안 술을 마시지 않은 사람의 이야기에 들어맞는다. 자기 연민이 없으면 보다 건전한 선택을 하는 게 잘못된 일처럼 느껴진다.

진정한 교훈을 얻고 회복될 수 있는 사람은 가장 현명한 처벌을 생각해낸 사람이 아니다. 현명한 처벌은 모순이다. 회복 중인 사람들 가운데 실제로 회복되는 이는 자신의 실수에 자기 연민으로 반응하는 사람이다.

우리는 모두 치유가 필요하다. 누구나 회복해야 할 것이 있다. 모든 종류의 회복은 우리가 얼마나 자기 처벌을 포기할 의향이 있는지와 비례한다. 적응적 완벽주의자와 부적응적 완벽주의자의 차이를 조사한 연구를 통해 우리의 정신 건강에 해로운 것은 완벽주의적인 노력이 아니라 자기 비판이라는 사실이 입증되었다.

완벽주의를 고치는 중이라고 말하는 이들을 주목하자. 그들은 높은 기준을 낮추거나, 예전보다 덜 원하는 법을 배우거나, 이상을 추구하는 걸 그만둔 게 아니다. 그들은 자기 연민을 고통에 대한 기본적인 감정적 반응으로 활용한 이들이다. 당신의 머리를 욱신거리게 하는 가시는 완벽주의가 아니라 자기 처벌이다.

스스로 관대해도
될 만큼 완전하다

당신의 인생은 잘 풀릴 것이다. 처음부터 그렇진 않겠
지만, 어려움이 보석 같은 경험을 안겨줄 것이다.

─이르사 데일리워드Yrsa Daley-Ward

◆ 무슨 일이 있어도 자신에게 연민을 품어라

화요일 오후 5시 30분. 마야는 어딘가 평소와 달라 보였다. 나는 그녀가 손끝으로 울퉁불퉁한 금색 장식의 아랫부분을 쓰다듬는 모습을 의자에 앉아 지켜봤다.

나 좀 어떠세요?

마야 기분은… 괜찮아요.

나 자세히 말해봐요.

마야 여기 오기 전에 딸을 데리러 갔는데 좀 늦었어요. 아주 많이 늦지는 않았지만요. 노아는 무사했고, 우린 같이 즐겁게 집으로 돌아왔어요.

마야는 딸이 한 재미있는 얘기를 몇 가지 들려줬고, 얼마 안 되긴 하지만 함께 걸으면서 딸과 강하게 연결된 기분을 느꼈다고 말했다.

나 지난번에 노아를 데리러 가는 데 늦었던 일은 당신 내면세계에 큰 시련을 안겨줬죠. 그 일과 관련해 스스로 정말 엄격하게 굴었어요.
마야 네, 그랬죠.
나 하지만 오늘은 그러지 않았네요.
마야 네.

우리는 잠시 침묵했다. 뭔가 이상했다. 그녀는 지금 들뜬 건가? 술에 취했나? 지하철을 타고 내 사무실로 오는 동안 어떤 깨달음을 얻은 건가?

나 오늘 당신의 감정 상태가 잘 파악이 안 되네요.
마야 아, 뭐, 그냥… 괜찮아요.

마야는 자기 생각을 표현할 적절한 단어를 찾으려는 것 같았다. 날 빤히 쳐다보면서 마치 고양이를 쓰다듬는 것처럼 손으로 소파를 어루만지기 시작했다. 그러다 갑자기 자기 손을 내려다보더니 차렷 자세를 취했다.

마야 소파가 초록색이네요. 근데 이거 벨벳이에요?

나 마야, 무슨 일 있나요?

마야 지난 1년 동안 계속 이 소파에 앉아 있었는데, 이제야 알았어요.

그 순간 마야는 우울과 희망을 동시에 느꼈다. 그녀는 자기 처벌을 자기 연민으로 대체하려 몇 달이나 노력했지만 아무런 변화도 느끼지 못했다. 나는 얼마 전 그녀의 변화를 알아차리고 내가 관찰한 내용을 얘기했지만, 마야는 믿지 않았고 "당신은 그렇게 말하겠죠. 내 상담 치료사니까."라고 말했다.

이제 변화가 직접적으로 나타나기 시작했다. 마야가 내면적으로 적응할수록 삶이 그녀에게 더 많이 다가왔다. 그녀의 삶은 흑백에서 컬러로 바뀌고 있었다. 자기 처벌은 에너지에 엄청난 타격을 입힌다. 스스로 벌하는 걸 멈추면 자신의 정신과 영혼에 얼마나 많은 여유 공간이 생기는지 모른다. 주의해야 할 점은 에너지가 돌아오면 그에 뒤따르는 개방성 때문에 혼란스러울 수 있다. 예전에는 전혀 눈치채지 못했던 것들을 알아차리기 시작하고, 사람들을 다른 시각으로 바라보기 시작한다.

자기 처벌이 사라지면 더 큰 문제를 발견하게 된다. 당신의 문제는 온전한 자신으로 살아가지 못한다는 것이다. 당신이 온전한 자신이 되기 위해 뭘 해야 하는지 나는 정확히 모른다. 그건 오로지 본인만이 알고 있다. 내가 말할 수 있는 건, 진정한 자신이 되려면 자기가 아닌 모습이 되는 걸 멈춰야 한다는 것이다. 자기 자신에게 도움이 되지 않는 걸 놓아버리고, 의미 있는 게 뭔지 발견하면서 앞으로 나아가고, 무슨 일이 있어도 스스로 연민을 품어야 한다. 이 3가지 요소를 실행하려면 변화가 아니라 치유에 초점을 맞춰야 한다.

치유 없이도 변할 수는 있지만, 치유되면 반드시 변화가 생긴다. 변화를 위한 전략에서 치유를 능가하는 건 없다. 치유는 변화를 자동으로 끌어내기 때문이다. 완벽주의자는 치유가 규범적인 노력이 아니기 때문에 치유에 집중하는 걸 좋아하지 않는다. 부적절한 부분을 단번에 체계적으로 제거하고 완벽한 재설정으로 나아갈 수 있도록 커다란 문제점 하나가 심하게 잘못되는 걸 훨씬 선호한다.

치유는 우리가 가장 싫어하는 자신의 일부를 뿌리 뽑는 게 아니다. 또 수많은 성취를 통해서 치유를 이루는 것도 불가능하다. 치유는 당신이 지금 그대로 이미 온전한 존재라는 걸 깨닫는 것이다. 스스로 지닌 가치의 불변성을 온전히 받아들일 수 있다면, 그게 당신에게 필요한 모든 치유가 될 것이다. 이건 완벽주의자에게는 매우 속상한 소식이다. 완벽주의자는 일 벌리는 걸 좋아하기 때문이다.

완벽주의자들은 지시와 일정을 원한다. 변화를 위한 능률적인 경로가 있으면 문제 해결이 단순한 자기 수양의 문제라고 생각해서 일시적으로 기분이 들뜬다. 당신이 해야 할 일은 당신을 잘 모르는 타인에게서 인생을 가장 잘 사는 방법에 대한 엄격한 조언을 듣고 그걸 따르는 것이다. 구체적인 조언을 완벽하게 따르자. 그리고 실수하면 접근 방법이 아니라 자신을 비난해야 한다. 항상 자신을 탓하자. 그러면 통제력을 유지할 수 있다. 전부 자기 잘못이라면 엉망이던 상황을 정리해서 마침내 완벽해졌을 때 모든 걸 바로잡을 수 있기 때문이다.

효과적인 방법은 자기가 아닌 모습에서 벗어나 진짜 자신을 향해 나아가는 과정을 꾸준히 이어가는 것이다. 물론 이건 지루하다. 그렇게 한다고 해서 공을 인정받을 수 있는 것도 아니고, 애초에 끝이란 게 없기 때문에 결승선도 없다. 그냥 즐겨야 한다.

우리는 항상 노력보다는 익숙함과 편리함을 선택한다. 인간은 원래 그렇게 살도록 태어났다. 익숙함과 편리함은 우리에게 통제력을 제공한다. 그리고 이는 다시 우리에게 예측 가능성을 제공한다. 자신의 환경을 예측할 수 있다면 생존 가능성이 높아질 것이다.

생존을 위해서 치유나 번영이 필요하지는 않다. 죽지만 않으면 생존할 수 있다. 당신의 목표가 단순히 생존하는 것이라면 어떤 위험에도 접근하지 않는 게 중요하다. 생존 기술을 성장 기술로 확장하는 게 목표라면 리스크를 감수하는 방법을 배우는 게 중요하다.

리스크가 항상 위험한 건 아니지만 항상 불확실한 건 맞다. 리스크를 감수하려면 예측 가능성을 포기해야 한다. 예측 가능성을 포기하는 건 야심 찬 일인데, 이는 2가지 이유 때문이다. 첫째, 통제력을 잃는 듯한 기분이 든다. 둘째, 익숙한 걸 버리고 새로운 걸 시도하려면 지속적인 노력이 필요하다. 적어도 처음에는 평소보다 훨씬 많은 정보를 처리해야 한다. 내가 이걸 좋아하나? 이게 내가 원하는 건가? 이게 나인가? 이게 나한테 효과가 있을까? 내가 아직도 행복한가?

이런 심리적 배경에는 익숙한 것으로 돌아가려는 진화적 반사 작용이 있다. 친숙한 역학 관계에는 새로운 정보를 처리할 필요가 없다. 그 경험은 효율적이기 때문에 더 매력적이다. 우리 뇌는 효율적인 걸 좋아한다. 그래서 익숙한 게 자신을 아프게 하더라도 익숙한 것에 끌린다. 우리 뇌에는 친숙한 악마가 불확실한 천사보다 더 매력적이다. 예전 방식으로 돌아가고 싶지는 않지만, 새롭고 낯선 영역에 있을 때는 친숙함이 집처럼 느껴진다. 친숙함은 편안한 집이 될 수도 있지만 그게 당신을 해칠 수도 있다.

치유를 위해 익숙한 걸 다 버릴 필요는 없다. 하지만 좋은 친숙함과 나쁜 친숙함을 구분해야 한다. 둘 다 매우 편안하기 때문에 양쪽 모두 끌릴 것이다. 스트레스를 많이 받을수록 좋은 친숙함과 나쁜 친숙함을 구별하기가 어렵다. 당신 기억에 남는 건 편안함뿐이다. 스트레스 반응이 활성화되면 친숙한 건 뭐든지 다 '그래, 이게 바로 지금 나한테 필요한 거야'라고 여긴다.

특히 완벽주의자는 건전하지 못한 친숙함의 즉각적인 만족에 빠져드는 것을 정당화하기 쉽다. 그렇게 해도 게으름을 피우는 게 아니라 더 열심히 일하는 것처럼 보이기 때문이다. 낭만형 완벽주의자는 자신의 요구를 충족시키기보다는 다른 사람들을 위해 더 많은 걸 하려고 열심히 노력한다. 열정형 완벽주의자는 수익 체감의 법칙과 완전한 번아웃의 위험을 무시한 채 휴식 시간은 줄이고 일하는 시간은 늘리면서 자기 일에 무시무시할 정도로 힘을 쏟는다.

게으른 완벽주의자는 최고의 계획을 세우는 방법을 배우기 위한 계획을 세운다. 난잡형 완벽주의자는 목표를 가지고 젠가 게임을 하면서 최우선 순위를 무너지기 쉬운 방식으로 계속 바꾼다. 전형적 완벽주의자는 공기 구멍으로 설계된 장소를 포함해 눈에 보이는 모든 열린 공간에 구조물을 집어넣는다. 나쁜 익숙함에서 오는 즉각적인 만족감을 버리는 건 시작에 불과하다. 자기 노력의 결과물도 내려놓아야 한다.

◆ '나는 원하는 걸 결코 얻지 못할 거야.'

우리는 평생 2가지 두려움에 직면한 채로 살아간다. '나는 원하는 걸 결코 얻지 못할 거야', '내가 가진 걸 잃게 될 거야'. 이 두려움의 공통점은 미래의 결과에 기반을 두고 있다는 것이다. 예측 불가능한 요인들이 너무 많이 작용하기 때문에 모든 결과를 자신에게 유리한 방향으로 성공적으로 조작할 수 없다. 다시 말해, 미래를 통제할 수 없다. 결과에 대한 집착을 버리지 못한다면 평생 하나의 두려움을 다른 두려움과 맞바꾸면서 살아가게 될 것이다.

만성적인 공포 상태에서 살아가는 건 무의미하다. 두려움에 기초한 생활은 끊임없는 혼란의 연속이다. 이 굴레에서 빠져나오려면 현재에 집중해야 한다. 미래의 결과를 포기하고 지금 하는 일에 집중해야 한다. 이기든 지든 신경 쓰지 않고 과정에만 집중하는 건, 대부분의 완벽주의자에게 불쾌한 무관심처럼 느껴진다. 그럼 더 이상 목표 달성에 신경 쓰지 말아야 하는 건가? 그럼 정확히 뭘 어떻게 해야 하는 거지?

결과를 포기한다고 해서 목표 달성에 대한 관심이 사라지는 건 아니다. 당연히 신경이 쓰인다. 목표를 정하는 건 아무 문제도 없다. 문제는 '이걸 갖게 되면 행복할 거야' 또는 '이걸 지킬 수 있다면 행복할 거야'처럼 미래의 결과에 자신의 기쁨을 걸 때 발생한다. 우리는 지금 당장 미래를 경험할 수 없다. 우리는 현재 순간에만 존재한다. 기쁨을 느끼기 위해 미래를 기다리고 있다면, 결코 기쁨을 느끼지 못할 것이다.

우리가 결과를 포기하지 못하는 가장 큰 이유는 실패하고 싶지 않아서다. 실패자가 되고 싶지 않기 때문에 실패를 거부하지만, 실패했다고 말하는 것과 나는 실패자라고 말하는 것은 차이가 있다. 전자는 사건에 대한 설명이고 후자는 정체성에 대한 설명이다. 자기 노력의 결과를 통제할 수는 없지만 실패에 의미를 부여하는 방법은 선택할 수 있다.

좌절, 거부, 지연, 자신의 본질을 설명하지 못하는 것들을 모두 받아들이면 어떻게 될까. 본인에 대한 믿음이 사라지기 때문에 앞으로 나아가기 어렵다. 이런 경우 성장을 위한 사고방식으로 진입할 수가 없다. 부적응적인 상황에 있으면 실패가 당신에게 가능한 것들에 대한 최종 결정권을 가진다. 반면 거부, 지연, 실패가 자신의 정체성을 규정하지 못하도록 하면 여전히 자신에 대한 믿음이 있기 때문에 앞으로 나아가기가 쉽다. 실패를 낮잠 자는 개처럼 뛰어넘으면서 계속 전진할 수 있다. 적응적인 상황에 있을 때는 실패에 전혀 힘을 실어주지 않는다. 실패는 최종 결정권뿐만 아니라 어떤 결정권도 없다.

실패를 딛고 나아간다는 것은 실패를 통해 성장할 수 있다는 것이다. 당신은 미래의 승리를 위해서가 아니라 경험을 즐기고 배우기 위해 그 과정에 참여한다. 결과에서 과정으로 초점을 전환하기 위해 어떤 선택을 해야 할까? 과정에 초점을 맞추려면 과정을 존중하기 시작해야 한다. 과정을 존중하는 것은 인정과 축하의 두 부분으로 나눌 수 있다.

우리는 결과를 달성해야 행복해질 수 있다고 생각한다. 당신은 이에 대해 나쁜 소식을 먼저 듣고 싶은가? 아니면 최악의 소식을 먼저 듣고 싶은가? 나쁜 소식은 결과를 달성해도 행복해지지 않을 거라는 것이다. 우리를 행복하게 하는 건 무분별한 획득이 아니라 의미를 쌓아가는 것이다. 최악의 소식은 그 과정에서 열정을 불태울수록 더 우울하다는 것이다. 목표 달성을 행복의 유일한 원천으로 여기면서 지나치게 많은 압박을 가하기 때문이다. 하지만 목표를 달성한다고 해도 그걸 추구하는 내내 다른 일은 다 멀리하고 어떤 기쁨이나 연결도 느끼지 못했다는 사실은 결코 만회할 수 없다.

과정에 집중하면 지금 일어나고 있는 승리에 집중하게 된다. 지금 즐길 준비가 된 것에 집중한다. 인정은 관점을 넓히고 긍정성을 불러일으키며 확장하고 구축하도록 도와준다. 예를 들어, 현재 진행 중인 프로세스를 인정할 경우 다음과 같은 것들을 인정하게 되는 것이다.

진정한 자신이 되는 데 관심이 있는 것과 진정한 자신이 되기 위한 행동을 취하는 건 별개의 문제다. 이 책을 읽는 건 당신이 관심과 적극적인 참여의 교차점에 도달했다는 증거이며 이는 하나의 이정표다. 수백만 명의 사람들이 지금 당신이 있는 위치에 도달하려고 애쓰고 있다. 이건 중요한 일이다. 모든 주요 진전은 당신이 지금 하는 일, 즉 한 걸음 앞으로 나아가는 것을 통해서 시작되고 지속된다.

당신은 여기까지 오기 위해 열심히 노력했다. 자기에게 효과가 없는 것을 정직하게 말해야 하는 막중한 임무를 떠맡았다. 과거에는 기꺼이 줄을 서서 기다리곤 했던 의미 없는 일들에 대한 관용을 없앴다. 지금 이 책을 읽고 있기까지 극복해야 할 시련이 너무나 많았을 것이다. 당신이 완벽하게 습득한 교훈이 예전에는 다 힘든 투쟁이었다는 것도 잊었다. 그 과정을 인정하면 당신이 현재의 위치에 도달하기 위해 한 일들도 인정하게 된다.

당신이 5년 전에 어떤 사람이었는지, 그리고 그 이후로 얼마나 성장했는지 생각해보자. 과거로 돌아가서 지금의 뇌와 그동안 배운 것을 전부 5년 전의 자신에게 이식할 수 있다면, 5년 전의 당신이 충격을 받을 것이다. 당시 천장이었던 것이 지금은 바닥이 됐다. 한때 마구 허우적대면서 몸부림치던 물속을 이제 유유히 떠다닌다.

자기가 얼마나 멀리까지 왔는지 알겠는가? 소중한 경험을 얼마나 많이 쌓았는가? 그동안 겪은 수많은 불편의 진가를 이해하겠는가? 지금 있는 곳에 도달하기 위해 맞닥뜨려야 했던 일들을 다 거치면서도 포기하지 않기 위해 얼마나 많은 용기가 필요했는지 알겠는가? 당신이 뛰어넘을 방법을 알아내려고 노력했던 벽의 건너편에 이미 가 있을 가능성이 있는가?

　야심 찬 사람들은 지금까지 어떤 일을 해왔든 간에, 이미 한 일보다 앞으로 남아 있는 일이 더 많다고 인식할 것이다. 그래서 그들은 야심 찬 사람이 된 것이다. 야심 없이는 완벽주의자가 될 수 없다. 당신은 속으로 아직 해야 할 일이 너무 많다고 느낄 것이다. 오랫동안 자기 개선을 위해 노력했지만 여전히 목표를 이루지 못한 듯한 기분이 들 것이다. 그건 당신의 야망을 나타내는 것이지 패배를 나타내는 게 아니다.

　항상 핵심에 집중하면서 끊임없이 자신을 비판하라고 배우는 세상이다. 그곳에서 자신을 발전시키는 방법을 찾는다는 건 놀라운 일이다. 바로 이 순간, 당신은 가능성에 집중하겠다고 적극적으로 선택하고 있다. 당신이 이 책을 읽는 것도 그런 이유 때문이다. 당신의 자아는 누구도 빼앗을 수 없는 자체적인 승리다. 반사적인 자기 혐오에서 벗어나 지금 이 순간 있는 그대로의 자신을 사랑하자.

　축하는 소모적이거나 오지랖 넓은 행위라고 생각하기 쉽다. 하지만 축하가 없으면 중요한 걸 잃어버린다. 축하가 없으면 우리가 계절을 헤쳐 나가도록 이끌어주는 부력이 약해진다. 개인적으로 그리고 집단적으로 변화를 처리하는 능력도 방해를 받는다. 팬데믹은 이 교훈을 우리 문 앞까지 전달했다. 모일 수 없게 되자 우리는 본능적으로 축하할 기회를 만들기 위해 노력했다. 그게 얼마나 중요한지 깊이 이해했기 때문이다.

　축하는 삶의 진화를 감정적으로 처리하는 데 도움이 된다. 그뿐만 아니라 일어난 일에 대한 기쁨을 인정하기 때문에 감사하는 마음도 증가한다. 감사의 마음이 커지면 더 행복해진다는 건 누구나 알고 있다. 축하는 그동안 우리를 도와준 모든 이들의 노고를 인정할 수 있는 기회를 주기 때문에 행복이 더 커진다. 지지와 연결 강화는 의미가 크지만 종종 간과되곤 하는 축하의 요소다.

졸업식, 기념일, 집들이, 결혼식 같은 행사는 이정표가 우리에게 얼마나 중요한지 알리기 위해 존재한다. 하지만 프로세스의 중간 지점은 어떤가? 중간 지점은 대개 가장 많은 연결과 인정, 지지, 격려가 필요한 곳이다. 당신이 매우 많은 걸 투자 중인 개인적인 목표에 관한 카드는 매장에서 찾을 수 없다. 스스로 정의한 삶을 살아갈 때는 직접 땅에 말뚝을 박아놓고 "이건 중요하고 정말 대단한 일이다!"라고 알려야 한다.

과정의 중간 지점은 눈에 잘 띄지 않고 소리도 나지 않는다. 축하를 통해 소음을 추가하지 않으면 남들 눈에 띄지 않는다.

축하는 삶의 기쁨을 일깨우기 위해 그 순간을 의도적으로 감사와 인정으로 가득 채우는 것이다. 기쁨을 느낄 수만 있다면 방법은 뭐든 상관없다. 축하는 파티도 필요 없고, 돈도 필요 없고, 심지어 다른 사람도 필요 없다. 영양가 있는 식사를 직접 만들어서 축하의 순간을 즐길 수도 있다. 친구와 함께 산책을 할 수도 있다. 뒷마당에서 시끌벅적한 바비큐 모임을 열 수도 있고, 바다에서 수영하거나 영화관에 가거나 아끼던 옷을 입는 것도 좋은 방법이다. 스스로 정의한 삶을 살아간다는 건, 자신의 성공이 어떤 모습인지 결정하고 그 성공을 언제 어떻게 축하할지도 결정할 수 있다는 뜻이다.

어떤 사람들은 일이 진행되는 도중에 축하하는 걸 좋아하지 않는다. 너무 일찍부터 유난 떤다고 생각한다. 그건 우리가 흔히 잊고 사는 것일 수도 있다. 우리 삶에서 확실하게 약속된 건 아무것도 없다. 우리가 확신할 수 있는 것, 결코 잃지 않을 거라고 믿는 것만 축하한다면 축하할 이유가 없다. 축하에 마땅한 이유 같은 건 존재하지 않는다.

우리는 종종 예상되는 슬픔을 피하기 위해 너무 일찍 축하하지 않으려고 한다. 지금 느끼는 기쁨의 양을 조절해야 나중에 찾아올 손실의 양도 조절할 수 있다고 생각한다. 난 상담을 하면서 이렇게 말하는 사람을 만나본 적이 없다. "글쎄요, 간절히 원했던 일은 이루어지지 않았지만, 다행히 거기에 너무 연연하지는 않았어요. 그래서 지금은 별로 고통스럽지 않아요. 오늘은 무슨 얘기를 해야 할지 모르겠네요."

지금 당신의 삶에 생기는 긍정적인 순간은 현실이다. 그 순간이 계속 남아 있든 아니면 사라지든, 그것 때문에 지금의 현실이 무색해지지는 않는다. 또 긍정적인 순간이 반드시 성취일 필요는 없다. 아침에 아이스 아메리카노 한 모금 마시는 것처럼 간단한 일일 수도 있다.

고통을 통해서만 성장할 수 있다는 생각을 머리에서 지워버려라. 기쁨으로도 성장을 이룰 수 있다. 자기 역할을 한다는 건 우리의 슬픔, 분노, 불안을 인식하고 얘기하는 방법을 배우는 것하고만 관련된 게 아니다. 기쁨을 인식하고 말하고 축하하는 방법을 배우는 것도 똑같이 중요하다. 사실 후자가 더 어려운 작업인 경우가 많다. 특히 완벽주의자들은 더 그렇다.

축하도 중요하고, 당신도 중요하고, 당신이 하는 일도 중요하다. 당신이 노력을 기울이고 있는 것들이 중요한 이유는 당신의 시간과 에너지를 쏟을 가치가 있기 때문이다. 이게 바로 자기 정의적인 삶을 사는 것의 의미다. 당신이 중요하게 여기기로 한 건 그게 무엇이든 중요하고, 관심을 가지기로 한 건 관심을 기울일 가치가 있다는 사실을 이해해야 한다.

그 과정에서 성공을 경험하고, 외적으로 검증된 성취는 단지 감상적인 징표에 불과하며, 마음속에 실패가 도식처럼 존재하지 않는다면 자기 인생이 어떤 모습일지 생각해보자.

◆　　　　　　　　　충동적인 본능을 이용하라

과정에는 목표 달성을 위한 몇 달, 몇 년, 혹은 수십 년에 걸친 점진적인 단계가 포함될 수 있다. 어떤 과정이든 항상 도중에 뭔가가 어긋나는 상황이 생긴다. 그게 자기 때문이라고 생각한다면 반드시 극복해야 한다. 세상은 당신을 중심으로 돌아가지 않는다. 당신만 유별나게 힘든 건 아니다. 누구나 예외 없이 크고 작은 예상치 못한 좌절을 겪는다.

포기하고 실패하고 예상치 못한 상황에 부딪히는 동안 자기 힘을 구체화하려면 본능을 연마하고 의도를 명확히 해야 한다. 스스로 정의한 삶을 살아가는 데 있어서 본능은 최고의 안내자다. 우리는 종종 감정과 본능을 혼동하지만 둘은 같은 게 아니다. 그러니 의사 결정에 있어 같은 비중을 두어선 안 된다. 본능과 감정은 둘 다 투표권이 있지만, 본능은 거부권도 있다.

감정은 일시적이며 외부 환경에 쉽게 좌우된다. 본능은 매수할 수 없다. 본능은 주변 환경, 기분, 활력 수준에 따라 변하지 않는다. 직장, 사람, 상황이 반드시 유해하거나 모욕적이어야만 떠나야겠다는 생각이 드는 건 아니다. 자기에게 맞지 않는다는 걸 그냥 알아차릴 수도 있다. 본능은 절대 거짓말을 하지 않는다. 변하지 않는 메시지에 주의를 기울이자. 그게 바로 당신의 본능이다.

본능이 대담하게 찬성 또는 반대를 가리키는 기능만 한다고 가정한다면, 그건 본능을 미화하는 것이다. 때로 본능은 기다리라고, 천천히 신중하게 움직이라고, 모퉁이 너머를 슬쩍 살펴볼 수 있도록 1cm씩만 전진하라고 말하기도 한다. 본능이 결정을 내리기 전에 더 오래 고민하라고 말한다면, 그게 당신 인생에서 수동적인 역할을 하는 것처럼 느껴질 수 있다. 인내는 수동적인 게 아니다.

뭔가를 해야 한다는 걸 아는 것과 자기가 해야 할 일이 정확히 무엇인지 아는 것은 별개의 문제다. 아주 운이 좋을 때만 2가지가 동시에 찾아온다. 아직 결정할 준비가 되지 않았다고 말하는 본능은 대담하게 찬성 또는 반대 의견을 알리는 본능만큼이나 유효하고 중요하다.

나아갈 방향이 명확하지 않으면 답답하지만 그런 순간에도 본능은 여전히 유용하다. 무언가를 알면서도 거기에 이름을 붙일 수 없을 때가 있다. 정답을 모를 때는 본능을 이용해서 틀린 답을 가려내고 거기서 멀어져야 한다. 당신을 항상 불편하게 만드는 사람에게서도 멀어지자. 의미 없는 방식으로 시간을 보내는 것에서도 벗어나자. 보답받지 못하는 일에 에너지를 허비하는 것도 그만두자.

멀어져야 하는 것에 집중하면 부정적인 공간에 있는 듯한 기분이 든다. 정직을 부정적인 것으로 착각하지 말자. 잘못된 길에서 멀어질수록 올바른 길을 찾을 가능성이 높아진다. 우연히라도 자신에게 맞는 것을 찾는다면 좋은 일이다. 많은 사람들은 그런 방법으로 자신에게 맞는 것을 찾아낸다. 자신에게 맞는 삶을 찾는 문제와 관련해서는 누구나 힘들고 서투른 시간을 거치기 마련이다.

어떤 사람은 자신의 본질을 이미 알고 있기 때문에 그쪽으로 움직여 자신을 발견한다. 어떤 사람은 자기에게 어울리지 않는 모습을 알고 거기에서 멀어짐으로써 자신을 발견한다. 대부분의 사람들은 평생 이 2가지가 조합된 상태로 살아간다. 본능이 사소한 일에 대해 조용히 말할 때 귀 기울이는 것은 중요한 일을 큰소리로 외칠 때 귀 기울이는 것만큼이나 중요하다. 본능의 목소리는 당신만 들을 수 있다. 그 때문에 본능을 존중할 수 있는 것도 당신뿐이다. 자기 본능에 접근하면 진정한 자아에 대한 가장 유능한 전문가가 될 수 있다. 당신이 아는 걸 다른 사람은 아무도 모르니, 반드시 당신이어야만 한다. 통제력을 버리고 자기 힘을 받아들이는 건 "어떻게 해야 하지?"라는 질문을 "내 본능이 여기서 뭐라고 말하지?"라는 질문으로 맞바꾸는 것이다.

의도는 당신의 인생 스타일을 결정한다. 목표는 정량화할 수 있는 성과의 명확한 경계를 나타내지만, 의도는 그보다 더 정교하다. 의도는 당신이 하는 일이 아니라, 그 일을 하는 방법을 통해서 표현된다. 그 일을 하느냐 마느냐가 아니라 왜 하느냐가 중요하다는 얘기다. 의도는 노력 뒤에 존재하는 에너지이자 목적이고, 목표는 노력해서 얻으려는 대상이다.

　　의도는 목표에 속하거나 속하지 않을 수 있다. 그 반대도 마찬가지다. 예를 들어, 배우가 되는 건 목표다. 다른 사람들이 공감 능력을 키우도록 유도하는 건 의도다. 의도 없이도 배우가 될 수 있고, 이 경우 출연료만 준다면 어떤 역할이든 다 맡을 수 있다. 배우 활동 내내 치약 광고를 할 수도 있을 것이다. 다른 사람들의 공감 능력을 키우겠다는 목적을 가지고 배우가 될 수도 있다. 이 경우에는 관객이 극중 인물의 감정을 고스란히 느낄 수 있도록 그 인물을 잘 구현해낸 역할에만 집중할 것이다.

　　또 일상생활 속에서 의도를 실현하면, 목표를 달성하지 않고도 의도를 존중할 수 있다. 예를 들어, 배우로서 성공하지 못했지만 애초에 연기를 추구하도록 이끈 의도를 존중하는 방법을 찾았기 때문에 기쁨을 느끼는 것이다. 자신의 의도를 존중하는 또 다른 방법은 가치관에 꾸준히 생기를 불어넣는 것이다. 친절을 가치관으로 삼고 있다면, 남들이 지켜보지 않아도 항상 친절해야 한다. 신뢰를 얻기 위해 친절한 게 아니고, 당신이 친절한지 아닌지 확인하기 위해 외부의 검증이 필요하지도 않다. 의도를 정하면 목표 달성의 여운뿐만 아니라 그 과정에서의 성공, 만족, 즐거움을 느낄 수 있는 방법도 생긴다.

적응적 완벽주의자와 부적응적 완벽주의자의 중요한 차이를 아는가? 적응적 완벽주의자는 목표를 향해 노력하는 과정을 즐길 방법을 찾는 반면 부적응적 완벽주의자는 그렇지 않다. 적응적 완벽주의자는 의도와 목표를 정하는 반면, 부적응적 완벽주의자는 목표만을 정하기 때문일 것이다. 목표만 정해놓으면 그 목표를 달성한 날에 이기게 된다. 의도를 정해놓으면 의도를 존중할 기회가 계속 생기기 때문에 첫날부터 이기기 시작한다. 의도를 정해두지 않는 사람은 목표를 달성하기 위해 심한 짓을 한 뒤 자기 행동을 '야심'이라고 부를 것이다. 이런 일이 벌어지는 건 그들이 끔찍한 사람이라서가 아니라 검증을 간절히 원하기 때문이다. 야망을 쫓는 것과 절망에서 도망치는 건 다르다.

적응적 완벽주의자는 의도를 존중하지 않을 경우 목표를 달성할 수 없다면 그 목표를 원하지 않는다. 그런 목표는 그들에게 가치가 없다. 목표를 포기하는 건 패배처럼 느껴질 수 있다. 다시 잘 생각해보자. 우리는 궁극적으로 자신에게 해로운 목표를 달성하려고 애쓰는 걸 그만두기 훨씬 전에 자기 본능에 귀 기울이거나 자기 삶을 의도로 가득 채우는 걸 중단하곤 한다. 왜 그러는 걸까? 그러면 다른 사람들이 우리를 실패자로 여기지 않을까?

자신의 잠재력을 향해 비상하려면 본인만의 방법에 따라야 한다. 자기 가치관과 일치하지 않는 목표를 포기하는 건 단순한 중단이 아니다. 이건 당신의 가장 친한 친구가 바람난 전 남자친구와 헤어지는 것과 비슷하다. 그녀는 진 게 아니라 이긴 것이다. 적응적 완벽주의자에게 있어 성공은 이기느냐 지느냐로 정의되지 않는다. 그는 성공을 내면의 상태로 경험한다. 성공 수준을 판단할 때, 부적응적 완벽주의자는 "내가 목표를 달성했는가?"라고 묻는다. 적응적 완벽주의자는 "내가 내 의도대로 살고 있는가?"라고 묻는다.

당신이 자기 행동 뒤에 숨겨진 의도를 구체적으로 파악할수록 그 의도를 이끄는 의미에 부응할 가능성이 커진다. 우리는 의미를 자동으로 받아들이지 않는다. 우리에게 중요한 게 뭔지 이해해야 의미를 받아들일 수 있다. 당신은 성공에 대한 개념을 정할 때 자신에게 중요한 것을 중심으로 정할 수도 있고, 자기 마음과 영혼, 삶과 별로 관계없는 다른 이들에게 중요한 걸 중심으로 정할 수도 있다. 당신에게 의미를 안겨주고 존중해야 하는 힘은 당신의 것이다.

♦ 　　　　　　　　　자기 연민은 곧 자부심이다

누구에게나 연민이 필요하다. 다른 사람들이 당신에게 연민을 느낄지는 당신이 판단할 수 없지만, 스스로 연민을 느낄 힘은 있다. 자기 연민은 우리가 가진 가장 큰 힘이며 그것이 당신의 삶을 바꿀 것이다. 자신에게 동정심을 품는 법을 배운다면 어디를 가든 안전을 챙길 수 있다.

완벽주의자들은 자기 연민을 강조하는 게 불필요하다고 생각한다. 우리는 진정한 해결책을 원한다. 연민과 기쁨을 통해 배우는 것보다 처벌과 고통을 통해 배우는 게 많다는 잘못된 믿음을 무의식적으로 품고 있다. 자기 연민이 일차적인 해결책이라는 사실을 이해하지 못하는 것이다. 자기 연민은 자신에게 "괜찮아."라고 말하는 게 아니다. 나는 그런 일반적인 위로를 감정적 다독임이라고 부른다. 감정적 다독임은 진실이 아니라는 걸 알기 때문에 기분이 좋지 않다. 하지만 자기 연민은 정직하다. 자기 연민은 진정한 안도감을 안겨준다.

크리스틴 네프Kristen Neff 박사는 자기 연민의 대가다. 이 분야의 선구자인 네프는 자기 연민에 관한 책을 여러 권 썼고 경험적인 관점에서 자기 연민을 연구한 최초의 인물이다. 자기 연민에 대한 네프의 정의는 다음과 같다. "자기 연민은 우리가 고통을 느끼거나 실패하거나 부족하다고 느낄 때, 그 고통을 무시하거나 자기 비판으로 채찍질하지 않고 자신을 따뜻하게 대하면서 이해하는 것이다." 네프의 말에 따르면 자기 연민에는 자기 자비, 보편적 인간성, 마음챙김이라는 3가지 중요한 요소가 있다.

자기 자비

네프는 자기 자비를 실천하려면 이렇게 해야 한다고 말한다. 스스로를 판단하거나 비판하거나 불쌍하게 여기기보다, 먼저 자기가 상처받았다는 사실을 인정해야 한다. 자신의 실수가 아니라 고통을 중대 사안으로 인정해야 한다. 네프의 설명처럼, 자기 고통을 무시하면서 동시에 연민을 느낄 수는 없다. 상담사의 가장 기본적인 작업 중 하나는 다음과 같은 간단한 허가문을 제시하는 것이다.

- 당신은 그 일에 대해 화를 내도 됩니다.
- 당신은 여전히 그들을 그리워할 수 있습니다.
- 당신은 더 이상 신경 쓰지 않아도 됩니다.

자기 연민은 자기가 느끼는 기분을 마주할 수 있도록 스스로 허락하는 데서부터 시작된다. 자기가 고통받고 있다는 걸 인정하면 비판이 아닌 친절한 태도로 고통에 대응해야 한다. 물론 당신의 선택이 지금 겪는 고통의 원인일 수도 있다. 어떤 어려움을 겪든 전부 당신 잘못이라고 확신할 수도 있다. 하지만 누구의 잘못인지는 중요하지 않다. 여기에서는 비난이 방해될 뿐이다.

연민Compassion은 함께 고통받는다는 뜻이다. 이 단어는 라틴어 어근 com(함께)과 pati(고통)의 조합으로 이루어졌다. 우리가 누군가의 괴로움에 연민을 느끼는 것은 어떤 식으로든 그들과 관계를 맺고 있기 때문이다. 자신이 그들이 겪는 고통과 연결되도록 허용했고, 그들을 여러 가지 면에서 우리와 똑같은 온전한 인간이라고 여긴다. 이런 연결고리 때문에 돕고자 하는 동기가 생긴다. 우리도 그들과 함께 고통을 겪고 있으니 그들을 돕는 것이 결국 우리에게도 도움이 된다.

상대방을 이해하거나 연결을 맺으려고 노력하지 않은 채 유감스럽게 느끼는 건 연민이 아니라 동정이다. 연민은 능동적이고 동정심은 수동적이다. 누군가가 부정적인 상황에 처한 걸 보고 '나는 절대 저렇게 되지 말아야지'라고 생각한다면 동정하는 것이다. 동정은 공손한 평가나 다름없다. 남보다 못한 사람으로 평가받고 싶은 사람은 아무도 없으므로 다들 자기를 동정하거나 복지 대상자 같은 취급을 받고 싶어 하지 않는다. 자기 연민과 자기 동정은 우리가 다른 이들에게 품는 연민이나 동정심과 똑같은 방식으로 작동한다. 자기 연민은 본인을 이해해서 더 강해지게 만들고, 자기 동정은 무력하고 한심한 기분이 들게 한다.

자기 연민을 위해서는 친절한 태도가 필요하다. 친절은 의도 없이 관대하게 행동하는 걸 말한다. 친절은 방어 메커니즘을 해제하고 앞으로 나아갈 길을 넓히고 구축하는 데 도움이 되기 때문에 매우 효과적인 선택이다. 최근에 누군가가 당신에게 친절하게 대했을 때를 생각해보자. 그냥 공손한 게 아니라 친절했을 때 말이다. 그 친절이 어떻게 당신 마음속의 무언가를 녹였는지 생각해보자. 당신은 지금도 그런 기분을 느낄 자격이 있다.

정서적으로 성숙한 사람은 자신을 대하는 방식을 스스로 선택할 수 있다. 그리고 그 선택에 책임을 진다. 자신을 친절하게 대하는 걸 선택하지 않는다면 무엇을 선택하겠는가?

보편적 인간성

네프가 말한 자기 연민의 두 번째 요소는 보편적 인간성이다. 고통과 개인의 부족함은 인간의 공통된 경험으로, 나한테만 일어나는 일이 아니다. 작가 앤 라모트Anne Lamott는 이렇게 말했다. "누구나 일을 망치고 무너지고 매달리고 무서워한다. 뭐든지 다 해낼 수 있는 것처럼 보이는 사람도 마찬가지다. 그들은 당신이 생각하는 것보다 훨씬 더 당신과 비슷하다."

세상 사람들은 모두 자기만의 짐이 있다. 그럼에도 우리는 뭔가에 집착하거나 두려움을 느끼고 밥 먹듯이 새로운 실수를 저지르면 고립된 기분을 느낀다. 그 순간에는 우리의 고통이 보편적이지 않은 일처럼 느껴진다. 미디어는 우리의 잘못된 인식을 위험한 수준으로 악화시킨다. 미디어 속에서는 모든 사람이 행복하고 즐거워보인다. 전 세계를 여행하고, 수많은 친구들에게 둘러싸여 있다. 여드름이 나거나, 가족이 불치병을 앓고 있거나, 외로운 결혼 생활에서 벗어나기 위해 바람을 피우는 사람들은 찾아볼 수 없다. 인스타그램에서는 가정폭력을 감지할 수 없다. 성적 학대나 자살 충동, 불임, 채무, 만성 질환, 따돌림, 모든 종류의 중독, 이혼 뒤의 연애와 관련된 불편한 일들, 마음에 안 드는 직장 등도 마찬가지다. 그곳에서는 우리가 겪는 대부분의 일이 눈에 띄지 않는다.

보편적인 인간성을 포용한다는 것은 누구나 고통을 겪고, 길을 잃고, 문제가 있다는 걸 이해하는 것이다. 다들 무대 뒤편에서 많은 일을 겪는다. 자기 문제가 비정상적이고 남들이 공감할 수 없고 부자연스럽다고 여길수록 자기 연민이 아닌 자기 동정 쪽으로 다가간다.

마음챙김

네프가 말한 자기 연민의 세 번째 요소는 마음챙김이다. 본인의 감정을 느끼면서 동시에 나는 기분 이상의 존재라는 걸 인식하는 것이다. 네프가 설명한 것처럼, 마음챙김은 자기 생각이나 감정과 지나치게 동일시되어 부정적인 반응에 사로잡히거나 휩쓸리지 않도록 하는 것이다.

네프가 '살고 웃고 사랑하라'를 상담사 버전으로 바꾼 '감정은 팩트가 아니다'라는 말도 강력한 메시지를 전한다. 예를 들어, 실망은 완벽주의자에게 결코 생소한 감정이 아니다. 가끔은 모든 것이 다 부족해 보인다. 실제로 모든 것은 다 부족하기 때문이다.

모든 건 어느 순간 전부 부족할 수밖에 없다. 이건 불가피한 일이다. 당신은 실망을 느낄 때마다 삶이 지금과는 다른 모습이 되길 바랄 것이다. 실망은 당신이 뭔가를 잘못해서 생기는 감정이 아니다. 실망은 모든 사람의 문제다. 자기 연민적인 반응은 실망을 느끼도록 허락하는 동시에 실망이 나만 느끼는 감정이 아니라는 걸 인정하는 것이다. 완벽주의자는 실망감을 다른 것으로 바꾸기 위해 너무 많은 에너지를 낭비한다. 우리는 계속해서 "어떻게 해야 실망감을 없앨 수 있을까?"라고 묻는다. 그보다 좋은 질문은 "실망감 외에 어떤 감정을 느끼는가?"이다.

자신을 견딜 수 없다면 어떻게 자기 연민을 실천할 수 있을까. 우리에게는 연결이 필요하다. 관계가 단절되면 고통스럽다. 누군가가 고통을 겪고 있을 때면 '당신은 혼자가 아니에요. 내가 여기 있어요' 같은 보편적인 연민 반응이 나타난다. 그 반응은 문제의 실용적인 부분과는 아무 관련도 없다. 연민 어린 반응은 계획을 제시하거나 상황을 통제할 방법을 강조하지 않는다. 이건 연결을 제공하는 반응이다.

또 연민 어린 반응은 누군가를 사랑하거나 좋아한다고 선언하지 않는다는 사실에 주목하자. 이것이 자기 연민과 자기애의 결정적인 차이다. 다른 사람에게 연민을 느낄 때는 그 사람에게 '당신을 사랑해요. 좋아해요. 당신이 재미있고 매력적인 사람이라고 생각해요. 헤어스타일이 정말 멋져요. 나도 당신과 같은 기분을 느껴요'라고 말하는 게 아니다. 여기서 마지막 부분인 '나도 당신 같은 기분을 느껴요'라고만 말하는 것이다. 연민 어린 반응은 '나는 당신 편이다'라고 말한다.

자기 연민은 자신을 사랑하라고 강요하는 게 아니다. 자기 연민은 고통을 인정하고, 관점을 유지하고, 친절하게 행동하는 것 같은 회복력 기술이다. 심하게 짜증이 나더라도, 자기 자신을 참을 수 없더라도, 그 3가지는 여전히 할 수 있다.

자기 연민이 효과를 발휘하기 위해 성격을 완전히 개조할 필요는 없다. 자신에게 느끼는 연민의 양은 결과적으로 전개될 치유의 양과 비례하지 않는다. 약간의 공감은 어두운 방에 촛불을 켜는 것과 비슷하다. 작게 깜빡이는 그 불꽃이 공간 전체를 밝게 하는 데 큰 도움이 된다. 단 5초면 되고, 자리에서 일어날 필요도 없다.

7장

극단적인
생각 과잉을 멈춰라

인생이 게임이라면, 참여하는 것 자체로 상이다.

— 루폴Rupaul

                                    평범한 성공을 이루는 데
  ◆   도움이 되는 9가지

우리가 생각하는 방식은 인지적 습관에 기초한다. 행동 습관과 마찬가
지로 인지 습관도 우리에게 도움이 될 수도, 중립적일 수도, 건강에 해로
울 수도 있다. 예를 들어, 문제 해결에 집중하는 건 도움이 되는 인지 습
관이다. 평소에 그런 습관이 있으면 문제가 발생했을 때 "정확히 뭐가
문제일까?", "누가 내 선택을 이해하도록 도와줄까?", "내 목표는 무엇일
까?" 같은 질문에 집중하곤 한다. 반면 생각 과잉은 고통스럽고 건전하
지 못한 인지 습관이다. 생각 과잉 습관이 있으면 문제에 직면했을 때 부
정적인 생각에 계속 집중한다. '내가 그랬다니 믿을 수가 없어. 정말 최
악이야. 그런 일이 일어나지 않았더라면 좋았을 텐데' 같은 생각 말이다.

생각 과잉은 무력한 행동이다. 생각 과잉은 이미 벌어져서 아무것도 할 수 없는 사건에 대해 후회하거나, 일어나지는 않았지만 일어날 수 있는 일에 대해 최악의 시나리오를 예상해 걱정하는 것 등이 포함된다. 사건을 반추할 때는 머릿속에서 재생되는 생각을 반성으로 오해한다. 파국의 상황에서는 걱정을 미래에 대한 대비로 착각한다.

생각을 하나씩 바꾸려고 노력하는 건 통제력을 제대로 발휘하는 방법이다. 생각이 머릿속에 들어올 때마다 따로따로 모니터링하고 관리해야 하기 때문에 생각을 통제하려면 많은 에너지가 필요하다. 관점을 넓히면 힘을 제대로 행사할 수 있다. 관점이 바뀌면 자동으로 사물을 새로운 방식으로 바라보게 되는데, 이건 결코 잊을 수 없는 방식이다. 관점 변화는 우리 생각을 단번에 바꿔놓는다.

관점을 넓힌다고 해서 기존의 사고방식이 사라지는 건 아니다. 그럴 필요도 없다. 오래된 사고방식도 함께 공존할 수 있다. 중요한 건 하나의 사고방식이 다른 사고방식을 지배하도록 하는 게 아니라, 지금의 관점은 스스로 선택한 것이라는 사실을 이해할 수 있을 정도로 열린 마음을 유지하는 것이다.

당신이 할 수 있는 가장 강력한 관점 변화는 이미 온전하고 완벽하다는 걸 이해하는 것이다. 성공을 위해서 때로는 약이나 커피, 음악, 치료, 기타 다른 종류의 개선적 활동이 필요할지도 모른다. 그건 당신이 망가졌다는 뜻이 아니다. 그건 당신이 이 세상에 살아 있는 한 인간이라는 걸 의미한다. 앞으로 마주하게 될 9가지 관점은 완벽주의자가 가장 집중해야 하는 변화를 나타낸다. 당신이 할 일은 이러한 관점을 열린 마음으로 받아들이는 것이다.

◆ ## 사후 가정 사고는 인지적 반사다

사후 가정 사고는 뇌가 이미 일어난 사건에 대한 대안적 시나리오를 만드는 것이다. 예를 들어, 당신이 차를 몰고 교차로를 지나가고 있는데 다른 운전자가 신호를 무시하고 달려와서 당신 차와 충돌한 상황이다. 당신이 방향을 틀면 다른 차와 충돌하게 된다. 그렇게 10초가 흘렀고 교통사고가 발생했다.

심하게 충격을 받았지만 가벼운 찰과상으로 끝났다. 당신이 교통사고를 당했지만 크게 다치지 않았다는 게 팩트다. '사고로 죽을 수도 있었다'라는 건 사후 가정 사고다. '일찍 퇴근했더라면 그런 사고를 안 당했을 텐데'처럼 당신이 생각한 대체 시나리오가 현실보다 나을 때는 상향 사후 가정 사고라고 한다. 반대로 '그 사고로 죽을 수도 있었어'처럼 대체 시나리오가 현실보다 매력적이지 않은 경우에는 하향 사후 가정 사고라고 한다. 사후 가정 사고는 누구에게나 다 해당하는 인지 반사다.

연구에 따르면 우리는 기분과 행동을 조절할 뿐만 아니라 미래를 대비하는 데도 도움이 되는 사후 가정 사고로 되돌아간다고 한다. 예를 들어, 상황이 더 나빴을 수도 있다고 생각하면 현재 상황에 감사한 마음이 커진다. 새롭게 발견한 감사의 마음은 부정적인 사건 이후에 중요한 기분 회복 기능을 발휘한다. 우리 뇌는 대체 현실의 전개를 처리할 수 있는 인지 능력이 있기 때문에 괴로운 사건을 겪은 후에 기분이 더 좋아질 수 있다. 그 힘이 바로 사후 가정 사고다.

어떤 경우에는 상향 사후 가정 사고가 기분을 개선한다. 특히 성과와 관련된 우리 행동을 조절하는 데 도움을 줄 수 있다. 예를 들어, 테니스 경기 중에 공이 네트에 맞아서 졌다고 가정해 보자. 그러면 '그렇게 공격적으로 빨리 이기려고 하지 말고 샷의 궤적을 늘렸다면 경기에서 이길 수 있었을 텐데'라는 상향 사후 가정 생각을 하게 된다. 그 생각은 자기가 어디서 실수를 저질렀는지 확인하고, 실수를 수정하는 방법을 알려주기 때문에 다시 시도할 동기를 높이는 데 도움이 된다. 비록 졌지만 다시 코트로 돌아가서 보다 전략적으로 경기를 할 수 있다는 것에 흥분을 느낀다.

보다 바람직한 결과를 낼 수 있는 시나리오를 상상할 수 없다면 개선을 시도하지 않을 것이다. 진전을 이루려면 상향 사후 가정 사고가 필요하다. 상향 사후 가정 사고는 다시 발생할 가능성이 높은 역학 관계의 맥락 안에서 자기가 변경할 수 있는 권한이 있는 특정성에 초점을 맞출 때에만 유용하다. 특정성과 개인의 주체성은 상향 사후 가정 사고 자체가 아니라 동기 증가와 관련된 요소다.

예를 들어, 다음과 같은 상향 사후 가정 사고는 유익하지 않다. "경기를 이길 수도 있었는데." 이 상향 사후 가정 사고가 유익하지 않은 이유는 구체적인 변화에 초점을 맞추지 않아서 특정성이 없기 때문이다. "일찍 퇴근했더라면 그런 사고를 안 당했을 텐데." 퇴근을 몇 시에 하든 간에 운전 중에 다른 차가 충돌할지를 제어할 권한이 없기 때문에 이런 상향 사후 가정 사고도 유익하지 않다.

그날 일찍 퇴근했다면 사고를 당하지 않았을 거라는 생각이 사실일 수도 있지만, 당신이 개인의 주체성 수준에 접목하고 있는 인과적 추론은 올바르지 않다. 정시에 퇴근했기 때문에 사고가 난 것이 아니다. 일찍 퇴근한다고 해서 앞으로의 사고를 막을 수도 없다. 당신은 미래에 대한 통제권이 있는 척하려고 그때 통제권이 있었던 척하는 것이다. 그 자동차 사고는 반복될 가능성이 없는 임의의 사건이었고 따라서 상향 사후 가정 사고는 그 시나리오에서 득보다 실이 될 가능성이 크다.

상향 사후 가정 사고는 대비 기능도 한다. 등산 갔는데 너무 추워 동상에 걸렸다. 그러면 '더 따뜻한 양말을 신었어야 하는데'라는 생각이 계속 들 것이다. 다음에 누가 더 따뜻한 양말을 신고 올까? 사후 가정 사고는 문제에 기반하거나 성격에 기반할 수 있다.

사후 가정 사고는 또 뭔가를 추가할 수 있다. 삭제형 사고는 단 하나의 해결책, 즉 그 문제를 제거하는 해결책만 내놓는다. 추가형 사고는 창의적인 문제 해결에 의존하며 가능한 해결책을 많이 내놓기 때문에 더 좋은 접근 방법이다.

사후 가정 시나리오가 전개되는 모습을 상상하기 쉬울수록 그 사후 가정 사고가 당신의 감정적 반응에 어느 방향으로든 더 많은 영향을 미친다. 예를 들어, 당신은 가벼운 사고보다 차가 3바퀴나 구르는 큰 사고를 당했을 때 살아 있는 것에 더 깊은 감사를 느낀다. 대형 사고 시나리오에서는 자기가 어떻게 죽음을 맞이할 수 있는지 더 쉽게 상상되기 때문이다. 마찬가지로 15분 늦어서 버스를 놓쳤을 때보다 20초 차이로 놓쳤을 때 좌절감을 느낄 가능성이 크다. 결과는 두 시나리오 모두 동일하지만, 감정 상태가 결과에 따라 달라지는 게 아니라 사후 가정 사고의 강도에 따라 달라지기 때문이다.

대조 효과의 심리적 원리를 알면 사후 가정 사고가 만족도에 어떤 영향을 미치는지 명확히 이해하는 데 도움이 된다. 이 용어는 당시 자신에게 가장 중요한 정보에 따라 인식이나 경험이 변화하는 방식을 나타낸다. 예를 들어, 가게에 있는 상품들의 가격이 30달러짜리 스카프 하나만 제외하고 전부 100달러 이상이라면, 30달러짜리 스카프가 저렴해 보인다. 하지만 1달러짜리 물건이 많은 저가 판매점에서는 30달러짜리 스카프가 비싸 보인다. 당신이 3살짜리 아이를 안고 다니는 데 익숙하다면, 6개월 된 아기를 안으면 가볍게 느껴질 것이다. 연속으로 무례한 남자들과 데이트를 했다면, 다음에 만난 남자는 밥 먹을 때 입을 다물고 씹기만 해도 완벽한 남편감 후보처럼 보일 것이다.

연구자들은 1992년 하계 올림픽 은메달리스트와 동메달리스트들의 사후 가정 사고와 대조 효과를 조사했다. 그들은 은메달리스트가 동메달리스트보다 기분이 좋지 않은 경우가 많다는 걸 발견했다. 이들이 은메달을 딴 후에 가장 많이 하는 사후 가정 사고는 '금메달을 딸 수도 있었는데'인 반면, 동메달을 딴 이들이 가장 많이 하는 사후 가정 사고는 '순위권에 들지 못했을 수도 있어'라는 것이다. 연구진의 말처럼 발생했을지도 모르는 일을 상상할 경우, 성과가 좋은 사람이 자기보다 성과가 낮은 사람에 비해 오히려 기분이 더 안 좋을 수 있다.

나는 성취도가 높은 완벽주의자들과 상담할 때, 원하는 것에 매우 가까이 다가갔다가 결국 그걸 얻지 못한 고통스러운 경험을 받아들이도록 하기 위해 이 하계 올림픽 연구를 자주 강조한다. 실제로 혹은 은유적으로 2위를 차지한 이들이 남들 앞에서 실망감을 드러내면, 좌절감을 솔직히 털어놨다는 이유로 종종 본의 아니게 훈계를 받는다. 나는 이걸 은메달의 아픔이라고 부르는데, 이건 사람들에게 진짜 상처가 된다. 상처를 인정해야 자기 연민을 확장하고 앞으로 나아갈 수 있다. 그렇지 않으면 징벌의 소용돌이에 갇힌다.

상담사들은 내담자들이 사후 가정 사고를 깨닫도록 유도하는 경우가 자주 있다. 왜냐하면 사후 가정 사고는 우리의 의사결정, 만족도, 개인의 주체성에 대한 감각, 다시 시도하려는 동기, 좌절, 감사, 후회, 쓰라림 등 모든 걸 알려주기 때문이다. 사후 가정 사고는 우리 삶의 모든 측면에 영향을 미친다.

자신의 사후 가정 사고를 인식하지 못하는 완벽주의자는 길을 잘못 가고 있는 것이다. 완벽주의자는 이상과 현실 사이의 간극을 아는 이들이다. 그 때문에 사는 내내 사후 가정 사고를 한다. 사후 가정 사고를 하는 게 나쁜 건 아니다. 연구에 따르면 상향 사후 가정 사고는 부적응적 완벽주의자보다 구체적인 추가형 사후 가정 사고를 하는 적응적 완벽주의자들의 동기를 증가시킨다. 만약 사후 가정 사고를 인지적 반사로 인정하지 않고, 그걸 유리하게 활용할 수 있는 힘이 본인에게 있다는 걸 이해하지 못하면 사후 가정 사고가 해롭게 작용할 수도 있다.

사후 가정 사고가 반사 작용이라는 걸 인정하지 않는 완벽주의자는 발생했을지도 모르는 일에 대한 생각을 억지로 멈추려고 애쓰다 에너지를 낭비한다. 당신의 뇌가 글자를 읽을 수밖에 없는 것처럼 사후 가정 사고도 할 수밖에 없다. 당신은 나란히 놓여 있는 개별적인 문자를 보고 그걸 읽고 싶은지 아닌지 결정하는 게 아니라, 단어를 보고 동시에 모든 문자를 읽는다.

부정적인 사건과 사후 가정 사고는 동시에 전개된다. 당신은 문제없이 일이 성공적으로 진행될 때보다, 실패나 좌절을 겪은 뒤에 사후 가정 사고를 경험할 가능성이 더 높다. 사후 가정 사고에 빠져드는 걸 통제할 수는 없지만, 이걸 이용해서 만족도와 동기부여를 높일 수 있는 힘이 있다. 사후 가정 사고는 자동 모드부터 정교한 수준까지 이어지는 연속체 상에서 작동한다. 자동적인 사후 가정 사고는 사건에 대한 반사적인 반응인 반면, 정교한 사후 가정 사고는 당신이 상황을 경험하기로 결정한 방법에 따라 의식적으로 진행된다.

예를 들어, 반사적으로 은메달의 아픔을 느낀다면 자기가 거의 손에 넣을 뻔한 것, 얼마나 멀리까지 왔는지, 획득한 기술, 그 과정에서 느낀 살아 있는 기분, 그동안 발전시킨 관계, 목표를 향해 노력하면서 보여준 용감한 태도 등에 대해 자세히 설명할 수 있다. 사후 가정 사고는 뇌가 처음에 정보를 체계화하는 방식이다. 해당 정보에 대한 의미를 어떻게 구성하느냐는 당신에게 달려 있다.

평생을 작고 지루한 연못에서 큰 물고기로 살아가지 않는 이상, 항상 모든 일에서 최고가 될 수 없다. 실패의 위험을 무릅쓸 만큼 용감해지면 몇몇 실력자들과 시합을 벌일 테지만 결국 패배할 것이다. 그 패배는 당신이 결과를 알 수 없는 위험에 위축되지 않고 단호히 목표를 추구할 만큼 대담하며 실패를 딛고 나아가는 사람이라는 증거다. 물론 당신의 반사신경이 작동할 것이다. 그게 반사신경이 하는 일이니까. 그런 무의식적인 반응까지 통제할 수는 없지만 의식적인 반응을 선택할 수 있는 힘은 있다. 모든 정신적 구성이 그렇듯이, 자동적인 사고와 정교한 사고도 둘 다 선택할 수 있다.

♦   지원은 다양한 형태로 찾아온다

앨리샤는 상담 도중에 또 졸기 시작했다. 나와 상담하다가 깜빡 졸았다면 그건 내 탓이 아니다. 난 앨리샤와 함께 그녀의 근황에 대해 얘기를 나눴고, 앨리샤는 육체적으로 많이 지쳤다고 솔직하게 말했다. 그녀는 얼마 전에 셋째 아이를 낳았고 지난 달에 복직한 상태였다.

"여기에는 아기가 없잖아요. 아무도 날 필요로 하지 않아요." 앨리샤는 눈을 감고 고개를 뒤로 젖혔다. "난 이 소파가 너무 좋아요. 이 소파를 갖고 싶네요." 난 웃었지만 그녀는 웃지 않았다. 앨리샤는 고개를 뒤로 젖힌 채로 눈을 감았다. 그때 그녀의 손이 내 시선을 끌었다. 그녀의 몸 옆에 가만히 놓인 손을 보자 담요를 덮어주고 싶어졌다.

상담 시간이 20분쯤 남았을 때 이렇게 말했다. "얘기를 들어보니 정말 잠을 좀 자야 할 것 같네요. 당신이 쉴 수 있도록 이 방 커튼을 치고 난 대기실에 있다가 30분 뒤에 돌아오면 도움이 될까요? 다음 상담이 시작되기 전에 15분 정도 여유가 있어요. 당신이 여기 있는 동안 난 밖에서 상담 노트를 작성할게요. 그러면 시간을 유용하게 쓸 수 있으니까요. 다른 사람은 아무도 들어오지 못하게 할게요."

앨리샤는 뭐라 형용할 수 없는 표정을 지었다. "정말요? 네, 그럴게요." 그녀가 말했다. 커튼을 치려고 일어섰다가 돌아서보니 앨리샤는 이미 눈을 감고 누워 있었다. 그녀에게 내 소파에 누울 때는 신발을 벗으라고 속삭여야 할지 잠시 고민했지만, 심호흡을 하고 그냥 내버려뒀다. 그리고 살그머니 방에서 빠져나왔다가 30분 뒤에 내 사무실 문을 두드렸다.

다음 상담 시간에도 앨리샤는 문진 과정을 얼른 끝내려고 대답을 빨리빨리 해치웠다. "난 괜찮아요. 모든 게 좋아요. 정말 감사해요. 오늘도 또 잠을 자도 될까요?" 그 다음 상담부터는 문진 과정은 점점 더 간략해졌고, 마친 다음 낮잠을 자는 것으로 구성되었다.

앨리샤에게 상담 시간에 잠을 자라고 권하는 것이 맞을까? 나는 단

기적으로는 이게 내가 제공할 수 있는 가장 도움이 되는 방법이라고 판단했다. 물론 그녀가 내 사무실이 아닌 다른 곳에서도 잠자는 시간을 늘려야 하겠지만, 직장에 복귀해서 유축기로 모유를 짜고, 여전히 하혈을 하고, 다른 어린 자녀를 돌보고, 산후의 호르몬 문제에 대처하느라 너무나 힘든 시간을 보낸 그녀에게는 휴식이 필요했다.

그 수면 상담 때문에 내가 예전에 했던 업무가 떠올랐다. 그때는 상담 시간 대부분을 주거지 마련, 푸드 뱅크 등록, 이력서 준비 등에 사용했다. 종합적인 정신 건강 지원은 역동적이고 다면적이며 고도로 개별화되어 있다. 당신의 생각과 감정을 정리하는 것도 중요하다. 하지만 때로는 정신 건강을 위해 할 수 있는 최선의 일이 당신이 기대하는 것과 다를 수 있다.

나는 수많은 상담 시간 동안 구직 활동을 지원하고, 힘든 이별을 겪은 사람들을 위로하고, 자기소개서를 검토하고, 예기치 않게 연로한 가족을 돌보게 된 이들이 갑자기 혼란스러워진 공간을 정리하는 걸 돕기 위해 가정 방문도 했다. 각자의 삶에는 너무나 많은 일들이 일어난다. 상담 치료는 정신 건강 지원을 받기 위한 하나의 방법일 뿐, 유일무이한 방법이 아니다.

정신 건강을 돌보는 건 식사와 같아서 매일 빼먹지 말고 해야 한다. 일요일에 실컷 먹는다고 해서 일주일 내내 식욕이 가라앉을 거라고 기대할 수 없듯이, 일주일에 1번 45분씩 상담을 받는 것만으로는 정신 건강에 대한 욕구를 모두 충족시킬 수 없다. 다음은 보다 탄력적인 정신 건강 지원을 통해 자신과 타인의 기분을 조절할 수 있는 6가지 구체적인 방법이다.

실질적인 지원

우울감이 발생하면 모든 게 힘들게 느껴진다. 메신저 답장을 보내는 것도 힘들다. 잠드는 것도 힘들다. 일어나는 것도 힘들다. 양치나 세수처럼 간단한 루틴도 지키기 어렵다.

우리는 힘든 순간 다른 사람에게 다가가는 걸 피한다. '그들이 무슨 말을 해야 내 기분이 좋아질까? 그런 건 없어'라고 생각하기 때문이다. 그리고 아마 그건 현재로서는 사실이다. 누가 무슨 말을 해도 일어난 일이나 당신의 감정을 바꿀 수는 없다. 하지만 누군가가 당신에게 감정적인 지원을 해줄 수 없다고 해서 당신 집에 와서 설거지도 못 해주는 건 아니다.

실질적인 지원은 실용적인 도움이다. 일주일에 2번씩 들러 개를 산책시켜 주겠다고 약속하는 것, 목요일마다 몸에 좋은 저녁 식사를 갖다 주는 것, 토요일마다 같은 시간대에 3시간씩 아이를 봐주는 것, 물이 새는 위층 화장실을 고쳐줄 배관공을 찾아서 예약해주는 것. 이런 건 다른 사람들이 당신에게 제공할 수 있는 실질적인 지원의 예다.

사람들은 당신을 도와주고 싶어 한다. 그들이 "내가 할 수 있는 일이 있으면 알려줘."라고 말하면 알려주자. 실질적인 지원, 특히 일정이 정해져 있는 한결같은 지원은 당신의 정신 건강에 매우 효과적이다. 당신이 공동체의 일원일 때는 실질적인 지원이 자연스럽게 펼쳐지지만, 우리가 사는 화려한 현대 세계에서는 공동체가 얻기 힘든 사치처럼 느껴질 수 있다.

지금 당신에게 적극적으로 다가오는 이들이 없다고 해서 슬퍼할 필요는 없다. 당신만 그런 게 아니니까. 스스로 먼저 지원을 요청하는 것도 불편하겠지만, 오랜 시간 단절되고 갇힌 느낌을 받으면서 이 소중한 삶을 살아가는 게 더 불편하지 않을까?

다른 사람들의 관대함에 의존할 수도 있고, 지원에 대한 대가를 지불할 수도 있다. 지속적으로 실질적인 지원을 받을 수 있도록 스스로 감당할 수 있을 만큼의 돈을 투자하자. 매주 집 청소 업체를 부르고, 반려동물을 돌보고 싶어 하는 이웃 아이들이 있는지 알아보고, 세탁물은 세탁소에 보내서 해결하자.

모든 게 항상 감정과 관련될 필요는 없다. 가끔 나는 내 기분을 찬찬히 들여다보는 건 고사하고 기분이 어떤지 생각할 여유조차 없다. 그런 순간에는 건강에 좋은 저녁식사와 깨끗한 침구가 큰 도움이 된다.

정서적 지원

치료 앱, 신뢰할 수 있는 친구와의 솔직한 대화 등 정서적 지원에는 자신의 감정을 안전하게 토로할 수 있는 모든 배출구가 포함된다. 가격이 너무 비싸거나 시간이 없어서 상담 치료를 받을 수 없다고 생각하는가? 이런 사람들은 도움을 주려는 의욕이 매우 높다. 대부분의 상담 치료사들은 차등 요금제와 내담자들의 업무 일정에 맞는 상담 시간을 제공한다. 상담받고 싶은 치료사에게 혹시 차등 요금제를 적용하고 있는지, 아니면 그런 요금제가 마련되어 있는 괜찮은 상담 치료사나 치료 센터를 아는지 물어보는 건 아주 좋은 생각이다.

신체적 지원

예전에 내 상담사가 움직임이 신경계를 변화시킨다는 사실을 알려준 준 적이 있다. 난 자세히 캐물었다.

"어떤 움직임이요? 태극권 같은 거 말인가요? 무슨 얘기인지 잘 모르겠어요."

"모든 움직임이요."

간단한 스트레칭만 해도 엔도르핀이 분비되는 것은 사실이다. 그리고 걷기는 거의 기적의 영약 같은 수준에 가깝다. 신체 활동, 호흡 연습, 걷기 클럽, 스포츠 모임, 요가, 자전거 타기 같은 일반적인 신체 활동은 정신 건강을 지원하는 좋은 방법이다. 네프 박사의 지지적 접촉 기술처럼 정신 건강을 지원하기 위해 특별히 고안된 신체 활동도 있다.

네프의 설명에 따르면, 지지적 접촉은 기분이 나쁠 때 자신을 돌보고 위로할 수 있는 손쉬운 방법이다. 이런 접촉은 케어 시스템과 부교감 신경계를 활성화시켜서 마음을 진정시키고 안전함을 느끼도록 도와준다. 처음에는 어색하거나 민망할 수도 있지만 당신의 몸은 그걸 알아차리지 못한다. 우리 피부는 믿을 수 없을 정도로 민감한 기관이다. 연구에 따르면 신체적 접촉은 옥시토신을 방출하고, 안정감을 제공하며, 괴로운 감정을 달래주고, 심혈관계 스트레스를 진정시킨다. 그러니 한번 시도해 보도록 하자.

- 손과 심장을 연결하는 기술: 손을 가슴 위에 올려놓는다. 깊게 숨을 들이쉰다. 계속 숨을 깊게 들이쉬면서 가능하면 심장 박동을 느껴보자.
- 손과 팔을 연결하는 기술: 평소 자주 쓰는 손을 반대편 팔의 어깨와 팔꿈치 사이에 올려놓는다. 손을 위아래로 쓸면서 신체적 안정을 느껴보자.

재정적 지원

이건 민감한 영역이다. 때로는 우리가 위기를 극복하고 안정감을 느끼려면 돈이 필요하다. 금전적인 도움을 청할 때는 민망함이 기하급수적으로 커진다. 그런가 하면, 돈을 제공하는 게 쉽게 빠져나갈 길을 찾는 것이라는 느낌도 든다. 진정한 도움을 제공하지 않는다고 생각할 수도 있다. 어쩌면 역기능적인 행동을 가능케 해서 상황을 더 악화시키고 있는 건 아닐까?

당신이 주는 돈 때문에 어떤 사람이 자기 문제에 갇혀 있기가 더 쉬워진다면, 그에게 반복적으로 돈을 주는 건 전혀 도움이 되지 않는 행동이다. 물론 사람마다 상황은 다르지만, 살면서 돈을 요구하고 재정적인 지원을 받는 게 우리가 할 수 있는 가장 건강하고 강력한 일 중 하나일 때가 있다. 마찬가지로, 나는 돈을 주는 건 진정한 도움 제공을 회피하는 게 아니라 관대하고 즉각적인 지원 방법이라고 확신한다. 물론 모든 상황을 일반화하는 건 아니다.

기본적인 생필품 외에도 우리는 가끔 새 셔츠가 필요하다. 또 집안 분위기를 밝혀줄 색색의 화분도 필요하고 가끔 친구와 밤에 외출할 때도 있다. 그건 꼭 있어야 하는 필수품일까? 아니다. 정신 건강 증진을 위해 소비를 늘리자는 얘기일까? 아니다.

내 말은 경제적 특권을 가진 이들의 숨통을 터주는 소소한 것들이 우리 모두에게 필요하다는 것이다. 그런 소소한 것들에는 매우 중요한 뭔가가 있다. 재정적 스트레스와 정신 건강은 불가분의 관계에 있다. 이런 상황에서는 일반화라는 말이 짜증스럽게 들리겠지만, 돈을 요구하고 또 제공하는 것을 우리 자신과 다른 이들의 정신 건강 지원에 도움이 되는 멋진 방법으로 일반화하자. 자동차 대금이나 생리대 같은 생존 필수품뿐만 아니라 사치품도 마찬가지다.

다른 사람들이 우리를 쉽게 지원할 수 있게 하는 방법 하나는 그 돈이 우리 스트레스를 관리하는 데 어떤 도움이 되는지 구체적으로 말하는 것이다. 당신은 요청할 수 있고, 상대방은 거절할 수 있다는 걸 기억하자.

공동체 지원

소속감은 정신 건강의 가장 중요한 특징이다. 우리는 공동체가 필요하다. 화려하거나 공식적인 명칭을 붙이거나 강령을 발표할 필요는 없다. 공동체는 사람과의 연결을 위한 초대로 시작된다. 공동체는 자신에게 의미 있는 방식으로 꾸준히 주고받을 수 있는 모든 공간이다. 세 사람이 참여하는 그룹 채팅, 자기가 가입한 뉴스레터, 반려견 공원의 단골 손님들, 인스타그램 맞팔로도 공동체가 될 수 있다.

교회나 초보 엄마 클럽 같은 좀 더 공식적인 공동체 환경에는 그곳만의 장점이 있을까? 물론이다. 유연성이 뛰어나거나 모호하거나 익명이거나 전통적이지 않은 공동체와 관계를 맺는 것도 좋다. 옵션이 여러 개 존재한다고 해서 반드시 그중 하나만 선택해야 하는 건 아니다. 원하는 만큼 많은 공동체에 참여하자.

공동체를 통해 모든 세상과 연결될 수 있다. 진정한 연결은 1년에 1번만 맺는다고 하더라도 그것만으로도 대단한 일이다. 그 한 사람이 완전히 다른 공동체에 속하면 새로운 사람, 새로운 정보, 탐험할 새로운 장소, 맛있는 음식과 변혁적인 책에 대한 새로운 추천, 상황을 바라보는 대안적인 방법으로 가득 차게 된다. 하지만 무엇보다 중요한 건 연결이다. 공동체의 지원과 상호 의존에 참여하는 것은 정신 건강을 돌보는 가장 좋은 방법 중 하나다.

정보 지원

여기에는 당신이 시작하려는 일을 이미 해봤거나 특정한 상황에 대해 명확한 정보를 제공할 수 있는 사람들과의 연결이 포함된다. 정보 지원은 또 어떤 주제에 대한 책을 읽거나 온라인 강좌를 듣는 것 같은 독자적인 학습을 통해서도 얻을 수 있다. 당신이 연결된 정보원이 사람인 경우, 그들이 감정적으로 지지해줘야 할 필요성에 대한 강조가 줄어든다. 몇 가지 예를 살펴보자.

- 난자를 냉동시키고 싶은데 그 과정을 자세히 알고 싶어서 인공 수정 전문가와 약속을 잡는다. 또 친구에게 작년에 난자를 냉동시킨 직장 동료를 소개해 달라고 부탁한다.
- 이혼을 고려 중이라서 이혼에 대해 더 자세히 이해하기 위해 이혼 전문 변호사나 조정관을 만난다.
- 교사로 이직하는 것에 관심이 있어서, 주변 사람들에게 이메일을 보내 현재 교사로 일하는 사람들과 연결해 달라고 부탁한다.
- 자기주장을 더 잘 하고 싶어서 자기주장 기술을 가르쳐주는 책을 구입한다.

당신이 상담 치료를 받고 있다면 물론 치료사와 체외수정, 이혼, 교사로의 직업 전환 등에 대해 이야기할 수 있다. 하지만 치료사는 그런 과정에 대한 직접적인 지식이 없을 테고, 만약 알고 있다고 하더라도 그냥

한 사람의 관점일 뿐이다.

정신 건강에 어려움을 겪고 있더라도 자신에게 문제가 있기 때문이라고 생각하지 말자. 필요한 지원을 얻지 못했기 때문이라고 가정하자. 상담 치료를 받는다고 해서 모든 요구가 충족되지는 않을 것이다. 어떤 일을 하나 한다고 해서 모든 요구가 충족되는 건 아니다. 지원은 다채로운 형태로 제공된다는 걸 기억하자. 자기에게 어떤 지원이 필요한지 파악하고 그걸 얻기 위해 최선을 다하자.

정확하게 필요한 지원을 받는 것도 항상 가능한 일은 아니다. 그렇다고 해서 지원받는 걸 포기해선 안 된다. 지원은 합산되는 게 아니다. 복합적으로 합성된다. 가능한 지원을 모두 받아서 그걸 발판으로 삼자.

지금쯤이면 문제가 해결되었어야 한다는 생각 때문에 지원과의 연결을 거부해서는 안 된다. 당신은 어떤 일을 아주 잘하고, 어떤 일에는 뛰어나고, 그 일을 좋아하고, 자기가 뭘 해야 하는지도 다 알고 있지만, 여전히 힘든 부분도 있을 것이다.

인간은 평생 지원과 연결이 필요하다. 일이 잘 풀리고 있을 때도 마찬가지다. 자기가 뭘 해야 하는지 이미 알고 있을 때도 마찬가지다. 잘하고 있을 때 지원을 받으면 발전을 지속하는 데 도움이 된다. 진보와 성장은 제쳐두더라도, 의자에 앉아 발을 톡톡 두드리는 데 이유가 필요 없는 것처럼 지원과 연결을 맺을 때도 이유 같은 건 필요없다. 융통성은 정신 건강의 초석이라는 말이 있다. 그렇다면 우리가 얻거나 제공하는 정신 건강 지원과 관련해서도 융통성을 발휘하는 게 당연하다.

◆ '좋거나 나쁨'을 '다름'으로 바꿔라

우리 가족은 매년 여름마다 캐롤라이나 비치라는 작은 해변 마을에서 시간을 보낸다. 딸과 나는 거의 매일 아침 아이스 아메리카노와 사과주스를 들고, 맨발로 모래투성이 판자 길을 걷곤 한다. 그 길가에는 아침 일찍부터 문을 여는 서핑 상점이 있는데 우리는 그곳에 들르는 걸 좋아한다.

우리가 들어가면 계산대 뒤에 있는 클린트라는 사람이 파도 모양의 커다란 파란색 그릇을 향해 고개를 까닥거린다. 그 그릇에는 사탕이 가득 담겨 있다. 그는 "드세요, 그러라고 있는 거니까."라고 말한다. 사탕은 녹았다가 다시 굳기를 여러 번 반복한 상태이기 때문에 포장지가 찐득하게 달라붙어서 깔끔하게 벗겨낼 수가 없다. 그래도 우리는 그냥 먹는다.

그리고 10분 정도 가게 앞에 앉아 느긋하게 시간을 보낸다. 가게 뒤쪽에는 클린트가 만든 소라게들의 집이 있다. 소라게는 관리를 아주 잘 해줘야 하는 생물이다. 클린트는 소라게를 키우기 쉬운 반려동물이라고 잘못 생각한 주인들에게서 소라게를 구해준다. 그는 나무를 이용해서 소라게들에게 작은 가구도 만들어줬다. 수족관 하나의 유리 위에는 멋진 손글씨로 '소라게 부동산 회사'라고 쓴 표지판이 달려 있다. 클린트는 소라게 주택 시장이 번창하지 않는 이유를 모르겠다며 매번 같은 농담을 한다. 그는 자기가 한 농담에 진심으로 웃는데, 내가 보기에 그건 정말 훌륭하다. 캐롤라이나 비치는 이렇게 훌륭한 사람들로 가득하다.

판자길 너머에서는 야시장이 열리고 있다. 규모는 작지만 꽤 괜찮다. 매일 점심에는 남편이 갓 잡은 생선을 완벽하게 구워준다. 밤에는 아무도 없는 해변의 모래밭을 혼자 독차지한다. 새까만 물에 반사되는 화려한 달빛과 파도가 부서지는 멋진 소리만 들린다.

일주일 내내 우리 몸에서는 코코넛 향 자외선 차단제, 모닥불 연기, 바다 냄새가 뒤섞여 난다. 여름 휴가를 보내는 데 캐롤라이나의 해안보다 더 좋은 곳은 없다. 정말 완벽한 곳이다. 내가 왜 이런 얘기를 하는지 궁금한가? 캐롤라이나 비치는 세계 최고의 여행지가 아니지만 내게는 그렇기 때문이다. 캐롤라이나 비치는 파리 같은 도시와 절대 비교 대상이 될 수 없다고 말할 사람들이 많을 테다. 하지만 그들이 간과하는 사실은, 파리도 결코 캐롤라이나 비치와 비교할 수 없다는 것이다.

우리 마음은 자동으로 등급을 나눈다. 더 좋고 나쁜 것을 따지는 사고방식에서 벗어나 다름을 인정하는 사고방식을 갖자. 자신을 다른 사람과 비교하는 건 부적응적인 에너지 낭비다. 한 인간으로서의 당신은 자기 자신에게 전 세계 도시와 마찬가지다. 당신은 너무 역동적이어서 다른 사람과 자신을 비교해서 평가할 수 없고, 그렇게 할 때마다 본인에게 해를 끼치게 된다. 당신은 모든 이들의 마음에 들 수는 없겠지만 그렇다고 해서 변화가 필요한 건 아니다.

우리는 무의식중에 남들과 자신을 비교한다. 난 그녀만큼 똑똑하지 않아서 그녀가 하는 일을 절대 할 수 없어. 난 그들만큼 멋지지 않으니까 절대 그들을 따라갈 수 없어. 난 무대에 오르는 다른 사람들처럼 재미있지 않아서 절대 무대에 오를 수 없어.

이렇게 스스로 정해놓은 상한선은 일종의 통제 전술이다. 상처받기 쉬운 취약한 부분을 통제하려는 것이다. 하지만 당신이 선택되었는지 아닌지, 최고로 여겨지는지 아닌지, 괜찮다고 여겨지는지 아닌지에는 너무나 많은 주관성이 작용한다. 중요한 건 당신이 본인의 가치관에 따라 살고 있다는 것이다. 다른 사람들과 자신을 비교하는 건 아무 의미도 없다. 다른 사람의 사적인 세계에서는 무슨 일이 일어나고 있는지 모르기 때문이다. 또 당신과 정확히 똑같은 가치관을 가진 사람은 아무도 없다.

힘을 행사하는 것은 자신의 세계를 작게 유지하고 싶어 하는 자아의 일부분에게 다음과 같은 메시지를 연민 어린 태도로 전달하는 것이다. 온전한 자신이 되지 못하는 것은 추락보다 더 나를 아프게 한다.

당신이 하고 싶은 게 무엇이든, 나가서 그 일을 하자. 다른 사람이 했던 것과 똑같은 방식으로 하지는 않을 테고, 그것 때문에 그 일이 소중해진다. 파리가 결코 캐롤라이나 비치가 될 수 없다는 건 불행한 일이 아니다. 파리는 파리다. 캐롤라이나 비치가 결코 파리가 될 수 없다는 것도 불행한 일은 아니다. 캐롤라이나 비치는 캐롤라이나 비치다. 하나 불행한 일이 있다면, 한 도시가 다른 도시와 비슷해지려고 노력할 경우 원래의 모습이 줄어든다는 것이다.

난 당신의 아침 일과에 대해 전혀 모른다. 커피? 차? 알람 중단 버튼? 나처럼 아침을 거르는가? 내가 확신할 수 있는 건 잠에서 깬 뒤 어느 정도 시간이 흐르면 정서 예측이라는 심리 활동을 하게 된다는 것이다.

정서 예측은 심령술사 노릇을 하면서 미래의 감정을 예측하는 것인데, 우리가 매일 하는 일이다. 예를 들어, 토요일 아침에는 하루 종일 편안한 기분을 느낄 거라고 예측할 수 있다. 중요한 프레젠테이션이 있는 날에는 프레젠테이션이 끝나면 마음이 놓일 거라고 예상할 수 있다.

정서 예측과 관련해서 알아둬야 하는 중요한 사실은 그 예측이 지금 살아가고 있는 나날을 넘어 미래에 벌어질 사건에 대한 인식으로까지 확장된다는 것이다.

예를 들어, 2달 뒤에 휴가를 떠난다면 그 휴가가 즐거울 거라고 예측할 수 있다. 지금 책상 앞에 앉아 특별히 즐거운 경험을 하고 있지 않더라도, 미래 상태에 대한 감정적 예측이 그 순간 행복한 감정을 만들어 낸다. 연구계에서는 미래 사건에 대한 긍정적인 결과 예측에 기반한 행복을 예기적 즐거움, 또는 예기적 기쁨이라고 한다. 반대로, 당신이 미래의 어떤 사건에서 부정적인 감정을 경험할 거라고 예측한다면, 그 순간 스트레스가 심한 일에 적극적으로 참여하고 있지 않더라도 예측 때문에 스트레스를 느낄 것이다. 미래의 스트레스에 대한 예측을 기반으로 스트레스를 느끼는 것을 예기적 불안이라고 한다.

예기적 기쁨과 예기적 불안은 강력한 힘을 발휘한다. 예상의 정서적 방향은 뇌의 신경 메커니즘이 작동하는 방식에 영향을 미칠 뿐만 아니라 기억, 동기, 사회적 불안, 계획 및 해당하는 감정 상태에까지 영향을 미치는 것으로 나타났다. 실비아 벨레자Silvia Bellezza 박사와 마넬 바우셀Manel Baucells 박사는 "예상은 기쁨과 고통의 매우 중요한 원천이다."라는 말로 예상의 힘을 간단명료하게 설명한다.

벨레자와 바우셀은 예상이 가진 힘을 연구할 때 예상뿐만 아니라 사건 자체와 그 사건에 대한 회상이 다 합쳐져서 경험의 '총효용'을 구성한다는 것에 주목했다. 다시 말해, 행복은 예상Event, 사건Anticipation, 회상Recall의 3단계로 경험된다는 것인데 이를 실비아 벨레자와 마넬 바우셀의 AER 모델이라고 한다.

우리는 주로 사건 자체에 행복이 존재한다고 생각하지만, 그 사건을 예상하거나 기억하는 데서도 많은 행복을 추출할 수 있다. 예상은 웰빙을 위한 중요한 고려사항이다. 왜냐하면 인생에서 벌어지는 사건에 직접 참여하는 시간보다 그걸 예상하면서 보내는 시간이 더 많기 때문이다.

닷새 동안 데이트를 기대했는데 데이트 자체는 3시간 동안 지속된다. 몇 달 전부터 휴가를 기대하지만 휴가 자체는 일주일 동안 지속된다. 영화, 식사, 키스, 직장 보너스, 친구들과의 모임, 토요일 아침 등을 즐겁게 예상할 수 있는 능력이 사라진다면 삶의 질이 어떻게 달라질까?

행동경제학자이자 유명 심리학자인 대니얼 카너먼Daniel Kahneman

박사는 2010년에 '경험과 기억의 수수께끼'라는 제목의 TED 강연을 진행하다가, "휴가에 대한 기억이 지워진다면 어떤 휴가를 계획할 것인가?"라는 질문을 청중들에게 던졌다.

행복했던 일을 마음대로 기억하는 능력도 웰빙의 두드러진 측면이다. 추억의 단서를 만들거나 다른 사람들과 즐거운 시간을 이야기하거나 개인적으로 회상할 수도 있다. 그 사건이 계속 이어지지 않아도 거기에서 계속 즐거움을 얻을 수 있다. AER 모델은 스트레스에 대해서도 동일한 방식으로 작동한다. 우리는 하기 싫은 일을 하겠다고 동의한 것을 정당화하기 위해 AER 모델의 사건 측면은 지나치게 강조하면서 다른 2단계의 영향은 최소화하곤 한다.

예를 들어, 정말 만나고 싶지 않은 사람과 커피를 마시기로 한 걸 정당화하기 위해 "딱 30분만 있다가 일어설 거야." 같은 말을 한다. 하지만 실제로는 30분이 다가 아니다. 그 30분의 만남이 있기 전 일주일 동안 겪은 예기적 불안, 30분간의 만남 자체, 그리고 자리에 앉자마자 얼마나 짜증이 나고 화가 났는지에 대한 부정적인 기억도 포함해야 한다.

참석하고 싶지 않은 행사에 참석하기로 한 경우에는 잡담을 나누면서 마시는 간단한 음료도, 짧은 강연도, 짧은 회의도 다 귀찮기만 하다.

부정적인 사건에 대한 예상은 눈에 띄는 영향을 미칠 수 있다. 작가이자 심리학자인 라마니 두르바술라Ramani Durvasula 박사의 말에 따르면, 상처받을 것이라는 위기감과 실제로 상처받는 것을 똑같은 방식으로 경험하는 경우가 많다고 한다. 아무 일도 일어나지 않았는데도 괴로움을 느끼는 것이다. 의도적인 계획과 회상을 통해서 AER 모델을 활용하면 긍정적인 사건의 즐거움을 확대할 수 있다. 인식 개선과 경계 구현을 통해 AER 모델을 활용하면 부정적인 사건과 관련된 고통을 최소화하거나 완전히 피할 수 있다.

♦   가벼운 게 오히려 더 무겁다

나는 상담실에 뛰어 들어와서 아주 큰 변화가 생겼다고 선언하는 내담자를 만날 때마다 손으로 치마주름을 펴면서 심호흡을 한다. 그들은 갑자기 문제를 극복한 것이 믿기지 않는다. 기분이 훨씬 가벼워졌고, 아주 손쉽게 심적인 변화가 생겼다. 그러면서 다시는 우울증에 빠지지 않을 것이라고 말한다.

성장의 지속 가능한 전략은 공격성이 아니라 미묘함이다. 점진주의(미약한 수준의 꾸준한 변화가 결국 큰 진전을 이룬다는 생각)는 미묘한 접근 방식의 한 예이다. 미묘함은 강력한 힘을 발휘하고, 감지되지 않을수록 더 효과적이다. 효과적인 미묘함처럼 효과적인 치유도 감지되지 않은 채로 진행된다. 치유는 크고 거창하기보다 조용하게 이루어지는 경우가 많다. 실시간으로 치유가 너무 느려 정당한 성장으로 깨닫기 힘들 정도다. 나중에 생각해보면 거기에 진보의 신호가 있었다는 걸 알 수 있다.

치유는 매일매일 진행되는 일련의 작은 진화다. 자신 외에는 목격

자가 없는 순간에 가장 자주 드러난다. 이 아무것도 아닌 보이지 않는 순간에 마법이 일어난다. 치유는 머릿속에서 묵묵히 이루어지는 솔직한 인정이다. 치유는 손에 휴대폰을 쥐고 잠드는 게 아니라 휴식을 위해 휴대폰을 내려놓는 것이다. 웃고 싶지 않을 때는 웃지 않는 것이다. 물을 마시지 않던 사람이 물 반 잔을 마시는 것이다. 3일 동안 무감각하게 지내기보다 10분이라도 자기감정을 느끼는 것이다. 싱크대에 쌓인 설거지를 하는 것도 치유다. 영화를 보면서 마음껏 우는 것도 치유다. 당신이 가장 진실한 자아를 대신해서 하는 모든 것이 치유다.

치유를 위해서는 엄청나게 많은 일을 해야 하지만, 그 일을 같은 강도로 경험할 필요는 없다. 치유를 준비하기 위해 동기 부여, 충동 조절, 지원, 취약성, 자기 연민 같은 것들이 모두 완벽하게 준비될 필요도 없다.

치유에 필요한 것은 작은 문제에 완벽하게 접근하는 게 아니라 일관성 있게 접근하는 태도이다. 치유에는 작은 문제의 무게가 훨씬 더 무겁다. 점진주의는 급진적인 자기애, 급진적인 용서, 급진적인 자기 관리, 기타 급진적인 모든 것 등 현재 웰빙 분야를 포화시키는 급진적인 추세와 반대된다. 급진적인 접근은 극단적인 접근이다. 치유에 급진적으로 접근하는 것은 극단적인 완벽주의자에게 이상적으로 보일 수도 있지만, 대부분 그 반대라는 사실이 입증된다.

급진적 치유의 개념은 거기에 급진적 결과를 기대하는 완벽주의자들에게는 위험하다. 만약 결과에 어울리는 선형적인 방식으로 긍정적인 결과를 얻지 못한다면 결국 완벽주의자들은 급진적인 실패를 겪은 것처럼 느낀다. 급진적인 접근 방식은 많은 사람에게 도움이 되지만, 그건 무수히 많은 치유 방법 가운데 하나일 뿐이라는 것을 명심하자.

급진적인 건 뭐든지 대담해 보인다. 멋진 사람들이 하는 일 같다. 반면 점진주의는 스릴도 없고 트렌디하지도 않고 다른 사람들에게 얘기할 만큼 흥미롭지도 않다. 심지어 대개의 경우 눈에 띄지도 않는다. 하지만 점진주의는 조금씩, 느리지만 확실하게 진행되는 장점이 있다. 그럼에도 점진주의는 매우 효과적이라는 점을 제외하면 사람들을 설득하기 힘들다.

치유 과정은 지루한 것도 있지만, 아무도 그 얘기를 하지 않는다는 점을 주목해야 한다. 우리는 지루함 속에서 지름길을 찾지만, 나는 실생활에서 효과적인 치유의 지름길을 택하는 사람을 본 적이 없다. 당신은 본 적 있는가? 흔히 식상하게들 말하는 것처럼, 꾸준히 하는 게 지름길이다.

◆ 　　　　　　　고난과 도전의 차이는 연결이다

어려움을 겪는 것과 도전에 맞서는 것의 차이는 작업에 참여할 때 받는 지원의 양에 달려 있다. 하는 방법도 모르는 일에 대처해야 할 때, 그래도 지침이 있고 누군가가 이해해 준다고 느끼면 그건 도전이다. 반면 지침도 없고 아무도 이해해주지 않는다고 느낀다면 그건 고난이다. 도전의 경우, 어려운 일을 하더라도 타인과 연결되어 있기 때문에 활력이 생긴다. 연결은 에너지를 만든다.

고난을 겪을 때는 고립되어 있기 때문에 지친다. 고립은 에너지를 고갈시킨다. 고립되는 건 위험하다. 고립되는 것과 혼자 있는 건 다르다. 후자는 안전한 상태일 수도 있다. 지적, 창의적, 신체적, 영적, 정서적 배양의 한 형태로서 이를 통해 회복되고 활력을 얻을 가능성도 있다는 얘기다. 반면 고립되는 건 결코 안전하지 않다.

고립되면 그 사실을 알든 모르든 안전하다고 느껴지지 않는다. 내담자들은 종종 "아뇨, 안전하다고 느끼는데요. 혼자 있으면 아무도 날해칠 수 없으니까요."라면서 이 말에 반박한다. '위험이 적다'라고 느끼는 건 안전하다는 느낌과 별개다. 안전을 위해서는 연결이 필요하다. 고립되어 안전하지 않다고 느낄 때는 방어적인 자세에서 모든 결정을 내리게 된다. 결과적으로 당신이 내린 결정은 진실하고 안전한 완벽한 자아를 반영하는 게 아니라 두려움을 반영한다.

어떤 시련이 당신을 죽이지는 않더라도 기억이 붕괴될 정도로 심한 트라우마를 남길 수도 있다. 죽지는 않았지만 중독에 빠질 수도 있다. 죽지는 않았지만 그 압도적인 시련을 어떻게 다뤄야 할지 모르는 탓에 자기 자녀를 신체적, 정서적으로 학대할 수도 있다. 고난은 회복력을 보장해주지 않는다. 당신을 더 강하게 만든 것은 당신에게 일어난 끔찍한 일이 아니라 그 끔찍한 일에 대처하기 위해 익힌 회복력 향상 기술이다. 당신을 죽이지 못한 시련을 통해서 더 강해질 수도 있지만, 이는 자신의 감정을 느끼고, 경험을 처리하고, 주변의 보호 요소를 활용하는 경우에만 가능하다. 지원은 단순히 정보나 도움을 주고받는 게 아니다. 지원은 연결을 주고받는 것이다.

심리학은 병적인 독립체가 고통받는 방식을 살펴보기보다는 우리가 상호의존적인 공동체로서 번영하는 방식을 조사할 것이다. 이제 이 분야에서는 "뭐가 문제냐?"고 묻는 대신 "어떻게 하면 서로 잘 연결될 수 있을까?"를 묻게 될 것이다. 이 분야가 후자의 질문을 던지는 이유는 고난은 회복력을 자동으로 키워주지 않지만, 연결은 자동으로 키워준다는 사실이 밝혀졌기 때문이다.

오프라 윈프리와 정신과 의사 브루스 D. 페리Bruce D. Perry가《당신에게 무슨 일이 있었나요?》에서 지적했듯이, 연결은 고통이 아니라 회복력을 구축한다. 연결은 페리 박사가 말한 트라우마와 스트레스에 대한 '완충 능력'을 제공한다. 페리의 연구에서 가장 중요한 발견 중 하나는 관계적 건강이 우리가 겪은 역경보다 정신 건강을 예측하는 능력이 뛰어나다는 것이다. 페리는 관계적 건강을 다음과 같이 정의한다. 본질적으로 연결성, 즉 가족, 지역사회, 문화권과 맺은 연결의 성격, 질, 양을 가리킨다.

페리의 말은 행복하고 번성할 수 있는 능력에 대한 마지막 결정권을 쥐고 있는 건 과거에 얼마나 엉망진창으로 살았느냐가 아니다. 지금 당신이 자기 삶에 구축하고 있는 연결의 질이라는 것이다. 연결은 정신 건강의 최고 결정권자다. 연결이 끊어지면 치유도 성장도 불가능하다.

무감각하고 쇠약해질 뿐이다. 연결은 당신에게 저절로 일어나는 일이 아니라 당신이 선택하는 것이다.

우리는 평생 동안 예상치 못한 도전과 자기가 선택한 도전을 마주한다. 행복을 추구하는 완벽주의자라면 다른 방법이 없을 것이다. 도전은 불가피하지만 고난은 그럴 필요가 없다.

내가 싫어하는 말 중에 "신은 우리가 감당할 수 있는 것 이상의 시련을 주지 않는다."라는 말이 있다. 이 진부한 말이 사실도 아니라면? 신, 생명, 우주, 지적 설계자 등 주어가 뭐가 됐건 이건 적절치 않은 표현이다. 어쩌면 인생은 우리가 감당할 수 있는 것보다 많은 시련을 주기 때문에 우리가 서로에게 손을 내밀어 연결을 맺는 것 외에는 달리 선택의 여지가 없을지도 모른다. 그렇지 않다면 연결이 쉽게 느껴지거나 순간적으로 기분이 좋을 때만 타인과 연결될 수도 있다. 아마 신은 우리가 힘을 합쳐서 감당할 수 있는 것 이상의 시련은 주지 않을지도 모른다.

◆　　　　　　　　　간단하다고 쉬운 건 아니다

인간은 간단한 걸 복잡하게 만드는 재능을 가지고 있다. 우리는 간단한 일을 구경거리로 만들곤 한다. 예를 들어, 듣는 건 간단한 행동이다. '듣다Listen'는 말을 멈춘다는 뜻의 '침묵Silent'과 철자 순서만 바뀐 단어다. 그런데 이걸 못 하는 사람들이 너무 많다.

배고프지 않을 때 먹지 않는 건 매우 간단한 일 아닌가? 또 구남친이 한밤중에 취한 상태로 형편없이 보낸 '뭐해?' 문자에 답하지 않는 건 간단한 일 아닌가? 시청할 프로그램을 고르는 것도 매우 간단한 일이다. TV 시청이라는 여유로운 행동에 스트레스를 받는 게 더 어렵지 않은가? 그런데 우리는 그 어려운 일을 해낸다.

더 나은 삶을 살려면 뭘 해야 하는지는 누구나 알고 있다. 그건 어려운 수수께끼가 아니다. 일찍 자고, 골고루 먹고, 좋은 사람들과 어울리고, 엘레베이터 대신 계단을 이용하면 된다. 몇 가지 간단한 일을 규칙적으로 하기 시작하면 자기 삶을 극적으로 바꿀 수 있다. 그런데 다들 그렇게 하지 않는다. 옳은 일을 하는 건 매우 간단하면서도 어렵다. 당신이 어떤 간단한 일을 시도하는데 어떻게 해야 할지 잘 모르겠다면, 그래도 상관없다. 누구에게나 하기 힘든 간단한 일이 여러 가지 있다. 간단하다고 해서 쉬운 건 아니다.

완벽주의자들은 복잡하고 야심찬 목표를 정하는 동시에 매우 기본적인 목표 몇 가지를 이루려고 노력하고 있다. 간단한 게 항상 쉬운 건 아니라는 사실을 잊어버리거나 애초부터 몰랐다면 당신은 왜 당신이 어려움을 겪고 있는지 전혀 이해하지 못한다. 간단한 일이니까 쉽게 할 수 있을 거라고 예상했을 것이다. 간단한 것과 쉬운 것을 혼동하면 간단한 일에 접근할 때 인내심이나 자기 연민을 많이 발휘하지 않게 된다. 간단한 일의 추가적인 예로는 이제 그만 자야 할 때 TV 끄기, 소리 지르지 않기, 크게 심호흡하기, 아이들과 노는 동안 휴대폰 내려놓기, 물 많이 마시기 등이 있다.

인내심이나 자기 연민을 발휘하지 않으면 간단한 일이 어렵게 느껴질 때 자기 처벌로 대응할 수 있다. 현재 상태가 만족스럽지 않기 때문에 가능했을지도 모르는 상황에 대한 역기능적인 사후 가정 사고에 빠진다. 그리고 가능했을지도 모르는 상황이 훨씬 매력적으로 보여 자기가 실패한 것처럼 느껴진다.

자기가 실패자처럼 느껴지니까 예전에 마음을 열고 받아들였던 모든 것들을 자기 손으로 망가뜨려도 된다고 생각한다. 잘못되고 실패한 자신의 끔찍한 삶에 그런 좋은 걸 끼워넣다니 말도 안 된다고 생각하기 때문이다. 이 모든 게 당신 머릿속에 있다.

간단한 일은 무조건 쉬워야 한다고 가정할 경우엔 어떨까. 본인이 쉽게 할 수 있는 간단한 일에 대해서 공로를 인정하지 않게 된다. 간단한 일도 쉽지만은 않다는 생각을 인정하면 자신에게 더 연민을 느끼게 될 뿐만 아니라 본인의 강점을 확인하는 데도 도움이 된다.

내 친구는 어린아이들이 몸에 좋은 음식을 먹도록 유도하는 데 매우 능하다. 친구의 접근 방식은 간단하고 쉬웠기 때문에 그녀는 오랫동안 자기 기술의 가치를 깨닫지 못했다. 논리가 아닌 아이들의 감각과 상상력에 호소하고, 아이들이 식탁 앞에 앉을 때 배가 고픈지 확인하고, 음식을 만드는 걸 도우면서 재미를 느끼도록 한 게 비법이다. 친구는 이웃들이 자기네 아이가 편식하지 않도록 도와달라고 간청하기 시작한 뒤에야 "나한테 아주 쉬운 일이 다른 이들에게는 어려울 수도 있구나."라는 걸 깨달았다.

완벽주의자는 자신의 타고난 장점을 활용하기보다 자신의 약점을 개선하는 데 집중한다. 완벽주의자는 "일단 나의 모든 약점을 강점으로 바꾸면 나는 가치 있는 사람이 될 것이다."라고 생각한다. 당신이 인간인 이상 약점이 있다. 웰빙은 자신의 약점을 없애는 방법을 알아내는 게 아니다. 강점을 극대화하는 데 에너지를 쏟을 수 있도록 약점을 받아들이는 것이다.

우리는 결핍의 관점에서 정신 건강을 바라보도록 훈련받았다. 나는 뭐가 잘못되었고, 어떻게 고칠 수 있을까? 그런 생각은 사라져 가고 있다. 지금으로부터 30년 뒤의 상담 치료는 무엇이 잘 되고 있고 그 이유는 무엇인지 탐구하는 데 초점을 맞출 것이다. 현장에서 강점 기반의 모델을 활용할 때까지 기다리지 말고, 먼저 다음 질문에 답해보자.

'당신이 손쉽게 제대로 할 수 있는 일은 무엇인가?', '그와 관련된 기술은 무엇인가?', '그 기술을 삶의 다른 영역에 적용한다면 어떻게 될까?' 항상 잘 되는 일이 있기 마련이다. 그걸 항상 잘하는 사람은 없지만 그보다 중요한 건 항상 잘못하는 사람도 없다는 것이다. 자신의 강점으로 관심을 돌리자.

하지만 통찰과 자기 인식을 얻는 건 어떤가? 어떻게 잠재력을 발휘하기 위해 노력할 수 있을까? 생산적인 자기 개선 요소는 수확 체감의 법칙을 고려한다. 자기 약점을 이해하는 것은 기본적인 통찰력만으로도 충분하다. 자기가 어떤 일을 잘하지 못하는 이유에 대한 뉘앙스를 파헤치는 건 필요한 일도 아니고 유용하지도 않다.

강점을 극대화하는 데 집중하면서, 동시에 약점을 관리할 수 있다. 자기가 잘하지 못하는 일에 진정한 열정을 품고 있다면 그건 약점이 있는 것과는 다르다. 그건 단지 당신이 초보자라는 걸 의미할 뿐이다. 열정을 품은 일을 하기 위한 기술을 개선하려고 할 때는 밀려나는 게 아니라 끌려가고 있기 때문에 에너지가 낭비되지 않는다. 완전히 다르다.

당신이 이미 가지고 있는 강점을 다듬자. 자기 재능에 많이 의지하면 잠재력을 폭발시킬 수 있다. 자기 재능을 무시하면서 단점만 분류하려고 하면 잠재력 폭발이 중단된다. 당신의 재능은 본인에게는 간단하고 쉬운 것들이다. 그런 재능은 우리에게 쉽게 다가오기 때문에 재능의 가치를 과소평가하게 된다. 이건 내가 새로운 내담자를 만날 때 나 자신에게 조용히 묻는 첫 번째 질문 중 하나다. "이 사람이 아주 자연스럽고 쉽게 잘해내서 그게 본인의 재능이라는 것조차 모르는 일은 뭘까?" 나는 지금껏 뭔가에 재능이 없는 사람은 만나본 적 없다. 당신은 간단한 일을 힘들어하는 자신에게 연민을 품을 수 있는 힘이 있다. 또 자기가 쉽게 할 수 있는 일에 재능이 있다는 사실을 인정할 수 있는 힘도 있다.

♦　　　　　시간 관리보다 에너지 관리가 중요하다

몇 년 전 〈하버드 비즈니스 리뷰〉에 게재된 캐서린 매카시Catherine McCarthy와 토니 슈워츠Tony Schwartz의 '시간이 아닌 에너지를 관리하라'라는 기사를 읽었다. 그리고 이것은 내 인생을 바꿔놓았다. 이 기사는 '우리는 시간 관리는 일을 완수하기 위한 최고의 열쇠로 여기면서 건강은 무시해서 에너지를 고갈시키고 있다'라고 주장했다. 매카시와 슈워츠는 성공의 열쇠는 시간 관리가 아니라 에너지 관리라고 지적했다.

시간 부족은 현대인의 가장 큰 불만이다. 다들 시간이 더 많았으면 좋겠다고들 말한다. 우리에게 시간이 더 있다면 가족과 더 많은 시간을 보내고, 규칙적으로 운동을 하고, 여행을 계획하고, 책을 쓰고, 몸에 좋은 식사를 준비하고, 잠을 보충하고, 직업을 바꾸고, 데이트를 시작할 수 있다.

당신은 필사적으로 15분의 여유 시간을 찾으려고 하는 게 아니다. 어젯밤에도 쓰레기 같은 TV 프로그램을 1시간이나 보고 그런 다음에는 인스타그램을 여기저기 헤매고 다녔다. 당신이 간절히 원하는 건 그런 일을 할 시간이 아니라 그런 일을 할 에너지다.

경제학자 센딜 멀레이너선Sendhil Mullainathan이 동료 케이티 밀크맨Katy Milkman과의 대화에서 이렇게 말했다. "시간이 부족하다'고 생각하는 사람들은 자기가 시간을 관리하고 있다고 생각하지만 실은 대역폭을 관리하고 있다. 대역폭은 시간과는 다른 규칙에 따라 작동한다."

멀레이너선은 다양한 활동에는 다양한 수준의 정신적 참여가 필요한데 "대역폭은 시간처럼 전환되지 않는다. 시간을 배치할 때는 벽에 그림을 배치할 때처럼 생각해야 한다. '이걸 끼워넣을 수 있을까?'가 아니라 '개념적으로 이걸 옆에 두는 게 맞는가?'라고 생각하는 것이다."라고 했다. 어떤 일을 할 시간이 있었지만 그 일을 시작한다는 생각만으로도 '난 못해'라는 빌어먹을 패배감이 든 적이 몇 번이나 있었는가? 당신이 패배한 건 시간이 부족해서가 아니라 에너지가 부족했기 때문이다.

물론 때로는 정당한 사유 때문에 시간을 내지 못하기도 하지만 세스 고딘Seth Godin의 말처럼, 그게 당신과 같은 상황에 처한 모든 사람에게 해당되는 이유가 아니라면, 그건 변명일 뿐이다. 심리학자들은 오래전부터 미루는 게 시간 관리 문제가 아니라 감정 조절 문제라는 걸 알고 있었다. 에너지 관리에 집중하지 않으면 경계도 없고 회복 기간도 없는 하루를 보내게 된다. 집에 도착할 때쯤이면 처리되지 않은 감정 덩어리와 온갖 종류의 작은 정신적 고통이 너무 단단히 얽혀서 도저히 풀 수 없는 상태가 된다.

우리는 잠깐 혼자 있는 시간이 우리가 바랄 수 있는 최선의 것이라고 생각하는데, 이건 무감각이나 회피와 으스스할 정도로 닮았다. 무감각과 회피 패턴은 누구에게도 생산적이지 않지만, 특히 완벽주의자들은 더더욱 그렇게 느낀다. 완벽주의자들은 생산적인 걸 좋아한다. 우리는 더 이상 생산성에 신경 쓰거나 강조하지 않겠다고 맹세하면서 그와 동시에 생산성을 신경 쓰고 강조한다. 생산성은 오늘의 승패를 판단할 때 우리가 찾아보는 정답지 같은 것이다.

이걸 어떻게 바꿀까? 안 바꾼다. 생산성은 빠르게 웰빙 분야에서 가장 더러운 단어가 되고 있다. 아이러니하지만, 생산성을 헐뜯는 건 시간과 에너지를 낭비하는 일이다. 생산적인 건 잘못된 게 아니다. 당신이 하는 일이 본인의 가치관과 일치할 때는 생산적인 것이 매우 기분 좋게 느껴진다. 관심 없는 목표를 위해 노력하거나 자신의 무결성을 침해하는 방식으로 노력할 때는 생산성에 집중하는 게 제기능을 하지 못하게 된다. 또 x축의 시간과 y축의 작업 완료를 생산성의 배타적인 지표로 사용하는 경우에도 생산성에 집중하면 문제가 생긴다.

에너지를 보호, 저장, 복원, 구축하기 위해서 하는 작업은 모두 생산적이다. 생산적인 활동에는 잠자기, 음악 듣기, 서점에서 시간 보내기, 목욕하기, 세차하기, 업무 과제 완료, 즐거운 대화, 요리, 실내 장식, 영화 감상, 네일아트 하기, 농구, 독서, 샤워, 노래 등이 포함되지만 이에 국한되지는 않는다.

최고의 에너지 상태로 움직이는 데 도움이 되는 건 전부 생산적이다. 프리미엄급 에너지를 사용하면 '번아웃 상태의 자신'으로서는 절대 경쟁할 수 없는 방식으로 본인의 능력을 활용할 수 있다. 1시간 동안 프리미엄급 에너지를 발휘하면 서두르거나 화가 나거나 긴장이 풀리거나 지친 상태에서 10시간 동안 일을 처리하는 것보다 나은 성과를 안겨준다. 2배의 시간을 들여서 일을 대충 처리하는 건 일을 잘하는 게 아니다.

프리미엄급 에너지를 유지하면 잠재력을 발휘하기 위한 끝없는 노력에 필요한 체력을 제공한다. 생산성에 대해 많이 생각하는 건 좋은 일이다. 이제 생산성을 작업 완료 경쟁으로만 축소시키지 않고 역동적인 방식으로 생산성을 즐길 수 있다.

당신은 임무를 완수하고 죽기 위해 지구에 온 것이 아니다. 당신은 생산량을 보여주는 막대 그래프가 아니다. 당신은 인간이다. 당신에게는 깊은 욕구와 호기심, 재능, 요구, 그리고 끝내야 하는 일이 있다. 얼른 끝내고 싶어서 기대되는 일. 당신은 줄 것도 많고 받을 것도 많다. 숨을 들이마시고 내쉬면서 호흡을 유지하는 것처럼 에너지를 유지하려면 서로 주고받아야 한다.

　　오직 내주는 것에만 집중하면서 자기는 아무것도 받으려고 하지 않는다면 녹초가 될 것이다. 이건 숨을 계속 내쉬기만 하면서 그게 호흡이라고 우기는 것과 같다. 사이클의 절반을 건너뛰는 셈이다. 반드시 숨을 들이쉬어야 한다. 특히 여성들은 남이 주는 걸 받을 수 있어야 한다. 받는 것이 우리가 할 일의 절반이다. 받는 것도 생산적이다.

　　여가 시간에 길을 잃어서 일터로 돌아가지 못할까 봐 걱정할 필요는 없다. 당신은 완벽주의자다. 탁월함을 추구하는 당신 내면의 열망은 강박적이기 때문에 자기 일로 돌아가지 않을 수 없을 것이다. 처음에는 완벽주의자로 살아가는 걸 그렇게 힘들게 했던 특성이 나중에는 완벽주의자로서의 삶을 매우 만족스럽게 해주는 특성과 같다는 사실을 즐기자. 당신은 마음을 가라앉히고 최소한의 일만 할 수 없는 사람이다. 당신이 아는 가장 착한 사람이 심술궂고 비열하게 행동하려고 최선을 다한다고 상상해보라. 그래도 그는 여전히 배려심이 깊지 않은가?

　　잠을 자고, 예술 작품을 만들고, 일하고, 가을에 공원을 거니는 등 생산성은 당신을 해치지 않고 활력을 불어넣어 주는 모든 활동이다. 당신을 해치지 않으면서 기운 나게 해주는 일은 무엇인가? 그 일을 더 많이 한다면 당신의 인생은 어떻게 바뀔까?

◆ 무언가를 마무리한다는 건 환상이다

"난 그냥 마무리되길 원할 뿐이에요." 이런 말을 수없이 들었다. 그러면 난 항상 같은 질문을 던진다. "당신이 생각하는 마무리는 어떤 모습인가?" 사람마다 대답은 다르지만 그들을 하나로 묶어주는 공통된 실마리가 있다. 마무리에 대한 열망이 그들의 환상을 드러낸다는 것이다.

마무리는 모든 것이 완벽하게 이치에 맞도록 논리의 벽돌로 남은 혼란을 끝낼 수 있다는 환상이다. 마무리는 모든 고통을 정당화할 수 있고 모든 고통이 정당한 이유로 존재한다는 환상이다. 마무리는 어떤 감정이 어떤 기억과 연결되어 있는지 선택할 수 있다는 환상이다. 마무리는 자신의 고통을 분류하고, 그걸 감정에 따른 순서대로 정리한 다음, 그렇게 정리된 상태를 계속 유지할 수 있는 환상이다. 마무리는 언제나 경험의 거친 표면을 벗겨내고 불안감을 없애주는 순수하고 반짝이는 핵심을 드러낼 수 있다는 환상이다.

마무리는 또 자기가 더 이상 고통에 시달리지 않고, 뭔가에 대처해야 하는 상황이 공식적으로 끝나고, 상담 치료 서류에 '치유됨'이라는 빨간색 도장이 찍힐 수 있다는 환상이기도 하다.

마무리를 원한다고 말할 때 우리가 진정으로 원하는 건 통제다. 우리는 당연히 자신의 과거나 연결고리, 트라우마, 기억, 그리고 그에 수반되는 모든 감정을 자기만의 방식대로 유지하고 싶어 한다. 한 단계 더 깊이 들어가 보면, 마무리를 원한다고 할 때 우리가 실제로 하는 말은 매우 비통하다는 것이다.

마무리에 대한 요구는 인지적 완벽주의의 표현이다. 전체적인 이유 목록을 찾는 것은 비통함에 대한 분석적인 접근 방식이다. 비통함에는 분석을 적용할 수 없다. 비통함을 완벽하게 이해하는 건 불가능하다.

상담 치료사 일을 시작하기 전에는 나도 세상 모든 일에는 이유가 있다고 믿었다. 이제는 그렇게 생각하지 않는다. 때로는 '왜'에 대한 완벽한 답이 없을 뿐만 아니라 답이 전혀 없는 경우도 있다. 마무리의 필요성에 집중하는 건 상실을 지연시키거나 대처할 수 있는 방법이다. 상실에 대처하는 또 다른 방법은 고통을 통제하려고 하는 부분을 지나서 자신의 힘을 이용하는 부분으로 이동하는 것이다.

비통함의 힘은 완전히 대립되는 상태가 공존할 수 있게 해준다. 인간인 우리의 욕구와 경험은 언제나 대립된다. 우리는 자유와 안전, 방종과 절제, 즉각성과 일상성을 원한다. 모든 사람이 동등하게 대우받기를 원하는 동시에 높은 지위도 원한다. 주변 사람들과 깊이 연결되기를 바라는 동시에 평화롭게 휴대폰이나 들여다볼 수 있도록 다들 우리를 건드리지 않기를 바란다.

관계적 경험도 완전히 대립될 수 있다. 부모는 우리를 무시할 수도 있고 사랑할 수도 있다. 동료애를 인정할 수도 있고 불신할 수도 있다. 관계에서 벗어나 마음이 놓이면서도 여전히 그 사람이 그리울 수 있다. 이건 모순된 경험이 아니라 전체적인 경험이다.

나는 사람들이 "자유는 두려움의 반대편에 있다." 같은 말을 하는 게 탐탁지 않다. 반대편은 없다. 정신 건강은 우리가 통과하는 문이 아니다. 계단이나 체크리스트, 또는 완료하도록 설계된 무엇인가도 아니다. 경험은 구체 안에서 소용돌이친다. 치유에 중간 지점과 결승선을 표시할 경우, 치유는 언젠가 끝나는 경주가 되어 버린다. 치유는 그런 게 아니다. 구체에는 면이 없다.

마무리를 원하는 건 경험 전체를 하나의 정적인 조각으로 축소하려는 것이다. 변하지 않는 하나의 이야기. 하나의 지배적인 주제. 가장 중요한 한 가지 감정. 우리의 집단적이고 복종적인 머릿속에는 치유란 내면세계를 간소화해서 모든 게 깨끗하고 설명가능한 상태가 되는 것이라는 공통된 믿음이 떠돌고 있다.

치유란 뭔가를 해결하는 게 아니라 해결되지 않은 자기 삶의 부분에 집중하는 것이다. 물론 때로는 부서진 조각을 모아 모자이크를 만들어서 부서지기 전보다 훨씬 아름다운 상태가 될 수도 있다. 사람들이 그렇게 할 때마다 나는 진심으로 감격한다. 당신이 예술 작품 속에 살아가는 것처럼 느껴질 것이다.

하지만 모든 순간을 통해 교훈을 얻을 수 있는 건 아니다. 어떤 순간은 파괴적이고 구역질나고 가증스럽고 끔찍하다. 끝. 모든 불편한 감정을 빛나고 유용한 것으로 바꿀 필요는 없다. 요즘에는 몇 시간씩 계속 화를 내는 건 건강하지 않은 행동이라는 생각이 위험할 정도로 널리 퍼지고 있다. 우는 것도 장애라고 주장하지 않는 게 놀라울 정도다.

인생에는 마무리를 지을 기회가 없는 사건들이 매우 많다. 유달리 고통스러운 순간뿐만 아니라 일상생활 속에서도 사람들이 상처받도록 하는 게 중요하다. 외부에서 벌어지는 사건 외에도 우리의 정체성, 욕망, 인식, 열정이 복잡하게 뒤얽혀 끊임없이 변화하는 내면세계를 탐색하는 것도 끝이 존재하지 않는 경험이다. 이 모든 것이 뭘 얼마나 오래 해야 하는지도 모르는 채 무작정 하는 일들 주위에서 온몸을 비틀며 몸부림치고 있다.

우리는 자기가 누구이고 매 순간 무엇을 원하는지 정확히 알아야 한다고 스스로를 압박한다. 어떤 건 모호해도 괜찮다. '너무 많은 문제'를 안고 있는 것처럼 보이는 이들은 계속해서 진화하는 인간의 경험을 즉각적으로 또는 완벽하게 마무리하지 못하는 이들이다.

당신은 인생의 특정한 사건이 벌어졌을 때만 비통함을 느껴야 한다는 말을 들었기 때문에 자기에게 '문제'가 있다고 생각한다. 우리는 매 계절마다 비통해한다. 자신의 잠재력이 발휘되는 방향으로 움직이려면 잡은 손을 느슨하게 풀고 계속해서 놓아주어야 한다. 우리는 항상 무언가를 비통해하고 있다.

완벽한 마무리를 원하는 건 당연한 일이지만 그걸 얻지 못하는 것도 당연한 일이다. 마무리에 집착하는 건 당신이 상처받았기 때문이다.

당신은 마무리가 상처를 없애줄 거라고 생각하지만, 실제로 당신을 달래줄 수 있는 건 자기 연민이다. 자신에게 상처를 허용하자.

힘들고 완전히 대립되는 경험을 위한 공간을 확보하는 것은 자신의 아픈 감정을 하트 모양이나 별 모양으로 잘라내지 않고 그대로 두는 것과 같다. 고통은 귀여울 필요가 없다. 또 고통을 말끔하게 변신시킬 필요도 없다. 고통은 깔끔하지 않은 상태 그대로 놔둬야 한다. 힘겨운 감정도 벽돌처럼 그냥 놓아둬야 한다. 그건 감정이지 당신의 본질이 아니다.

마무리를 원하면서도 여전히 힘을 선택할 수 있다. 마무리에 대한 열망 속에 담긴 힘은 뭔가를 굳이 마무리할 필요가 없다는 사실을 깨닫게 해준다. 오히려 뭔가를 열어야 한다. 당신에게 필요한 건 개방성이다. 치유에 성공한 이들은 마무리하는 방법을 알아낸 정결한 자들이 아니라 새로운 걸 끌어들인 사람들이다.

당신의 호기심은 어디에 마음을 열어야 하는지 알고 있다. 호기심은 정신 건강의 알려지지 않은 영웅이다. 호기심은 강력해서 당신을 어디에서든 끌어낼 수 있다. 고통을 아름다운 것으로 바꿀 수 없고 계속 아프기만 할 때, 예술의 핵심은 아름다움이 아니라 예술을 접하는 사람의 내면에 연결감을 불러일으키는 것이라는 점을 기억한다면 여전히 예술 안에서 살아가는 느낌을 받을 수 있다.

예술의 핵심은 우리를 감동시키는 것이다. 예술에 감동 받는 것은 현 상태에서 자신의 내면세계가 예술 작품을 접하기 전보다 훨씬 생생하게 살아 있음을 깨닫는 것과 같다. 예술은 경험할 수 있도록 만들어졌다. 예술 작품에 대한 모든 설명은 그것의 즉각적인 축소판이며 그렇게 해서 예술이 완성되는 것이다. 비통함도 마찬가지다. 예술이나 비통함을 완전히 이해하는 사람은 아무도 없다. 왜냐하면 둘 다 완벽한 마무리를 허용하지 않기 때문이다.

예술은 마무리가 없는 경험이고, 우리는 예술의 그런 점을 사랑한다. 그림이나 영화의 어떤 부분이 우리 마음을 끌어당기는 건지 정확하게 밝혀낼 수 없다는 점을 사랑한다. 우리가 예술 작품을 볼 때마다 물리적으로 누가 손대지 않았다는 걸 알면서도 작품이 움직이고 변화하는 것처럼 보이는 이유도 설명할 수 없다.

비통함 또한 끝이 없는 경험이다. 우리는 비통함의 그런 점을 싫어한다. 우리는 비통함을 느끼는 대상의 어느 부분이 우리 마음을 계속 끌어당기는 건지 정확하게 밝혀낼 수 없는 것이 싫다. 또 우리가 바라볼 때마다 비통함이 움직이고 변하는 것 같은데 그걸 고정시킬 방법도 없다. 어떤 순간에는 부드러운 기억처럼 다가오고 어떤 순간에는 움찔하고 놀라게 된다.

예술 작품을 온전히 완결시키는 게 불가능하다는 사실은 예술을 매우 귀중하게 만드는 특징이다. 내가 예술과 비통함은 둘 다 인생을 장식하는 귀중한 경험이라고 얘기할 거라고 생각하는가? 그렇지 않다. 나는 그런 유형의 상담 치료사가 아니다. 더군다나 이건 상담 치료가 아니라 책이다.

나는 예술과 비통함 사이에서 끈을 당기기 위한 연결고리를 새기고 있다. 새로운 것에 진입할 수 있는 입구를 제공하고, 목적지 없는 탐색을 허용하려고 한다.

탐색이 반드시 뭔가를 확신하면서 끝날 필요는 없다. 생각과 감정이 여행 일정과 함께 요동칠 필요도 없다. 무언가를 오랫동안 잡고, 보고, 뒤집고, 느끼고, 생각하고, 다시 뒤집고, 얘기하고, 쓰고, 그러다가 고개를 들고 "잘 모르겠는데? 이게 뭐야?"라고 말해도 괜찮다. 마무리되지 않아도 상관없다. 우리가 열린 결말을 좋아하는 이유 중 하나도, 그런 영화는 결말에 대한 환상으로 우리를 가슴 뛰게 해주기 때문이다. 기분 좋은 영화가 '기분 좋아지는' 이유는 마무리가 주는 즉각적인 만족감 때문이다.

스스로 정해놓은 연결과 의미의 영역에서 찾아낸 힘과 연결되면, 자기가 마무리에 대해 얼마나 관심이 없는지 놀랄 수도 있다. 어쩌면 마무리는 로맨틱 코미디 영화를 보기만 해도 완전히 충족되는 피상적인 욕망이라서 당신에게는 더 이상 중요하지 않을지도 모른다.

다른 사람이 무슨 일을 하건 하지 않건, 어떤 일이 일어나건 일어나지 않건, 당신이 다음에 어떤 것에 마음을 열지 결정할 권한은 당신 본인에게 있다. 계속해서 말하지만 당신 본인의 의사가 가장 중요하다.

자신의 힘과 연결된 사람은 마무리가 필요없다. 그들은 전 애인과 이별한 뒤 오해를 풀기 위해 진짜 공식적인 대화를 한 번 더 나눌 필요가 없다. 그들은 더 이상 자유롭게 사는 이들을 원망하지 않으며, 더 이상

죽은 사람에 대한 생각을 멈출 수 있기를 바라지도 않는다. 그들은 과거를 통제하려는 노력을 포기했다. 당신도 마무리가 환상이라는 걸 깨달으면 필요한 모든 걸 마무리하게 될 것이다.

새로운 일을 하며
휴식하라

사람들은 당신의 완벽한 모습을 기대하는 게 아니다.

─ 브레네 브라운Breane Brown

◆ 　　　　　　　회복 습관을 기르는 데
　　　　　　　　　　도움이 되는 7가지

완벽주의자는 회복에 서툰 정도가 아니라 재능이 없다. 회복은 완벽주
의자의 세계 8대 불가사의 중 하나이며, 답보다는 질문으로 가득 찬 매
력적인 역설이다. 그렇다면 스스로 회복이 필요한지 어떻게 알 수 있는
가? 회복 방법은 어떤가? 얼마나 회복해야 하는가? 언제 회복이 필요한
가? 회복이 얼마나 잘 진행되고 있는지 파악하기 위해 사용할 수 있는
방법은 무엇인가? 회복한 뒤에는 어떻게 되는가? 일어나야 할 일이 일
어나지 않으면 그다음에는 어떤 일이 생길까?

　　회복은 완벽주의자들에게 독특한 도전이다. 예를 들어 완벽주의자
에게 휴식 시간은 무해하다고 느껴지지 않는다. 압박감으로 둘러싸인

위험처럼 느껴진다. 완벽주의자가 회복에 어려움을 겪는 이유는 2가지다. 첫째, 회복이 필요하다는 것 자체가 완벽주의자에게는 실패처럼 느껴진다. 자기가 잘못한 일이 있기 때문에 피곤하다고 생각하며, 그 실수를 바로잡아야 한다고 느낀다. 완벽주의자의 말문을 막고 싶다면, 질병관리청에서 하루의 3분의 1은 잠을 자라고 권고했다고 알려주자. 인간이 제 기능을 하기 위해서는 매일 상당한 양의 휴식이 필요하지만, 완벽주의자들은 이를 받아들이기 어려워한다.

둘째, 회복하려면 감압이 필요하다. 감압은 압력을 줄이는 것이다. 절대 늘리는 게 아니다. 압박은 줄여야 한다. 하지만 완벽주의자는 압박감을 느끼면서 성장하기 때문에 감압에 서투르다. 예를 들어 TV를 보는 동안에도 긴장을 풀지 못한다. 이유는 그 활동에 소비하는 시간과 회복된 느낌 사이의 비율을 몰래 측정하고 있기 때문이다. 그 비율이 빠르게 변하지 않으면 시간만 낭비하는 비생산적인 활동이라는 기분이 든다. 그래서 휴식하기 전보다 더 큰 좌절감을 느끼게 된다.

여가 활동에 압력을 가하면 그건 여가 활동이 아니다. 회복하려면 압력을 해소해야 한다. 그런데 당신이 압박감을 느껴야만 성공할 수 있다면, 어떻게 해야 회복을 이룰 수 있을까? 압력 해소를 수동적 이완이라고 생각해보자. 압력을 해소할 때는 긴장을 풀고, 놓아주고, 비우게 된다. 수동적 휴식의 예로는 유튜브 시청, 인터넷 서핑, 낮잠 등이 있다. 완벽주의자는 놀이를 자기 삶과 통합시킬 수 없으면 수동적 휴식을 취하는 동안 불안해진다.

회복은 2단계 프로세스다. 자신을 비웠다가 다시 채우는 것이다. 이 과정이 직접적으로 반복되는 건 아니지만 한 단계를 건너뛸 수는 없다. 자신을 비우는 압력 해소 주기를 허용하지 않으면 다시 채울 공간이 없으므로 회복이 완전히 실패로 돌아간다. 압력을 해소하기만 하면 게으르고 역하고 속이 텅 빈 듯한 기분을 느낀다. 능동적으로 긴장을 풀기만 하면 회복을 위해 열심히 노력하는 것처럼 느껴져도 결국 그 노력이 더 많은 스트레스를 유발한다.

- 열정형 완벽주의자: 운동 같은 건전한 방법으로 에너지를 표현한다.
- 전형적 완벽주의자: 선반 하나를 꾸미는 데 1시간씩 걸릴 정도로 디테일에 신경쓴다.
- 낭만형 완벽주의자: 사색에 잠겨 산책을 하는 등 자기 자신과 연결되어 있다고 느낄 수 있는 일을 한다.
- 난잡형 + 게으른 완벽주의자: 식사 준비처럼 한 자리에서 시작해서 한 자리에서 끝낼 수 있는 일을 하거나 편지를 쓰고, 주소를 기입하고, 그걸 우체통에 넣는 3단 작업을 전부 하루 안에 끝낸다.

완벽주의자는 신체적 휴식을 통해서만 회복이 이루어진다고 생각한다. 완벽주의자는 아무것도 하지 않는 걸 좋아하지 않는다. 웰빙을 추구하는 세상이 뭐라고 말하든, 건강해지기 위해 아무것도 하지 않는 걸 즐기는 방법은 알아낼 필요가 없다.

아무것도 하지 않는 게 당신에게 지루해도 괜찮다. 정서적 지원 외에도 다양하게 반복되는 지원이 있듯이 육체적 휴식 말고도 다양한 휴식이 있다. 예를 들어, 나는 예전부터 내가 왜 유치한 액션 영화를 좋아하는지 혼란스러웠다. 나는 구제 불능 수준의 낭만주의자인데 말이다. 또 남자들끼리의 우정을 강조하면서 예술성은 제로에 가까운 액션 영화는 스토리가 풍부한 이야기를 선호하는 내 취향과 일치하지 않는다. 미묘한 분위기, 그 미묘함 뒤에 숨겨진 스토리, 나도 모르는 새에 알아차리게 되는 디테일, 스토리텔링과 관련된 모든 특이한 부분, 난 원래 이런 걸 좋아한다. 그런 이야기는 하루 종일이라도 들을 수 있다. 그러다가 문득 깨달았다. "아, 난 지금도 일하면서 하루 종일 이야기를 듣고 있구나. 내 일을 사랑하지만 그런 만큼 휴식도 필요해."

액션 영화는 심리 치료사인 내가 평소에 하는 정서적 노동에서 벗어나 감정을 쉴 수 있게 해준다. 마음을 비우고 압력을 해소하기 위해서는 더 이상 이야기가 필요하지 않다. 아무도 내게 말을 걸지 않는 동안 무생물이 폭파되는 모습만 보고 싶다. 등장인물들의 어설픈 성장이나 대화 같은 건 옵션일 뿐이다. 1시간 반 동안 이어지는 폭발과 자동차 추격전은 꼭 스파에 간 것 같은 효과를 발휘한다.

우리에게는 모든 종류의 휴식이 필요하고, 육체적 피로 외에도 온갖 원인으로부터 회복되고 있다. 다양한 유형의 휴식은 창의성, 성실성, 공감 능력, 명확성, 겸손, 영성, 동기, 자신감, 유머 감각 등을 회복하는 데 도움이 된다. 휴식은 난잡한 표현이 아니다. 휴식은 선택 가능한 옵션도 아니고 기호의 문제가 아니다. 물처럼 휴식도 필수품이다.

정신 질환에 대한 범주형 모델은 '건강'에 대한 잘못된 개념을 당신이 받은 상이라고 선전하면서 선반 위의 트로피처럼 보관하고 전시하도록 한다. 건강하다는 것은 당신이 착륙해서 깃발을 꽂고 정복한 우주 공간의 정적인 좌표가 아니다. 계속해서 자기 삶에 의식적으로 주의를 기울이는 데 필요한 지속적인 에너지는 일종의 운동 능력이다.

회복은 의식적으로 살아가기 위한 반복적인 요구사항이다. 회복 없이도 발전할 수 있지만, 그런 발전을 꾸준히 이어갈 수는 없다. 완벽주의자들이 회복에 전념하면 끝없는 상을 얻을 수 있다.

◆ 　　　　　　　　　　각 유형의 완벽주의자가
　　　　　　　　　　충분히 회복하면 어떨까?

회복된 낭만형 완벽주의자는 자기가 항상 모든 사람에게 완벽한 호감을 얻고 싶은 건 아니라는 걸 깨닫게 된다. 그건 연결의 힘을 확실하게 이해하게 되었다는 뜻이다. 연결은 우리를 검증한다.

대중 심리학 세계에서는 다른 사람의 검증을 받아야 하는 걸 병적인 태도로 여긴다. 하지만 사실 인간은 서로의 존재를 보고 듣고 이해해야 한다. 특히 소외된 집단의 일원이거나 남들과 고립되어 제대로 인정받은 적이 없는 경우에는 검증이 매우 중요하다. 검증에 대한 요구는 불안을 반영하는 게 아니라 연결의 중심 모드다. 건강한 사람도 검증이 필요하다. 누구나 검증이 필요하다. 검증을 필요로 하는 건 문제가 되지 않는다. 하지만 외부 검증을 자존감의 주요 원천으로 사용하는 건 문제다.

제대로 회복되지 않은 낭만형 완벽주의자는 사람들의 비위를 맞추는 걸 연결의 지름길로 사용한다. 사람들의 비위를 맞추는 건 연결의 가교 역할을 하지 않는다. 그런 태도는 자기 자신과 연결을 끊기 때문이다. 다른 사람들에게 건너갈 수는 있지만, 자신의 진정한 자아는 다리 건너편에 남겨두는 셈이다.

'쿨한 여자'라는 건 분노의 감정과 표현을 모두 억누르는 여성을 가리키는 완곡한 표현이다. 제대로 회복되면 자신의 분노와 좌절이 건강하고 자연스럽고 유익한 감정이라는 걸 쉽게 기억할 수 있다. 갈등도 잘 받아들이게 된다. 그리고 당신을 환영하고 손쉽게 연결을 맺을 수 있는 사람, 프로젝트, 공동체를 즐기는 데 집중하게 될 것이다.

건전한 연결을 맺으면 자신을 억지로 승화시킬 필요가 없다. 회복할 때 이 사실을 기억해야 한다. 성과를 요구하는 관계는 매력적이지 않다. 당신은 여전히 검증을 원하지만 그걸 건전한 방법으로 추구하며, 본인이 되고 싶다고 결심한 모습을 검증하는 경험을 즐기기로 했다. 또 다른 사람들도 건전한 방법으로 검증하려고 한다. 아마 가장 중요한 건 자기 자신을 검증하는 것일 듯하다.

당신은 다른 사람이 보강해주기 전에 이미 소속감을 느끼고 있다. 문을 통과했는데 자기가 그곳에 합당한 사람인지 잘 모르겠을 때, 외부 검증은 당신은 지금 잘하고 있으니까 한동안 여기 머물러도 된다고 말해준다. 문을 통과하면서 자기가 그곳에 합당한 사람이라는 사실을 잘 알 때는, 외부 검증이 집에 온 걸 환영한다고 말할 것이다. 문을 통과할 필요도 없이 자기가 이미 그곳에 소속되어 있다는 걸 안다면 따뜻한 환영을 즐겨도 아무 문제 없다.

다른 사람들이 어떻게 생각하는지 신경 쓰지 않도록 스스로를 훈련하는 대신, 배려가 훌륭한 자질이라는 걸 인식하고 그 빛나는 자질이 당신이 제공하는 훌륭한 연결에 화답하는 사람과 장소, 프로젝트를 향하도록 한다. 당신은 자신과 연결할 수 없거나 연결하고 싶어 하지 않는 이들에게 에너지를 낭비하는 걸 중단한다. 인기를 얻으려고 하지도 않는다. 그냥 자신을 기쁘게 하는 데 집중한다.

회복된 난잡형 완벽주의자들은 자기가 너무 체계적이지 않아서 일을 완수하지 못하거나 중간 과정까지 완벽해지길 바라는 게 아니라 손실을 피하려고 한다는 걸 이해하게 된다. 당신이 하는 모든 선택은 손실을 수반한다. 우리는 모든 도시에서 살 수 없고, 모든 사람과 결혼할 수 없으며, 모든 제안을 받아들일 수 없고, 모든 아이디어에 생명을 불어넣을 수도 없다.

선택에 따른 기회비용을 받아들이는 건 고통스러운 일이다. 회복되지 않았을 때 택하는 지름길은 그 고통을 피할 수 있는 척하는 것이다. 마치 당신의 열정이 지루함을 없애고 헌신을 대신할 수 있기라도 한 것처럼 말이다.

회복되었을 때 에너지를 발휘해서 참여할 수 있는 일은 열정을 활용해서 필요한 지원을 모집하는 것이다. 경계가 무엇이고 어떻게 실행하는지 배우자. 자신의 가치관을 기준으로 삼아 전념하고 싶은 일과 전념하고 싶지 않은 일을 결정하자. 현재의 손실이 과거의 손실까지 유발하기 때문에 잠재력을 추구하는 게 처음에 생각했던 것보다 감정적으로 더 중요하다는 걸 이해하게 된다.

회복된 장소에서는 자기가 놓아버린 것에 대해 스스로에게 연민을 품을 수 있는 여유가 생긴다. 26개 장소에 동시에 있을 수 있는 척하는 걸 멈추고, 15개 장소에 동시에 있을 수 있는 척하는 것도 멈추고, 그 다음에는 7개, 그리고 2개 장소에 동시에 있을 수 있는 척하는 걸 멈추자.

손실에 저항하기 위해 내부 자원을 소모하는 걸 멈추면, 자신의 모든 네온색 에너지를 하나의 명확한 길로 다시 보낼 수 있다. 자기가 열정을 품은 일에 전념하면 이익을 얻을 수 있는데, 그 이익은 주로 자기가 좋아하는 것이 형태를 갖추고 확장되면서 자신을 더 좋은 방향으로 변화시키는 걸 지켜보는 기쁨으로 나타난다.

회복된 게으른 완벽주의자는 자기가 시작이 완벽하길 바라는 게 아니라 실패하더라도 괜찮을 거라는 믿음을 원한다는 걸 이해하게 된다. 난잡형 완벽주의자처럼 게으른 완벽주의자도 상실감을 느낀다. 다만 그 상실은 프로세스의 다른 단계에서 다른 이유로 발생한다.

게으른 완벽주의자의 손실은 난잡형 완벽주의자처럼 애도의 기회비용에 관한 것이 아니다. 게으른 완벽주의자에게 손실은 예측 가능한 것이다. 내가 원하는 일이 잘 풀리지 않으면 어떻게 하지? 그러면 나는 어떻게 될까? 또 무엇을 갖게 될까?

회복되지 않을 때 택할 수 있는 지름길은 보장된 결과가 안겨주는 가짜 안도감을 향해 달려가면서 두려움을 달래는 것이다. 당신은 희소성 모드에 들어가서 손실을 회피하려고 애쓴다. 당신은 '내가 별로 원하지 않는 이 일을 받아들이면 적어도 최소한의 금액은 보장받을 수 있을 것'이라고 생각한다.

회복된 장소에서는 그 비전이 현실 세계로 들어와도 무너지지 않는다는 걸 알고, 당신이 예상했던 것과 다른 모습이라도 실패한 건 아니라는 사실을 안다. 비전은 성장했기 때문에 변한 것이고, 그것이 성장한 이유는 당신이 생명을 불어넣었기 때문이다.

회복된 게으른 완벽주의자는 모든 일이 자신에게 유리한 방향으로 풀릴 것이라는 확신 때문이 아니라 준비와 통제는 별개의 것이라는 사실을 알기 때문에 행동을 취하는 법을 배운다. 자기가 주변 세계에 대한 통제력이 거의 또는 전혀 없다는 걸 알면 해방된 기분을 느낀다. 그러면 더 많은 통제력을 가질 때까지 기다리지 않고 지금 바로 자기 삶에 발을 들여놓을 수 있게 된다.

의도적인 행동을 취하고 그다음에 일어날 일을 위한 공간을 허용하면 변화가 생긴다. 특히 그렇게 하는 데 익숙하지 않은 경우에는 효과가 더 두드러진다. 회복된 게으른 완벽주의자는 자신의 욕구를 실시간으로 실현하면서 훨씬 더 본인다운 모습을 띠게 된다. 그들은 생기 넘치고 흥분되며 자기 삶의 좋은 것들을 만끽한다. 게으른 완벽주의자는 여전히 똑같은 두려움에 직면하지만, 이제 그런 두려움에 맞설 에너지가 있기 때문에 예전처럼 겁먹지 않는다.

회복된 전형적 완벽주의자는 자기가 완벽한 질서나 조직을 원하는 게 아니라 기능과 아름다움을 존중한다는 걸 이해하게 된다. 그런 존중하는 마음의 근본은 기능 장애를 없앨 수 있기를 바란다는 것이다. 당신은 이 세상의 아름다움을 위협하는 것들을 모두 지울 수 있기를 바란다. 회복된 장소에서는 자신의 완벽주의뿐만 아니라 그것을 추진하는 이상적인 소망을 더 깊이 이해하게 된다.

회복되지 않았을 때 취할 수 있는 지름길은 혼란스럽거나 제대로 작동하지 않는 것처럼 보이는 모든 걸 빼내서 구조물 아래 묻어버리는 것이다. 혼돈과 기능 장애는 다르다. 후자는 피할 수 있는 반면 전자는 그렇지 않다. 회복된 장소에서는 차이를 알 수 있다. 그리고 어느 정도의 혼돈은 자연스럽고 괜찮다는 걸 받아들이게 될지도 모른다.

자기가 통제할 수 없는 외부의 기능 장애를 보상해야 하는 책임에서 벗어나, 자신의 내면 세계를 마주할 수 있는 에너지를 얻게 된다. 예전에는 조직적이고 완벽한 모습으로 덮으려고 했던 슬픔이나 바람직하지 않은 감정을 스스로 느낄 수 있게 한다. 그리고 자기가 얼마나 공감으로 가득 차 있는지 깨닫는다.

당신은 자신의 애정 어린 보살핌이 필요한 부분을 돌본다. 그리고 삶이 가져오는 혼란을 위한 공간과 자기 내면의 혼란을 위한 공간을 만든다. 당신은 여전히 계획을 좋아하고, 정리하는 걸 좋아하고, 아름답게 꾸미는 걸 좋아한다. 하지만 그건 하고 싶어서 하는 것이지, 하지 않을 경우 모든 게 무너지기 때문이 아니다. 당신은 절망의 구덩이가 아니라 욕망의 샘 안에서 움직인다. 당신의 삶은 겉으로는 예전과 똑같아 보일 수도 있지만 속으로는 많은 게 변했다. 프로그래밍된 경험을 관리하려던 노력을 중단했다. 자기가 생각하고 느끼는 모든 것에 접근할 수 있도록 했다. 그렇게 자신에게 자유를 허락했다.

회복된 열정형 완벽주의자들은 완벽해지기 위한 결과가 아니라 다른 사람, 세상, 그리고 자기 자신에게 중요한 존재가 되는 것을 원한다. 당신은 부가가치가 아닌 인간이 되는 것에 집중한다. 회복되지 않은 경우에 택하는 지름길은 목표 달성을 자기가 세상과 아이들, 친구들, 직장에 대한 부가가치라는 증거로 사용하는 것이다. 내가 뭘 했는지 봐줘. 내가 한 일들을 전부 보라고. 내가 중요하다고 말해줘. 당신은 자기 어휘 사전에서 부가가치라는 말을 삭제한다. 회복되지 않은 사람의 경우, 더 많은 걸 성취할수록 자신의 부가가치가 고갈되지 않도록 성과를 최우선으로 해야 한다는 압박감이 커진다. 외부 검증에 대한 만족할 줄 모르는 요구를 따라잡을 만큼 빠르게 성과를 달성하는 건 불가능하기 때문에 효율성에 집착하는데, 이로 인해 오히려 비효율성을 초래할 뿐만 아니라 고립될 수도 있다.

회복되고 나면, 지금의 본인이 중요하고 자기 삶은 현재 진행 중이라는 걸 이해할 수 있을 만큼 강해질 것이다. 그러면 계속 열심히 일하면서 동시에 타인과의 의미 있는 연결을 우선시하게 되며 자신과의 관계도 더욱 공고해진다.

휴식을 취하면 자신의 방법이 유일무이한 게 아니라는 사실을 기억하기가 더 쉽기 때문에 유연하게 대처할 수 있다. 당신은 아직도 소리를 지르거나 마음을 졸이거나 공격성에 매달리는 자신에게 연민을 품을 힘이 있다. 스스로가 중요한 존재라는 걸 간절히 느끼고 싶어 하는 내면의 일부와 자신이 이미 중요하다는 사실을 모르는 일부분에 연민을 느끼고 있기 때문이다.

회복된 뒤에도 부정적인 패턴으로 퇴행할 가능성이 있긴 하지만, 그런 일이 전보다 드물게 일어나고 더 빨리 알아차리며 신속하고 의미 있는 복구를 시도할 수 있다. 회복되었다고 해서 실수를 예방할 수 있는 건 아니다. 실수를 예방할 방법은 없다. 예전 실수, 새로운 실수, 예전 실수와 새로운 실수가 창의적으로 혼합된 실수 등 아무리 적응력을 키우고 건강해져도 실수는 앞으로도 계속 이어질 것이다.

모든 완벽주의자가 회복된 뒤에 적극적으로 참여하려고 하는 작업은 자신의 조건에 따라 성공을 정의할 수 있는 힘을 찾는 것이다. 즉, 본인의 일정에 맞춰서 자신의 가치를 존중하고 자기만의 성취 기준에 따라 성공을 정의하는 것이다. 완벽주의는 우리의 온전하고 전체적인 자아와 일치하고자 하는 자연스럽고 선천적이며 건강한 인간의 충동을 나타낸다. 회복된 완벽주의자는 어떤 외적인 것이나 자기 자신이 완벽해지기를 갈망하는 게 아니라, 온전함을 느끼면서 다른 사람도 온전함을 느끼도록 돕고 싶어 한다.

완벽주의를 관리하려면 회복의 우선순위를 정하는 게 필수적이다. 앞서 얘기한 것처럼, 모든 완벽주의자는 부적응자이면서 동시에 적응적이다. 이미 부정적인 대처 기술과 번아웃 전략을 많이 사용하고 있기 때문에 긍정적인 대처 기술과 회복 전략도 마음껏 사용해야 한다.

성장함에 따라 요구도 달라질 것이므로 이런 변화를 수용하기 위해 솔루션을 조정해야 한다. 6개월 전에는 효과적이었던 방법이 문제를 일으키기 시작할지도 모른다. 그래도 괜찮다. 해결책이 더 이상 효과를 발휘하지 못해도 상관없다. 우리가 문제에서 벗어나 성장하듯이 해결책도 더 발전하게 될 것이다.

해결책이 효과가 없는 이유는 당신도 변했고 주변 환경도 변했기 때문인데, 이런 변화는 당연한 것이다. 당신은 잘못한 게 없다. 아무것도 망가지지 않았다. 변화는 자연스러운 것이다. 매순간 모든 것이 변하고 있다. 우리는 항상 무언가를 놓아줘야 한다는 요구를 받고 있다. 그래서 인간으로 살다보면 항상 비통함을 느끼는 것이다. 반드시 기억해야 할 것은 어떤 문제든 여러 가지 해결책이 있다는 것이다.

이번에는 7가지 구체적인 도구를 사용해서 일상적인 루틴에 회복 기능을 통합할 수 있도록 도와준다. 한 번에 모든 버튼을 다 누르면 시스템이 중단된다. 전면적으로 복구에 나서는 것도 당신에게 도움이 되지 않을 것이다.

치유는 모든 상황에 똑같이 적용되는 게 아니고 속담에도 있듯이 언제나 효과적인 방법 같은 건 없으므로, 나는 회복에 대한 여러 가지 접근법을 제시한다. 당신은 여러 가지 도구 중에서 자신에게 가장 적합하고 마음에 드는 도구를 하나 선택해서 거기서부터 시작하면 된다.

아무것도 선택하지 않은 채 그냥 변화의 두 번째 단계에 돌입할 수 있다는 것도 알아야 한다. 이건 '더 나은 자신을 위한 30일' 계획이 아니다. 이 책에서는 그런 건 하지 않을 생각이다. 아무 행동도 하지 않으면서 잠시 변화에 대한 생각을 했다 말았다 하는 것도 괜찮다. 그게 바로 개인적인 발전이 시작되는 방식이다.

자신의 내적 경험을 성실하게 처리하는 것도 생산성의 실질적인 표현만큼이나 생산적이다. 당신은 더 열심히 일하는 게 아니라 더 똑똑하게 일하고자 한다. 당신은 완벽주의자고 이미 충분히 열심히 일하고 있다.

마지막으로, 회복은 매우 개별적인 과정이다. 자신에게 필요한 것, 필요한 양, 필요한 시기는 본인만 알고 있다. 회복이 제대로 진행되고 있을 가능성도 있다. 활력이 넘치고 회복되었다고 느끼면, 무엇이 회복을 가능케 한 건지 기록해놓고 그 상태에서 아무것도 바꾸지 말고 지금 하는 일을 계속해 보자. 다음의 7가지 회복 도구를 언제든지 원하는 만큼 자기 일상과 통합시킬 수 있다.

♦ 설명하지 말고 표현해라

상담 치료사들은 내담자가 한 말을 경청하는 훈련뿐만 아니라 하지 않은 말에 귀 기울이는 훈련도 받는다. 상대방이 하지 않은 말을 어떻게 들을까? 방법은 다양한데, 그중 하나는 설명과 표현을 구별하는 것이다.

설명은 무슨 일이 일어났는지, 무슨 일이 일어나고 있는지, 무슨 일이 일어날 거라고 생각하는지를 누군가에게 말하는 것이다. 표현은 일어난 일에 대해 어떻게 느끼는지, 일어나고 있는 일에 대해 어떻게 느끼는지, 앞으로 일어날 거라고 생각하는 일에 대해 어떻게 느끼는지를 누군가에게 말하는 것이다.

예를 들어, '난 3주 뒤에 이사간다'는 설명이다. '두렵다'는 표현이다. '3주 뒤에 이사를 가게 되어 두렵다'는 설명과 표현이다. 설명은 너무 많이 하고 표현은 적게 하면 경험 전체와 연결되지 않는다. 많은 걸 지적으로 분석하고 그 문제에 대해서 이야기하지만, 실제로는 그곳에 가지 않는다.

설명만 하다 보면 자기 자신과 단절감을 느끼게 된다. 무슨 일이 일어났는지는 알지만, 그것에 대해 어떻게 느끼고 그게 자신에게 무엇을 의미하는지는 이해하지 못한다. 그러면 결국 다음에 무엇을 해야 할지 알기가 어렵다. 의사소통이라는 동전의 또 다른 면은, 표현만 너무 많이 하고 설명을 적게 하면 감정이 통찰력으로 발전할 방법이 없다는 것이다. 여기저기 돌아다니면서 자기 기분을 이야기하지만 누가, 무엇을, 언제, 어디에서, 왜 했는가 하는 설명에 감정을 고정시키지 않는다면 그 어떤 이야기도 만들어지지 못한다.

당신의 감정적 경험 안에 랜드마크가 없으면 방향 감각을 잃게 된다. 자기 기분이 어떤지는 알지만 왜 그런 기분을 느끼는지는 모른다. 설명하지 않으면 패턴이나 트리거를 찾을 수 없고 지속 가능한 해결책도 개발할 수 없다. 그냥 감정의 웅덩이 속에서 계속 헤엄칠 뿐이다. 우리는 일어난 일과 그것에 대한 느낌을 이야기하면서 의미를 구성한다. 상담 치료사들이 이걸 처리해야 한다고 말할 때 의미하는 게 바로 이런 설명과 표현이다.

전형적과 열정형 완벽주의자는 설명은 지나치게 많이 하고 표현은 적게 하거나 자신을 1차원적으로만 표현하는 경향이 있다. 이렇게 생략된 의사소통 모드 때문에 다른 사람들이 2가지 유형의 완벽주의자들 모두와 단절감을 느낄 수 있다. 다른 사람들은 열정형 또는 전형적 완벽주의자가 일어나거나 일어나지 않길 바라는 일이 뭔지 알지만, 실행 계획이 마련되어 있지 않을 때는 연결에 어려움을 겪을 수 있다.

표현을 잘 하지 않는 열정형 또는 전형적 완벽주의자와 관계를 맺고 있으면, 그 사람에 대해 많은 걸 알면서도 실제로는 어떤 사람인지는 전혀 모르는 것처럼 느껴진다.

반대로, 난잡형과 낭만형 완벽주의자는 표현은 과도하게 하면서 설명은 잘 하지 않는 경향이 있다. 다른 사람들은 이 2가지 유형의 완벽주의자가 어떤 감정을 느끼는지 알고 그들의 깊은 내면에 대해서도 속속들이 알지만, 이들이 뭘 원하고 뭘 필요로 하고 뭘 생각하는지에 대해서는 많이 혼란스러워한다.

내 친구 피파가 예전 상사에 대한 재미있는 이야기를 들려주었다. 철저한 낭만형 완벽주의자였던 피파의 상사는 피파의 동료인 리라는 사람을 해고해야 했다. 리는 자기가 해고되리라는 걸 대충 알고 있었기 때문에 상사가 자기 사무실로 부르자 '그래, 때가 됐구나'라고 생각했다. 하지만 리는 혼란스러운 상태로 그의 사무실을 나섰다.

낭만형 완벽주의자인 사장은 리에 대한 진정한 애정을 표현하는 데 초점을 맞췄다. 함께 출장을 갔을 때의 추억을 이야기하고, 리의 많은 장점을 인정하고, 심지어 리를 저녁 식사에 초대하기까지 했다. 문제는 상사가 리에게 그녀가 해고되었다고 설명하는 걸 잊었다는 것이다.

리가 돌아오자 피파는 무슨 일이 있었느냐고 걱정스럽게 물었다. 리는 "방금 해고당한 것 같은데, 잘 모르겠어요. 어쨌든 다음주 금요일에 함께 저녁을 먹는 건 확실해요."라고 했다. 설명과 표현 사이에서 항상 완벽하게 균형을 잡는 사람은 아무도 없으며 그럴 필요도 없다. 중요한 건 자신의 의사소통 스타일을 어떻게 경험하고 있는지에 대한 인식을 높이는 것이다. 다른 사람들이 당신의 의사소통 스타일을 경험하는 방식뿐만 아니라 본인이 경험하는 방식에 대해서도 잘 알아야 한다.

자기 대화 과정에서 표현보다 설명을 많이 해왔는가? 반대로, 설명보다 표현을 많이 했는가? 의사소통의 명확성을 높이려면 다른 사람과 대화할 때는 물론이고 자기 대화를 할 때도 다음과 같은 스크립트를 사용하는 걸 고려해 보자. 계속해서 보고 따라 한다면 어느 순간 익숙해질 것이다.

난잡형 및 낭만형 완벽주의자의 경우

· 내가 하고 싶은 일은 [행동]이다.

· 당신이 [행동]을 해주길 바란다.

· 당신이 [행동]을 그만했으면 좋겠다.

· 지금부터 일어날 일은 [행동]이다.

· 지금부터 [시간 범위] 안에 [작업]에 대한 도움이 필요하다.

전형적 및 열정형 완벽주의자의 경우

· 요즘 갈수록 [감정]을 못 느끼겠다.

· 나는 [당신이 좋아하는 긍정적인 감정]을 느끼는 걸 좋아하고, [행동]을 하면 [좋아하는 긍정적인 감정 반복]을 더 많이 느낀다.

· 나는 [불쾌한 감정]을(를) 좋아하지 않는데, [사건]이 생기면 [불쾌한 감정 반복]을 더/덜 느낀다.

· [감정]이 그리워서 그 감정을 다시 느끼려고 애쓰고 있다.

· [감정]은 더 느끼고 [감정]은 덜 느끼고 싶다.

· 이건 [의미 공유] 때문에 나한테 중요하다.

게으른 완벽주의자는 이 스펙트럼의 어디에나 해당될 수 있다. 더 많은 설명과 더 많은 표현 중 어느 쪽이 자신에게 도움이 될지 잘 모르겠다면, 앞의 2가지 목록을 다시 읽어보고 어떤 목록이 더 어려워 보이는지 확인하자. 더 어려운 목록 쪽이 당신이 많은 연습을 통해서 이익을 얻을 수 있는 목록이다. 사람들이 자기 경험을 너무 많이 혹은 너무 적게 표현할 때 앞의 문장을 의문형으로 바꿔보면 그들의 경험을 잘 이해할 수 있다.

♦   판단하지 말고 의견만 지녀라

판단은 처벌을 촉진한다. 스스로 나쁘다고 판단하면 자기가 나쁜 일을 당해도 마땅하다고 여긴다. 하지만 하지 말아야 할 짓을 했거나 솔직히 현명하지 못한 행동을 했다면 어떻게 스스로를 판단하지 않을 수 있겠는가?

　　판단을 피하는 방법은 판단 대신 의견을 지니는 것이다. 의견과 판단의 차이는, 의견은 자기 생각과 관점을 반영하는 반면 판단은 자기 생각과 관점을 반영하는 동시에 다른 이들과 비교했을 때의 자신의 가치에 대한 분석이 더해진다는 것이다.

　　우리는 판단이 다른 사람에 대한 오만한 우월감과 관련이 있다고 여기지만, 사실 판단보다 일반적인 형태는 다른 사람들에게 불안정한 열등감을 갖는 것에서 비롯된다. 판단력 있는 사람이 된다는 건 양면적

인 일이다. 당신은 자기보다 더 똑똑하고, 멋지고, 인내심 있고, 재미있고, 건강하고, 성공한 사람들을 식별할 수 있다. 자신의 의견을 상대방의 가치에 대한 논평으로 바꾸면, 의식적으로든 무의식적으로든 상대방이 더 나은 인간이고 따라서 자기보다 좋은 걸 누릴 자격이 있다는 결론을 내린다. 이 경우 당신은 상대방을 판단하고 있는 것이다.

예를 들어, 당신은 동료가 자기보다 더 매력적이고 똑똑하다고 판단하기 때문에 그녀가 행복하고 만족스러운 관계를 맺고 있는 게 당연해 보인다. 그래서 '그래, 그녀라면 당연히 진정한 사랑을 찾을 수 있지'라고 생각한다. 이 생각의 하위 텍스트, 즉 숨은 의미는 '그녀는 사랑받을 만한 사람'이라는 것이다. 그리고 이 생각의 하위 텍스트의 하위 텍스트는 '난 그녀만큼 사랑받을 자격이 없다'는 것이다.

우리는 다른 사람을 판단할 때마다 우리와 그들 사이를 분리시킨다. 자기 자신을 판단할 때는 좋은 일을 누릴 자격이 있다고 생각되는 부분과 그렇지 않은 부분을 분리시킨다. 어느 방향으로든 자신을 판단할 때는 자신의 가치를 조건부로 삼아서 수치스러운 경우에 대비한다. 다른 사람들을 함부로 판단하지 않고 대할수록 자기 자신에 대해서도 그런 태도가 가능해지고, 그 반대도 마찬가지다.

상담 치료가 매우 유용한 이유 중 하나는 치료사의 비판단적인 관점 때문이다. 뛰어난 치료사는 당신 머릿속에 들어가서 당신이 시나리오에 접목시키고 있는 자기 가치에 대한 판단과 평가를 제외시킨 다음 똑같은 상황을 바라볼 수 있다. 판단을 제외하면 문제가 무엇이고 이용

가능한 해결책은 무엇인지, 자기가 마땅히 받아야 할 것은 무엇인지를 비롯해 상황을 인식하는 방식이 완전히 달라진다.

예전 내담자들이 내게 메일을 보내 자신의 현재 상황을 알려주면 언제나 기쁘다. '기분이 안 좋은 날에는 머릿속에서 선생님의 목소리가 들려요'라고 적힌 메일을 종종 받는다. 나도 내가 하는 일에서 어떤 패턴을 인식할 때마다 호기심이 생긴다. 그래서 '어떤 말이 계속 기억에 남는지 물어봐도 될까?'라는 생각도 잠깐 한다.

가끔은 그들 머릿속에 내가 말한 간단한 문장이 떠오를 때도 있지만, 대개의 경우 내담자들이 말하는 건 자기 삶과 실수에 판단 없이 접근하는 방법을 배웠다는 얘기란 걸 깨달았다. 그들이 듣고 있는 건 내가 한 말이 아니다. 그건 그들 자신의 신선하고 판단 없는 관점이다. 그들은 단지 나를 음성 해설자로 선택한 것뿐이다.

◆   힘든 시간을 보낼 미래의 나를 위해 나서라

존경받는 정신과 의사이자 작가인 어빈 얄롬Irvin Yalom 박사는 모든 상담 치료사와 내담자가 자기가 쓴 《치료의 선물: 새로운 세대의 상담자와 내담자들에게 보내는 공개 서한》이라는 책을 읽어보길 바랐다. 나도 그와 같은 마음이다.

치료 과정을 넘어 일상 속으로 스며드는 얄롬의 반짝이는 보석 중

하나는 "쇠는 식었을 때 쳐라."라는 권고다. 얄롬이 이런 조언을 한 배경은 내담자가 평소와 다르게 행동할 때 그들의 부정적인 행동에 대한 피드백을 제공하는 것과 관련이 있다. 예를 들어, 자꾸 피해자의 입장을 취하는 내담자의 성향에 대한 말을 꺼내기에 가장 좋은 순간은 내담자에게 더 큰 자율권을 부여하는 이야기를 하고 있을 때다.

쇠가 식었을 때 친다는 개념은 다양한 상황에 잘 적용된다. 직장, 육아, 대인관계, 그리고 가장 중요한 자신과의 관계에서 부정적인 문제가 정점에 달했을 때 그 문제를 해결하려고 해선 안 된다.

쇠가 식었을 때 친다는 것은 개입, 피드백, 연결에 대한 호소가 받아들여질 가능성이 가장 높은 순간을 의식적으로 선택하라는 얘기다. 이 원칙을 완벽주의에 적용하면, 당신이 가장 적응력 높은 공간에 있는 순간이 부적응적인 완벽주의를 능동적으로 관리할 수 있는 최고의 순간이라는 사실을 인식하는 것이다.

이건 직관에 어긋나는 얘기처럼 들릴 것이다. '부적응적인 의식 상태인 것도 아닌데 왜 내 완벽주의의 부적응적인 측면을 다뤄야 하는 거지?' 왜냐하면 정신 건강은 유동적이고 상황에 따라 달라지기 때문이다. 장담하는데 당신은 조만간 부적응적인 의식 상태에 처하게 될 것이다.

화가 나면 스트레스 반응이 활성화되기 때문에 자신의 문제에 대한 개입을 받아들일 가능성이 훨씬 낮아진다. 신경계는 아드레날린과 코르티솔 같은 스트레스 호르몬으로 몸을 가득 채운다. 이 호르몬은 뇌가 차분하고 집중했을 때와는 전혀 다른 방식으로 정보를 해석하게 한다.

모든 게 순조로울 때, 힘든 시간을 보낼 미래의 자신을 위해 나서자. 주변에 보호 요소를 구축하고 강화하자. 에너지를 회복시키는 루틴을 만들자. 함께 운동할 친구를 찾고, 가르침과 영감을 주는 책을 읽고, 상담 치료를 받고, 건강한 습관을 기르고, 자기 삶을 확장 구축하자.

겨울철에 기분이 안 좋은 영향을 받는다는 걸 안다면, 2월의 추운 밤에 우울하고 무기력한 기분으로 비행기 티켓을 비교하지 말고 미리부터 화창한 지역으로 가는 여행을 예약해두자.

쇠가 식었을 때 쳐야 하는 이유는 그때가 해결책 지향적인 사고방식은 물론이고 에너지와 인내심, 낙관성이 가장 높을 때이기 때문이다.

예방은 모든 웰빙 전략의 핵심이다. 최고의 기능을 발휘하는 순간을 활용해서 긍정적인 대처 메커니즘의 레퍼토리를 넓히고 다채로운 지원에 자신을 맞추자. 사용하지 않더라도 지원 체계를 마련해두면 그 자체로 치료 효과를 발휘할 수 있다.

◆　　　　　　적당한 타인의 개입은 도움이 된다

나는 오랫동안, 솔직히 뭔가를 성취하는 과정에서 남의 도움을 받으면 그 성취의 가치가 떨어진다고 생각했다. 그래서 어떤 일이 있어도 남에도 도움을 청하지 않았다.

24살 때 함께 살던 남자친구와 갑작스럽게 헤어졌을 때도 친구들에게 한동안 그들 집에 묵어도 되느냐고 물어보지 않고 그날 밤 당장 개를 데리고 이사할 수 있는 아파트를 찾아서 그곳으로 향했다. 거기는 방 3개짜리 아파트에 있는 1인용 침실을 월세를 받고 빌려주는 곳이었다. 다른 2개의 침실에는 말 그대로 LA에서 가장 수상쩍은 남자들이 살았다.

아파트 소유자인 닥스라는 남자는 '닥스타시Daxtasy'라고 적힌 장식용 번호판이 달린 다 망가진 컨버터블을 몰고 다녔다. 그걸 위험 신호라고 부르는 것은 가끔씩 지구 중심부가 다소 뜨거워진다고 말하는 것과 비슷한 수준이다. 전혀 충격적이지 않은 얘기겠지만 그는 내 임대 보증금도 강탈했다.

그 집에서 살았던 한 달 동안 닥스는 거의 매일 밤 여자들을 집에 데려와서 시끄럽고 끔찍한 소리가 나는 섹스를 했는데 꼭 10분 동안 이어지는 자동차 사고 소리를 듣는 것 같았다. 아침에 침실 문을 열면 곧바로 끈적끈적한 위스키 냄새와 퀴퀴한 담배 냄새가 날 덮쳤다. 커피를 끓이러 주방에 가면 주방 카운터 곳곳에 코카인의 잔해가 있었다. 난 그 아파트에 있는 게 싫었다. 특히 그곳에서 샤워하고 자는 게 싫었다. 나 자신이 '강하다'고 생각했다는 말 외에는 그때의 내 선택을 설명할 길이 없다.

스스로를 확실한 위험에 빠뜨리고 있다는 걸 알면서도, 모든 걸 혼자 힘으로 해낸 나 자신이 너무나 자랑스러웠던 기억이 난다. 당시에는 누구의 도움도 받지 않고 일을 처리하는 게 나의 가장 큰 자랑거리였다.

너무 슬프지만, 관련된 위험과 대부분의 사람이 이런 상황에서는 도움을 요청했을 거라는 사실 때문에 더 자랑스러웠다. 자존심은 우리를 위험한 방법으로 잘못 인도할 수 있다.

고립을 독립심으로, 고집을 강한 것으로 착각하기 쉽다. 도움을 요청하지 않는 것이 내 잠재력을 보여주는 증거 같았다. 닥스타시의 상황은 내 잘못된 독립심을 극명하게 보여주는 사례지만, 내가 다음과 같은 깨달음을 얻기까지 반복해서 겪어야 했던 크고 작은 사례가 너무나도 많다. 남에게 도움을 요청해도 괜찮을 뿐만 아니라, 가장 강한 사람은 지원과 연결되어 있는 사람이다.

인생의 이 시점에서 내가 해야 할 일은 도움을 요청하는 것뿐이었다. 내가 아는 사람 가운데 어떤 형태로든 반복해서 도움을 요청하지 않은 사람은 한 명도 없다. 도움을 요청하는 방법은 다음과 같다. "[도움이 필요한 일]을 [상대방이 도와줄 수 있는 방법으로] 도와줄 수 있겠어?"

도움을 요청하는 건 매우 간단하면서도 어려운 일인데 특히 고기능 완벽주의자에게는 더욱 그렇다. 제대로 기능할 수 있다고 해서 상처를 받지 않는다는 뜻은 아니다. 겉으로는 침착하고 느긋해 보이는 사람이 속으로는 간신히 걸어다니면서 숨만 쉬는 수준이라니 놀라움을 금치 못하겠다. 카렌 호니 박사도 비슷한 얘기를 했다. "분석가 입장에서 볼 때, 남들과 관여하지 않은 채 자기 본질의 힘만으로도 비교적 잘 기능할 수 있다는 건 끝없는 놀라움을 안겨준다."

위기의 선물은 행동을 촉구하는 것이다. 뭔가가 눈에 띄게 잘못되었고 위기가 발생하면 즉각적인 복구 조치를 취해야 한다. 사람들은 위기 상황에서 신속하게 행동한다. 위기가 생기지 않으면 지원을 받는 걸 미루거나 아예 무시하는 경우가 많다. 고기능 완벽주의자의 경우에는 사이렌이 울리지 않고 경광등도 깜박이지 않을 것이다. 당신이 겪는 고통이 다른 사람들 눈에 보이지 않으면 신호탄을 발사해야 한다.

우리는 언젠가부터 건강하고 강해지면 그때부터는 다른 이들에게서 아무 것도 얻을 필요가 없다는 생각을 머릿속에 새겼다. 하지만 그건 완전히 잘못된 생각이다. 건강하고 강하다는 건 마침내 모든 이들의 도움을 활용하는 방법을 알아냈다는 뜻이다. 사람은 누구나 살면서 손실과 혼란을 겪게 마련이다. 하지만 그걸 혼자 겪어서는 안 된다. 엉금엉금 기어서 성인기를 헤쳐나갈 필요가 없듯이 인간은 더 이상 고립되어선 안 된다.

우리는 모두 연결되어 있고 서로가 필요하다. 가끔씩만 서로가 필요한 게 아니라 항상 필요하다. 그렇게 서로가 필요한데도 그렇지 않은 척하면서 살아가는 모습을 보면 정말 우습다. 우습다고 말하긴 했지만 사실 이건 비극이다. 꼭 곤경에 처해야만 도움을 요청할 수 있는 건 아니다. 그냥 상황이 조금 더 편해지기를 바랄 때도 도움을 청하자. 그리고 상황이 편해지는 걸 바라지 않는다면, 대체 뭘 증명하려고 그러는 건지 물어봐도 되겠는가?

경계를 정하자

경계 없이 살다 보면 기능 장애가 발생한다. 자기 경계가 무엇이고, 그걸 어떻게 알려야 하고, 남들이 그 경계를 위반할 경우 어떻게 해야 하는지 모른다면 잠재력을 발휘할 수 없다. 경계는 보호하기 위해 부과된 제한이다. 자신의 시간과 에너지, 안전, 자원을 보호하기 위해 무엇이 괜찮고 무엇이 괜찮지 않은지 정한다. 이 결정이 당신의 경계다. 예를 들어, 시간과 에너지를 보호하기 위해 오후 6시 이후에는 이메일에 응답하지 않기로 결정하는 것이다.

경계는 또 당신의 책임이 끝나고 다른 사람의 책임이 시작되는 곳이라고 설명할 수도 있다. 작가 겸 활동가, 그리고 임바디먼트 연구소 설립자인 프렌티스 헴필Prentis Hemphill은 경계를 당신과 나를 동시에 사랑할 수 있는 거리라고 설명한다.

경계를 확실히 정해두면 경계가 활성화된다. 경계를 확실히 해두지 않으면 경계가 없는 사람이 된다. 당신은 자기 경계가 무엇인지 알고 있다. 어떤 경계는 협상이 불가능할 정도로 확고부동하다. 예를 들어, "나는 술 마신 사람 차에는 타지 않는다." 같은 것이다. 또 변화하는 요구를 기반으로 하기 때문에 정기적인 보정이 필요한 경계도 있다.

예를 들어, 깊은 생각에 빠지거나 혼자 있거나 일을 덜 하거나 남들의 청을 거절해야 하는 날이나 계절이 있을 수 있다. 그런 순간에는 경계를 탄탄하게 강화한다. 다른 날이나 계절에는 자유롭게 돌아다니거나 사람들과 함께 많은 시간을 보내거나 더 많은 프로젝트를 맡거나 남들의 요청을 받아들이기도 한다. 그 순간에는 경계가 넓어진다.

경계에 대해서 하고 싶은 말이 많지만, 이 책이 그 주제에 완전히 휩쓸리지 않도록 경계에 대한 섹션에 경계를 정해둬야 한다. 동료 심리 치료사인 네드라 글로버 타와브Nedra Glover Tawwab가 쓴 《나는 내가 먼저입니다》라는 유용한 책에는 경계와 관련된 내용이 자세히 설명되어 있다.

◆   제발 충분히 자라

수면을 우선시하는 건 중요한 정신 건강 개선 방법인데 심하게 무시되고 있다. 우리는 정신 건강을 관리하는 데 엄청난 돈과 에너지, 시간을 쏟아붓으면서 동시에 정신 건강의 주요 동인인 수면을 소홀히 한다.

데이비드 F. 딘지스David F. Dinges 박사는 펜실베이니아대학교 페렐만 의대의 수면 및 시간생물학부 책임자다. 딘지스의 말처럼, "사람들이 시간을 너무 소중하게 여기게 된 나머지 수면은 종종 성가신 방해물, 더 열심히 오랫동안 일할 의지력이 충분하지 않을 때 진입하는 낭비적인 상태로 간주되고 있다."

어디서 많이 들어본 말 같은가? 우리는 수면을 활동이라고 여기지 않으며 확실히 생산적이라고 생각하지도 않는다. 하지만 잠은 당신이 할 수 있는 가장 생산적인 활동 중 하나다. 예를 들어, 수면은 광범위한

신경 보호 효과를 발휘한다. 수분 공급이 피부에 도움이 되는 것처럼 수면은 뇌에 도움이 된다. 즉, 수면은 뇌를 빛나게 한다. 뇌에는 글림프 시스템이라는 혈관 네트워크가 있다. 글림프 시스템은 뇌를 청소하는 기능을 하는데 우리가 잠들자마자 작동을 시작한다.

자는 동안 진행되는 엄청난 양의 정서적, 생리적 재생을 생각하면 수면을 비생산적이라고 생각하기가 더 어려워진다. 우리가 자는 동안 기억이 통합되고 시냅스 공간도 정리되어 다음 날 새로운 걸 배울 수 있게 된다. 우리 몸은 심장을 비롯한 모든 근육을 복구하기 위해 수천 개의 작은 손 같은 역할을 하는 세포를 활용한다. 신진대사와 내분비 기능도 안정되는데, 후자는 감정을 조절하는 데 도움이 된다.

우울증 때문에 잠이 오지 않는 걸까, 아니면 수면 장애 때문에 우울증에 걸리는 걸까? 수면 장애는 역사적으로 근본적인 심리적 고통의 일반적인 증상으로 이해되어 왔지만, 수면과 정신 건강의 밀접한 연관성에 대한 최근 연구에서는 수면이 정신 질환 발달과 영구화에 보다 인과적이고 직접적인 역할을 하는 것으로 간주한다.

내가 나 자신에게 선물한 가장 효과적인 정신 건강 개입 방법은 겨우 4달러였다. 약국에서 귀마개 한 상자를 구입한 뒤 수면 시간이 극적으로 증가했다. 덕분에 지난 20년간 여러 차례 우울증에서 벗어날 수 있었다고 확신한다.

뒤틀리고 땀에 젖은 채 영혼의 어두운 밤 속에서 정신의 기반을 깊이 파고들어야만 개인적 성장이 중요한 발전을 이룰 수 있다는 규칙은 없다. 우리의 정신 건강을 지키는 가장 좋은 방법은 실질적인 행동을 이용하는 것이다. 심호흡, 걷기, 수면 등은 매우 효과적인 방법이다.

기분이 좋지 않은 밤, 힘든 일이 많은 달, 참기 힘든 계절 등 우리 모두 정신 건강에 나쁜 순간들을 경험한다. 이렇게 정신 건강에 '나쁜' 순간에 하는 모든 일이 수면을 안정시키기 위한 것이라면 당신은 정말 엄청나게 많은 일을 하고 있을 것이다. 예방적으로 수면을 최적화하는 것은 정신 건강을 위한 보호 조치이기도 하다. 당신의 몸도 기회만 준다면 개입해서 많은 치유 작업을 수행할 것이다. 수면을 안정시키는 게 만병통치약이라는 얘기는 아니지만, 그건 정신 건강을 증진시키고 다른 효과적인 정신 건강 개입에 보다 쉽게 접근할 수 있게 하는 즉각적이고 효과적인 방법이다.

나는 오늘 당신에게 무슨 일이 일어났는지, 일어나지 않았는지, 당신 상태가 어떤지 모른다. 당신이 현재 처한 상황이 좋은지 나쁜지 혹은 회색 지대에서 살고 있는지도 모른다. 내가 아는 건 깨어있는 동안 무슨 일이 일어나든 당신의 일부는 잠자는 동안 치유된다는 것이다.

♦ 중요하지 않은 건 줄이고, 중요한 건 늘리자

때때로 당신이 가장 먼저 해야 할 일은 놀랍게도 일을 줄이는 것이다. 일을 줄이고, 뒤로 물러서고, 거절하고, 멈춰야 한다. 본능에 귀를 기울이고 의도를 정하는 법을 많이 배울수록, 자기가 무엇에 관심이 있고 무엇에 관심이 없는지 더 명확하게 알게 될 것이다. 자기가 관심 없는 것에 에너지나 시간을 쏟지 않는 것은 회복 전략만큼 훌륭한 일이다. 중요하지 않은 건 줄이고, 중요한 건 늘리자.

당신은 자기가 무엇에 관심이 있고 무엇에 관심이 없는지 알고 있는가? 대부분의 사람들은 자기 가치관이 무엇인지 잘 모른다. 당신이 의식적 또는 무의식적으로 중요하게 여기는 것이 무엇이든, 그걸 전력을 다해 추구할 것이다. 완벽주의자인 이상 어쩔 수 없는 일이다. 그러니 자기 내면에 가장 깊이 간직하고 있는 가치관이 무엇인지 명확하고 의도적으로 파악할 수 있도록 최선을 다해야 한다.

잠시 아래의 가치관 목록을 살펴보자. 당신이 중요하게 여기는 것이 있는가? 전부 중요하지 않은가?

청결	호기심	예술성	흥미
시간 엄수	지위	건강	프라이버시
친목	가족	기쁨	돈
놀라움	안전	고독	봉사
자유	감사	속도	정직
우정	축하	유머	모함

당신은 어떤 가치관에 관심이 있는가? 목록에서 빠진 건 무엇인가? 자기가 원하는 건 무엇이든 중요하게 여길 수 있다는 걸 기억하자. 자기가 중요하게 여기지 않는 것에 대한 투자는 줄이고 중요한 것에 더 많이 투자해야 한다. 살면서 무엇을 하고 무엇을 하지 않을지 결정하는 사람은 당신 본인이다. 자기가 내린 결정에 확실한 주인 의식을 품어야 한다. 그리고 결정에 대한 책임을 받아들여야 분노를 줄일 수 있다. 누군가 대신해줄 거라 기대하지 마라.

분노는 기쁨의 장벽이다. 분노 에너지는 밀도가 높고 무겁다. 주머니에 든 돌, 가방에 든 벽돌, 발목에 단 모래주머니 같다. 원한을 품고 있는 동안에는 빠르고 자유롭게 달릴 수 없다. 통제하려는 사고방식은 분노를 붙잡는다. 자신의 경험, 가치관, 선택을 검증할 수 있는 힘이 있다는 걸 이해하지 못하면 분노를 다이얼 삼아 자기가 받는 검증의 정도를 통제하려고 한다.

우리는 분노를 검증을 위한 표시로 사용한다. 또한 자기의 삶을 책임져야 하는 엄청난 과제를 피하고자 할 때도 분노를 활용한다. 내가 당신에게 화를 낼수록 그게 당신 잘못이었다는 걸 증명한다. 즉, 이 문제를 해결해야 할 사람은 당신이지 내가 아니다. 힘의 사고방식은 분노를 당신이 사람, 이야기, 일에 얼마나 많은 에너지를 쏟고 있는지 알아보기 위한 신호로 삼는다. 그러면 당신의 힘은 에너지 소비량을 자기가 적합하다고 생각되는 수준으로 다시 조정할 수 있게 해준다.

자기 선택에 대해 주인 의식을 품으면 분노가 줄어든다. 이제 본인

삶의 리더가 되어 자기가 많이 원하는 것은 받아들이고 적게 원하는 건 거절할 수 있는 자격이 생겼다고 느끼기 때문이다. 당신이 원하는 것들로 가득 찬 삶을 즐길 수 있는지 여부는 또 다른 문제이며, 다음 장의 주제이기도 하다.

오늘 당신의
완벽한 삶을 즐겨라

꽃망울을 터트릴 때의 고통이 두려워서 꽃망울
속에 머물러 있으면 더 큰 아픔을 겪는 날이 온다.

—아나이스 닌Anais Nin

♦　　　　　　　　　　　　　　이제 당신은 자유다!

스스로 신뢰하지 못한다면, 자기가 살면서 해야 할 올바른 일에 대해 확신을 품지 못한다. 그래서 그 올바른 일이 뭔지 알아내려고 애쓰면서 인생을 살아간다. 하지만 알아낼 수 있다는 보장이 없으므로 잠깐의 좌절을 실패로 해석한다.

　당신은 지금 하는 일부터 성공시켜야 한다. 만약 그렇지 못한다면 앞으로 어딜 가도 성공할 방법을 찾게 될 것이라고 확신할 수 없기 때문이다. 당신은 미래의 결과에 집착하면서 살아간다. 그로 인해 만성적인 불안을 느끼지만, 그 불안을 '희망'이라고 부른다. 그런 순간에 다들 어떻게 하라고 말하는가? 자신을 사랑하라고 말한다. 자신을 사랑하는 것이 무슨 만병통치약이라도 되는 것처럼 광고한다. 하지만 자기애는 만병통치약이 아니다.

우리는 자기애가 모든 고민에 대한 해답이라고 생각한다. 상담 치료를 받고, 충분한 수면을 취하고, 잠에 들기 전 다리에 로션을 바르고, 자신에게 친절하게 말하는 등 필요한 일을 다 한다. 그런데도 왜 여전히 기쁨과 멀리 떨어져 있다고 느끼는 걸까?

스스로 신뢰하는 사람은 자기 삶의 전문가다. 자신과 신뢰를 쌓은 사람들은 확신이 아닌 자신감을 가지고 움직인다. 하지만 그런 사람들도 여전히 실수를 저지른다. 가끔은 최선이 무엇인지 잘 모를 때도 있다는 걸 알아야 한다. 전문가가 되기 위해 모든 해답을 다 알아야 할 필요는 없다. 그게 전문가가 되기 위한 조건은 아니다.

전문가는 자기 전문 분야에서 정보와 경험에 모두 입각한 접근 방식으로 전념하는 사람이다. 당신의 전문 분야는 자신의 진정한 자아다. 진정한 자신이 되는 법에 대해 매 순간 긍정적이지 않더라도 괜찮다. 당신은 끊임없이 변하고 있는데 어떻게 항상 확신할 수 있겠는가? 더 많은 정보와 경험이 쌓이면서 정답이라고 생각했던 것이 바뀌어도 상관없다.

열심히 귀 기울이다 보면 사실 정답은 없다거나 계속 바뀐다고 말하는 걸 꾸준히 듣게 될 것이다. 단 하나의 명확하고 올바른 경로가 존재하는 경우는 거의 없다. 우리 삶의 층위와 역설을 인정하면, 세상에서 가장 똑똑한 사람은 "나는 모른다."라는 말을 가장 많이 하는 사람이다. 다음은 자신에 대한 신뢰에 대한 오해 3가지를 가져왔다.

원할 때마다 원하는 일을 할 수 있다

자신을 신뢰하는 사람은 스스로에게 솔직하다. 우리는 자신을 많이 신뢰할수록 강박적일 거라고 생각하는데 사실은 그 반대다. 자신을 가장 신뢰하는 사람은 자신을 가장 존중하는 사람이다.

외부의 조언이나 안내가 필요 없다

조언을 구하는 건 리더들의 오랜 전통이다. 조언을 듣는 걸 거부하는 리더는 오만과 불안을 동시에 드러낸다. 자기가 자기 삶을 주도할 수 있다고 믿으면, 다른 사람들의 관점에서 생각할 수 있을 뿐만 아니라 그런 관점을 적극적으로 얻으려고 할 만큼 안정적인 상태가 된다.

자신을 믿는다는 건 실수를 적게 한다는 뜻이다

실수는 위험을 감수하는 과정의 일부다. 자신을 신뢰할 때는 아무것도 증명하려고 애쓰지 않는다. 따라서 더 많은 위험을 감수할 수 있고, 실수를 더 많이 하게 될 수도 있다. 하지만 자신을 신뢰하면 자기 본질을 의심하기보다 자기에게 필요한 것이 무엇인지 고민하는 데 집중한다.

　예를 들어 스스로 일주일 내내 무감각한 수준이라는 걸 알아차렸을 때, 자신을 믿지 않는 사람이라면 이렇게 생각할 것이다. '또 이러고 있네. 전부 다 엉망이잖아. 내가 이럴 줄 알았어. 이 상황을 다시 바로잡을 수 있을까? 아니면 영원히 엉망인 채로 살아야 할까?' 자신을 믿지 못하면 자기가 실수를 하는 순간을 기다리게 된다. 자기가 얼마나 신뢰할 가치가 없는 인간인지 확신하면서 물고 늘어진다. 정말 옹졸한 행동이다. 이런 식으로 자기 실수에 집착하면서 그 내용을 계속 기억해두려고 한다.

반대로 자신을 신뢰하는 사람은 자기가 일주일 내내 무감각하다는 걸 알아차려도 이렇게 생각할 것이다. '흠, 그동안 너무 무감각하게 지냈네. 내가 원하는 게 있는데 얻지 못해서 그럴 거야. 그게 도대체 뭘까. 누가 그걸 알아내는 데 도움을 줄 수 있을까?' 스스로 쩨쩨하게 굴지 않는다. 자기 연민과 호기심에는 너그러움이 있고, 자신을 지지하기 위해 노력한다.

치유는 뭘 해야 하는지 알아내는 게 아니다. 자기가 그 일을 하리라고 믿지 않는다면, 뭘 해야 할지 아는 건 중요하지 않다. 치유는 자신을 신뢰하는 법을 배우는 것이다.

◆　　　　　　　신뢰는 행동으로 뒷받침되며,
　　　　　　　　시간이 지나면서 쌓인다

신뢰를 저절로 일어나는 일이 아니다. 그건 직접 선택하고 행동을 통해 뒷받침해야 한다. 당신이 무엇을 성취했든 일을 얼마나 잘 해냈든 자신을 믿기로 결심하기 전까지는 자신을 신뢰하지 않을 것이다.

커리어가 자기 신뢰를 안겨주지는 않는다. 당신은 자기 분야에서 최고 수준까지 올라갈 수 있다. 하지만 자신에 대한 신뢰가 없으면, 정상에 올라도 이제 시작한 것처럼 불안할 것이다. 아직 준비되지 않은 대담한 행동을 통해 스스로를 신뢰한다는 사실을 증명하는 건 피해야 한다. 신뢰를 증명하려고 대담하게 행동하면 그 담대함이 오히려 역효과를 낳는다. 신뢰는 서둘러서 되는 문제가 아니다.

거창하게 행동할 필요 없다. 스스로의 가치관과 일치하는 행동은 그 크기에 상관없이 자신과의 신뢰를 재건하는 데 도움이 된다. 우리 모두 자신을 믿지 않는 타당한 이유가 있다. 우리 모두 자신을 고의적으로 배신한 적이 있다. 자신을 포기한 적이 없는 사람을 데려오라고 하면, 난 어린아이를 보여주겠다. 어른이 되면 더 넓은 세상이 열리고 누구나 여러 가지 실수를 한다. 자신의 요구를 무시하고 버리는 건 누구나 하는 보편적인 실수다.

자기 파괴적인 패턴은 당신의 가장 흥미롭지 않은 부분이다. 그런데 왜 그게 당신의 정체성을 이끌도록 내버려 두는가? 그렇게 망가진 모습이 정말 당신의 전부인가? 그 이야기에 질리지 않는가? 남들에게 공유하지 않는 당신이 실제로 어떤 사람인지 알려주는 훨씬 큰 이야기 안에서 흥분을 느낄 수 있다. 당신 내면에는 동굴에 쌓인 보물처럼, 퍼담기만을 기다리고 있는 가치가 쌓여 있다. 당신 내면에 잠재된 재능과 욕구를 본인도 느낄 수 있을 것이다.

그런데 왜 아직도 그 부분을 주도하지 못하는가? 당신이 진정 원하는 것에 대한 권리를 주장할 수 있는 부분인데 말이다. 왜냐하면 자기가 그 이야기에 부응하며 살 수 있을 거라고 믿지 않기 때문이다. 자신의 두려움에 직면할 준비가 되면, 일어날 수 있는 최악의 상황이 무엇인지 자문하지 않는다. 자기가 진정으로 원하는 게 무엇인지 자문할 뿐이다.

자신을 신뢰하고자 할 때 가장 먼저 던져야 하는 질문은 "나는 무엇을 원하는가?"이다. "나는 무엇을 원하는가?"는 지극히 기본적인 질문이지만, 매우 당황했을 때의 반응을 끌어낼 수 있다. "그게 무슨 뜻이죠? 질문에 대해 설명해 주시겠어요?" 그러니까 묻고 싶은 질문은, 당신은 무엇을 원하느냐는 것이다.

당신이 자기가 가진 모든 것에 감사한다는 걸 안다. 하지만 그보다 더 많은 걸 원해도 괜찮다는 걸 아는가? 그런 욕망은 병적인 게 아니다. 당신의 내면에는 항상 어떤 목소리가 존재한다. 그 목소리는 무엇이 괜찮고 무엇이 안 괜찮은지 말해준다. 그 목소리는 당신에게 필요한 것, 당신이 원하는 것, 당신이 진정한 즐거움을 느끼는 곳을 말해준다. 진정한 자신에게 적응하려면 이런 직관적인 목소리에 귀를 기울여야 한다. 자기가 원하는 게 뭔지 스스로에게 물어볼 때마다, 직관이 마이크에 직접 대고 말해준다. 나는 ○○를 원한다고 크게 말해서 말소리가 허공에 울려 퍼지게 하자.

자기가 원하는 게 뭔지 확인하면 이제 자기는 원하는 걸 얻을 수 있는 사람이라는 생각을 뒷받침할 수 있는 방식으로 자신에 대해서 생각하고 말해야 한다. 그런데 이건 좀 차원이 다른 문제다. 당신이 내면에 품고 있는 직관적인 지식, 즉 나는 능력 있고 가치 있는 사람이라는 생각을 존중하는 것에 깊은 거부감이 들 수 있다.

이를 여성인 우리가 자신의 부족함을 쉽게 나열할 수 있는 것과 대조해보라. 자기 결점을 말해보라고 하면 우리는 아무 고민 없이 밤새도록 읊을 수 있다. 식당 종업원들이 지루한 태도로 메뉴를 줄줄 읊는 것처럼, 자기가 생각하는 결점을 빠짐없이 기억해 쉴 틈 없이 말하는 것이다. 레베카는 무엇을 원하느냐는 질문에 당황한 듯한 반응을 보이지 않았다. 열정형 완벽주의자인 그녀는 엄청나게 효율적인 태도로 대답했다.

나 눈을 감아보세요.

레베카 눈을 감을 생각은 없으니까 그냥 계속하세요.

나 질문을 하나 할게요. 이 질문에 대답하기 전에 머릿속에 떠오르는 이미지를 말해주세요. 아무 이미지나 상관없어요.

레베카에게 이렇게 말한 이유는 자기가 직관적으로 원하는 걸 시각적인 방식으로 처음 접하는 이들이 많기 때문이다. 그들이 품은 욕망의 상징은 그 욕망을 표현할 명확한 단어가 떠오르기 훨씬 전부터 머릿속에 나타난다.

레베카 알았어요, 해보죠. 질문하세요.

그녀를 보니, 준비 자세를 취한 상태에서 코트의 어느 지점으로든 전력 질주하고 싶어 하는 테니스 선수가 떠올랐다.

나 원하는 게 뭔가요?

레베카 선인장이요.

그녀의 대답을 듣기도 전에 얼른 대답하려는 기색을 느낄 수 있었다. 그리고 나도 어느새 그 속도에 반응하기 시작하는 게 느껴져서 차분히 마음을 가라앉히고 그녀의 대답에 귀를 기울이려고 애썼다.

나 좀 천천히 진행할게요. 그러니까 중요한 건, 잠깐 방금 선인장이라고 했나요?

레베카 선인장이 보여요.

나 그게 뭘 의미한다고 생각하세요?

레베카 그게 뭘 의미하는지는 이미 알고 있어요. 난 항상 선인장에 대해 생각하거든요. 출근할 때, 회의할 때, 샤워할 때도요. 난 따뜻한 곳에 있고 싶어요. 내게는 태양이 필요하니까요. 선인장이 자라는 밝고 더운 곳에서 살고 싶네요. 그게 이 상담의 요점인가요? 그렇다면 다음 부분으로 넘어가는 게 좋겠네요.

그때는 한겨울이었다. 나는 하얀 안개를 배경으로 맨해튼의 스카이라인이 펼쳐져 있는 아름다운 경치가 보이는 창문 쪽으로 고개를 기울였다.

나 여기는 별로 덥지 않잖아요.

레베카 알아요, 그래서 싫어요. 처음 이곳으로 이사 왔을 때는 뉴욕을 좋아했는데 이제는 별로 매력적이지 않아요. LA로 이사하고 싶어요. 거기에서는 진짜 내가 된 기분을 느낄 수 있어요.. 모든 게 마음 편하거든요.

나 전에는 이런 얘기를 한 적 없잖아요.

레베카 네, 실제로 그곳에 갈 것 같지는 않거든요.

나 당신이 LA로 이사하지 못하는 이유가 뭐죠?

레베카 거기에는 지사가 없어요.

나 하지만 당신은 지금 직장을 좋아하지도 않잖아요.

레베카 그게 중요한 게 아니에요.

레베카는 뉴욕에 대한 애착이 없고, 아이도 없고, 반려동물도 없으며, 월세 집에서 살고 있었다. 그녀의 가족과 친구 중 일부는 뉴욕에 살았지만 대부분은 전국에 흩어져 있었다. 또 그녀는 독특한 재정 상황에 처해 있었다. 학자금 대출과 빚을 다 갚았고, 몇 년 동안 자기 수입보다 훨씬 적은 돈으로 생활하며 많은 돈을 모았다. 그녀는 언제든 짐을 꾸려서 떠날 수 있는 상황이었지만 계속 이곳에 남아 있었다.

레베카 알아요. 당신이 무슨 말을 하려는지 이미 다 알지만, 그냥 태양이 내리쬐는 곳에 살고 싶다고 해서 내 삶을 완전히 바꿀 수는 없어요.

나 누가 그런 말을 했나요?

레베카 무슨 말이에요? 아무도 그런 말 안 했어요. 원래 그런 거예요. 원할 때마다 원하는 일을 하면서 살 수는 없어요.

나 당신이 원하는 일을 해서 자기 자신이나 다른 사람이 해를 입게 된다면 물론 안 되겠죠. 하지만 이 경우에는 당신이 원하는 일을 하지 않으면 본인에게 해가 돼요. 당신은 지금 우울해하고 있는데, 진짜 자기가 된 기분을 쉽게 느낄 수 있는 화창한 곳에서 살고 싶다는 걸 알고 있잖아요. 당신이 LA로 여행을 다니기 시작하면 어떻게 될지 정말 궁금해요. 당신도 궁금한가요? 아니면 나 혼자만 궁금한 건가요?

레베카 아뇨, 거기서 더 많은 시간을 보내고 싶어요. 비행기가 LA에 착륙할 때, 내 몸은 뭔가 이륙한 듯한 느낌이 들어요. 그곳에 사는 낯선 사람들과 이야기를 나누면 기분이 좋아져요. 거기서는 다른 사람이 되죠. 더 자유로워지는 기분이에요.

나 뉴욕에 도착할 때는 기분이 어때요?

레베카 장례식장에 온 것 같네요.

나 아주 강한 표현이네요. 이곳에 사는 걸 정말 싫어하는군요.

레베카 여기가 싫어요.

나 아까 원할 때마다 원하는 일을 하면서 사는 건 옳지 않다는 자격 의식에 대해 얘기했죠. 그렇다면 당신이 하기 싫은 일을 하면서 살아야 한다고 느끼는 이유가 뭔지 궁금해한 적이 있나요?

레베카 이 대화가 마음에 안 드네요.

나 좋아하라는 얘기는 안 했어요.

레베카 나한테 뭘 묻는 건가요? 대체 내가 무슨 말을 하길 바라세요?

나 당신은 항상 원치 않는 일을 해왔잖아요. 당신 자격 의식과 자유를 계속 그 상태로 유지하고 싶은지 진지하게 생각해봤으면 좋겠어요.

다음 상담 시간에 레베카는 자기가 장차 LA에서 살 집의 세세한 부분까지 상상하기 시작했다고 털어났다. 그녀의 시야가 넓어지고 있었다. 미래의 집을 상상하는 즐거움을 응원하기 위해 내가 현관에 대해 품고 있는 애정을, 우편함을 주문 제작하는 것 같은 별난 일들에 비유해 얘기했다.

레베카 그게 무슨 말이에요?

나 문은 하나하나 다 다르거든요.

레베카 아니, 우편함 얘기요.

나 음, 그러니까 자기 집이 있으면 자기 우편함을 고를 수 있어요. 이곳에서 쓰는 공용 우편함과는 다르죠.

레베카 자기 집 우편함을 직접 고를 수 있다고요? 다들 그렇게 해요?

나 네, 그렇게들 하죠.

그 말을 들은 레베카는 완벽한 우편함을 찾기 시작했다. 그녀는 우편함을 검색하면서 말로 표현할 수 없는 즐거움을 느꼈다. 가끔 마음에 드는 제품의 스크린샷을 내게 보내기도 했다. 그러면 나는 선인장과 태양 이모티콘으로 답장을 보냈다. 우리는 그녀가 느낀 즐거움이 훨씬 깊은 욕망에 어떻게 영향을 미치는지 얘기했다. 우편함은 눈에 보이지 않지만 중요한 무언가를 상징하게 되었다.

한번은 상담을 본격적으로 시작하기 전에, 레베카가 정말 마음에 드는 우편함인데 하나에 200달러는 너무 과한 것 같냐고 물었다. "완벽한 우편함을 찾은 거예요?" 내가 물었다. "완벽한 우편함을 찾았어요." "지금 당장 보여줘요." 우리는 여전히 레베카의 코트가 걸린 옷걸이 옆에 서 있는 상태였다. 레베카는 잠시 휴대폰을 만지작거리다가 내게 건네줬다. 정말 이상하게 들린다는 거 알지만, 그녀가 선택한 우편함을 보는 건 마치 갓 태어난 아기 사진을 보는 것 같았다. 우편함은 완벽했다. "세상에, 레베카." 내가 말했다. "맞아요." 그녀가 대답했다.

레베카가 LA로 이사하기까지 2년이 걸렸다. 누구나 그렇듯이 그녀도 원하는 건 뭐든지 할 수 있다는 기분을 느끼기 위해 고군분투했다. 또 용감하고 대담하게 자신을 신뢰하는 걸 어렵게 만드는 우울증과도 싸웠다. 하지만 어렵다고 해서 불가능한 건 아니다. 그녀는 해냈다. 레베카는 자신의 욕망을 결코 현실이 될 수 없는 환상처럼 취급하지 않고, 임박한 현실의 틀 안에서 자기 욕망을 즐긴 덕분에 캘리포니아로 이주하게 되었다.

많은 열정형 완벽주의자들이 그렇듯이 레베카도 프로세스 완벽주의에 걸려 넘어졌다. 그녀는 모든 단계가 너무 오래 걸린다고 느꼈다. 그냥 움직이기까지 걸리는 시간이 실패에 대한 그녀의 두려움을 보여주었다. 예를 들어, 그녀는 부동산 중개인에게 연락하는 데만 4개월이 걸렸다. 이 일 때문에 그녀의 마음속에는 다음과 같은 두려움에 기반한 메시지가 표시되었다. '시작하는 데 시간이 얼마나 걸리는지 봤지? 이걸 정말 원했다면 지금쯤 다 끝냈을 거야. 넌 절대로 이걸 실행하지 않을걸. 이 어리석은 환상 때문에 그냥 정신만 산만해지잖아. 일이나 해.'

레베카가 부동산 중개인에게 연락하는 데 4개월이 걸렸다는 사실이 그녀가 평생 LA에 갈 자격이 없다는 걸 의미하는지 판단해야 했다. 처벌이냐 자기 연민이냐의 기로에 놓였던 그 순간을 결코 잊지 못할 것이다.

지속 가능한 변화는 이렇게 세분화된 수준에서 아주 오랜 시간에 걸쳐 아주 미세하게 진행된다. 변화의 한가운데에 있을 때는 자기가 얼마나 변하고 있는지 깨닫지 못한다. 자기가 변하고 있다는 생각을 못할 때는 필연적으로 낙담하는 순간이 있다. 그때 수천 개의 보이지 않는 순간 위에 쌓인 하나의 가시적인 순간이 갑자기 나타난다.

내담자들이 꾸준히 노력해 온 변화가 어떻게든 이루어지는 순간은 내가 가장 좋아하는 부분 중 하나다. 마치 마법처럼, 이런 갑작스러운 순간은 들뜬 충격을 안겨준다. 자기가 노력해 온 목표가 현실이 되었다는 것을 깨닫게 해주는 일이 갑자기 일어난다. 버스에서 낯선 사람이 당신이 만든 어플에 대해 얘기하는 걸 우연히 들었을 때 이런 갑작스러운 순간이 닥쳐올 수도 있다. '세상에, 그거 내가 만든 어플이에요. 진짜 내가 그 어플을 만들었다고요!' 어쩌면 갓 결혼한 아내와 함께 식사를 하러 갔는데 웨이터가 "아내분에게 음식 알레르기가 있나요?"라고 물을 수 있다. 그러면 당신은 '세상에, 우리 정말 결혼했구나!'라고 퍼뜩 깨달을 수도 있다.

이런 목록은 끝없이 이어진다. 중요한 건 예전에는 거의 상상할 수조차 없었던 일을 겪는 것이다. 그 경험은 자신에게 "내가 원하는 게 뭐지?"라고 진지하게 묻지 않으면 일어날 수 없다. 그렇긴 해도, 살다 보면 길을 완전히 잃어서 자기가 누구인지도 모르고 자기가 뭘 원하는지도 전혀 모르는 경우도 있다. 그런 잃어버린 순간이 인생에서 가장 강력한 순간이 될 수 있다.

♦   의미 찾기: 가장 위대한 힘의 형태

완전히 갈 길을 잃어버린 원초적인 무중력의 순간은 항복을 손짓한다. 항복은 완전한 통제력 상실이자 가장 위대한 형태의 힘이다. 항복은 패배를 인정하는 게 아니다. 항복은 상상을 넘어서는 잠재력을 인정하는 것이다. 항복은 당신이 혼자가 아니라는 걸 확인하는 것이다. 항복할 때는 자신이 아닌 다른 힘이 작용하고 있다는 걸 인정하게 되는데, 그 힘이 존재하고 또 당신도 존재하기 때문에 그 힘과 연결되는 게 가능하다. 항복은 그 연결을 향상시키기 위한 것이다.

항복은 "나는 열려 있다."라고 말하는 기도다. 부수고 연 뒤에 항복의 순간을 맞는 것도 드문 일은 아니다. 당신이 열린 지점에 도달하는 방법은 중요하지 않다. 중요한 것은 마음을 열면 강력한 힘을 발휘할 수 있다는 걸 이해하는 것이다.

당신은 모든 게 자기에게 달려 있다고 생각한다. 그리고 그런 불가능한 압박감 속에서 모든 걸 통제해야 한다고 느낀다. 하지만 모든 게 당신에게 달려 있지 않고 모든 걸 통제할 수 없기 때문에 결국 실패한다. 통제력을 잃었는데도 항복하지 않는다면 반드시 실패하게 된다. 당신은 자신의 개인적 자아 외에는 아무것도 믿지 않기 때문에 스스로를 변화시키는 데 실패하면 남는 게 없다.

통제력을 잃었을 때 항복하면 가능성이 남는다. 항복하는 과정에서 자기가 모든 질문에 대한 모든 답을 알고 따라서 우주를 전체적으로 지배할 수 있는 전지적인 존재라는 나르시시즘적인 생각을 버리기 때문에 가능성이 생기는 것이다. 2017년의 한 연구에서는 적응적 완벽주의자, 부적응적 완벽주의자, 비완벽주의자의 웰빙 차이를 조사했다. 적응적 완벽주의자는 자기 삶이 매우 의미 있다고 보고한 반면, 부적응적 완벽주의자는 아직 의미를 탐색 중인 경우가 가장 많았다.

당신의 삶이 의미를 갖기 위해 신의 섭리나 의인화된 형이상학적 존재를 믿을 필요는 없지만, 그래도 뭔가를 믿기는 해야 한다. 아무것도 믿지 않는다면 의미를 만들어낼 수 없다. 그리고 의미가 없으면 어려움을 겪게 된다.

우리에게 의미를 안겨주는 일이 반드시 정의로울 필요는 없다. 눈맞춤의 힘, 공공도서관의 중요성, 항상 몸에 좋은 간식을 준비하는 사람이 발휘하는 힘도 믿을 수 있다. 의미는 평등한 사건이라서 아무리 가벼운 접촉이라도 깊게 스며든다.

당신은 자기가 선택한 것에 의미를 부여할 수 있는 힘을 가지고 있다. 또 개인적인 정책을 통해 자신에게 의미 있는 걸 받아들이고 그걸 되살릴 수 있는 힘도 가지고 있다. 예를 들어, 눈맞춤에 상대방을 검증하는 힘이 있고 그 안에서 의미를 찾을 수 있다고 믿는다면, 다른 이들을 거래적으로 대하기보다 만나는 모든 이들과 눈을 맞추겠다는 방침을 정할 테고 그러면 당신의 삶은 더 의미가 깊어질 것이다. 자기에게 의미 있는 게 뭔지 모른다면 다음과 같은 질문을 던져보자. 전체가 부분의 합보다 큰 건 무엇인가? 예를 들어, 음악은 특정한 리듬으로 연주하는 일련의 음표다. 만약 노래가 특정한 운율로 연주되는 일련의 음표 이상이라고 여긴다면, 음악은 당신에게 의미 있는 존재다.

의미는 문자 그대로의 것을 비유적인 것으로 변형시킨다. 의미 있는 것과 연결되면 관점과 목적이 생기지만 통제력은 얻지 못한다. 뭔가를 만들고 싶은가? 다른 사람들이 그걸 좋아할 것인지 여부는 통제할 수 없다. 누군가를 사랑하고 싶은가? 그들이 항상 안전하도록 통제할 수는 없다.

자기 삶에 더 많은 의미를 부여하는 건 두려운 일이다. 두려움을 사라지게 하는 특별한 해트트릭 같은 건 없다. 당신이 두려워하는 것 대부분은 자기 마음속에만 존재한다는 사실을 기억하고, 종이 호랑이가 포효하도록 내버려두자. 그리고 어떻게든 의미를 불러들이자. 일상생활을 통해 자기에게 의미 있는 것에 생기를 불어넣을 수 있다는 걸 아는 사람은 자기 힘과 접촉할 수 있는 사람이다.

자신에게 의미 있는 것에 생기를 불어넣을 기회를 얻지 못하면, 이 세상에서 결코 자신의 진정한 자아를 드러낼 수 없는 죽음 같은 삶을 살게 된다. 결코 자유로워질 수도 없다. 마치 유리 뒤에 사는 것처럼, 혼자 있을 때만 진짜 자기가 될 수 있는 듯한 기분이 든다. 그렇다고 매일 끔찍한 기분이 들지도 않는데, 그게 가장 위험한 부분이다. 기계적으로 자유를 경험하는 게 익숙하고 일상적인 것처럼 느껴진다.

평생을 그렇게 고상하지만 남들보다 못한 상태로 살 수도 있다. 힘이 없는 척하면서 그걸 겸손함이라 칭하는 것이다. 자신의 힘과 존재를 축소하는 것은 겸손함이나 점잖음 같은 것의 반영이 아니다. 자신의 강점을 통해 이끌면서 동시에 모든 인간은 뭔가에 재능이 있다는 걸 인정하는 것이 바로 겸손이다. 당신이 무얼 성취하고 싶건, 어떤 사람이 되고 싶건, 그 자리에 도달하려면 다른 사람들의 많은 도움과 협력이 필요하다는 걸 이해하는 것이 바로 겸손이다.

유리 뒤에서 벗어나면 태양이 지금까지와는 다른 느낌으로 피부에 와 닿는다. 그 차이는 미묘하지만 때로는 미묘함이 모든 걸 가른다. 내면적으로 적응하면, 당신이 경험하는 변화는 당신 외에는 누구도 감지할 수 없는 미묘한 변화가 될 것이다. 적어도 처음에는 당신만 느낄 수 있고 당신만 알아차릴 것이다. 그런 개인적인 변화를 즐기는 것은 즐거움이 자 자신에게 주는 선물이다.

계속해서 즐거움을 부정하면, 당신은 믿고 힘을 맡길 수 없는 사람이라서 남의 통제가 필요하다는 신호를 자신에게 보내게 된다. 통제 사고방식에서 볼 때 즐거움은 주의를 산만하게 한다. 외부적으로 검증된 가치를 지속적으로 제공해야 하는 희소성 모델 안에서 움직일 때는 만족감을 느낄 시간이 없다. 그래서 기쁨을 지식화하기 시작하면서 나중에 매우 행복해지기 위한 훌륭한 계획을 세운다.

힘의 사고방식에서는 오늘 당장 자기 세계에서 즐거움을 느낄 수 있다. 그럴 자격을 획득했거나 나쁜 사람 또는 무례한 사람이 되고 싶어서가 아니라 지금 당신이 살아 있기 때문이다. 즐거움이 기쁨을 부르고 신뢰가 즐거움을 부른다면, 신뢰를 부르는 건 무엇인가?

♦ 　　　　자기 용서: 스스로 신뢰하는 지름길

자기 자신과의 신뢰를 다시 쌓으려면, 지금 용서해야 할 필요가 있는 과거의 자신을 조사해서 목록을 작성해야 한다. 신뢰를 회복하고 자신을 용서하는 건 힘든 일처럼 들리지만 꼭 힘들어야 할 필요는 없다. 신뢰와 용서는 이분법적이지 않기 때문에 몇 분 안에 신뢰와 용서를 다시 쌓기 시작할 수 있다.

당신은 자신을 조금 혹은 많이, 또는 그 중간 정도로 신뢰할 수 있는데 평상시에 늘 그럴 수도 있고 전혀 아닐 수도 있고 암묵적으로만 신뢰할 수도 있다. 용서도 마찬가지다. 자신을 조금 혹은 많이, 또는 그 중간 정도로 용서할 수 있는데 평상시에 늘 그럴 수도 있고 전혀 아닐 수도 있고 무조건적으로 용서할 수도 있다. 속담에도 있듯이, 용서는 우리가 건너가는 선이 아니라 걸어가는 길이다.

자신을 암묵적으로 신뢰하거나 무조건적으로 용서하지 않아도 괜찮다. 자기가 건강하거나 치유되었다고 여기려면 삶의 모든 범주에서 자신을 100퍼센트 사랑하고 용서하고 신뢰해야 한다는 생각은 정말 터무니없는 생각이다.

예를 들어, 여성들은 자기 몸을 있는 그대로 사랑하기 전까지는 자신을 사랑하는 게 '의미 없다'는 잘못된 생각 때문에 끊임없이 자기 몸을 사랑하라는 말을 듣는다. 의도는 좋지만, 자기 몸을 사랑하라는 지시는 계속해서 여성의 몸을 행복에 이르는 주요 경로로 삼으려고 한다. 자기 몸을 사랑하는 것은 가장 인상적인 자신감의 표시로 인식되는 동시에 여성의 정신 건강을 나타내는 가장 성공적인 깃발로 묘사되기도 한다. 웰빙 세계에서는 자기 몸을 사랑하는 것과 자신을 사랑하는 것이 동의어로 쓰인다.

자기 몸을 사랑하는 것에 자신에 대한 사랑이 달려 있지는 않다. 자신을 사랑하는 것과 자기 몸을 사랑하는 것은 다르다. 우리 몸이 곧 우리는 아니기 때문이다. 당신은 자기 몸을 좋아하거나 감사할 수도 있고, 자기 몸을 싫어하거나 자기 몸에 대해서 별로 생각하지 않을 수도 있다. 또 자기 몸은 좋아하지만 자기 자신은 미워할 수도 있다.

　우리는 자기 몸을 사랑하기 전까지는 자신을 사랑하는 게 별로 의미 없다고 생각한다. 누군가를 용서했더라도 여전히 그 사람에 대해 가끔 분노를 느낀다면 그를 용서하는 게 의미 없는 일이라고 생각한다. 또 자신의 약점인 사람이나 습관과 함께 방에 갇히더라도 절대 그쪽에 신경 쓰지 않을 거라는 확신이 없다면 자신을 신뢰하는 게 의미 없다고 생각한다. 하지만 이건 전부 사실이 아니다.

　당신은 흑백 논리의 렌즈가 아니라 비이분법적인 렌즈를 통해서 용서와 신뢰를 검토할 수 있는 힘이 있다. 해리엇 러너 박사의 《당신, 왜 사과하지 않나요?》에서, 러너 박사는 불륜 때문에 상담을 받았던 샘과 로자라는 부부를 조명한다. 그 부부는 결혼 생활을 계속하기로 했는데, 몇 년 뒤에 자녀와 겪고 있는 문제 때문에 러너 박사에게 다시 연락했다. 그와 관련된 상담이 끝나자 샘은 갑자기 로자를 쳐다보면서 자기가 불륜을 저질렀던 걸 용서했느냐고 물었다. 로자는 "90퍼센트 정도. 당신이 바람을 피운 건 용서했지만, 내가 없을 때 우리 침대에서 그 여자와 같이 잤던 건 절대 용서하지 않을 거야."라고 말했다.

　러너 박사의 말에 따르면, "로자는 샘을 90퍼센트 용서했고, 그 정도 용서만으로도 결혼 생활을 지속하기에는 충분했다. 나는 10퍼센트는 용서할 수 없다는 로자의 주장 때문에 샘이 아내를 더 존중했을 거라고 생각한다. 아마 시간이 한참 지난 뒤에는 10퍼센트의 용서할 수 없는 마음이 누그러질 수도 있고 그렇지 않을 수도 있다. 어쨌든 로자는 자기가 모든 걸 용서하지 않을 수도 있는 확고한 입장에 있다는 걸 알고 있었다."

다른 사람을 용서할 때와 마찬가지로, 자신을 꼭 100퍼센트 용서해야만 앞으로 나아갈 수 있는 건 아니다. 완벽주의자는 자기 용서와 관련해서 상당한 저항에 직면한다. 자기 용서는 우리의 높은 책임감을 위협하고, 우리는 자신을 용서하는 방법을 모른다. 용서는 정확히 어떻게 생겼는가? 무엇 때문에 자신을 용서해야 하는 건가?

어쩌면 당신은 자신을 용서할 필요가 없을지도 모른다. 그건 나로서는 알 수 없는 일이다. 내가 아는 건 당신이 자신의 진실성에서 벗어나거나, 본능을 무시하거나, 욕망을 등한시하거나, 그런 일이 일어났다는 걸 인정하지 않고 자신의 진정한 자아를 묵살할 경우 그게 문제라는 것이다. 원한은 인정받지 못한 이들을 위한 자리이기 때문에 문제가 된다.

원한은 무겁다. 기쁨에 들뜰 수 있을 정도로 마음이 가벼워지고 싶다면 자신 짓누르는 걸 놓아버려야 한다. 러너 박사의 말에 따르면, "용서라는 말은 존중이라는 말과 매우 유사하다. 아무 이유도 없이 용서를 명령하거나 요구하거나 강요하거나 선물할 수 없다." 러너 박사는 사람들이 용서를 원한다고 말할 때 실제로는 "그냥 자기 분노와 원한의 짐이 사라지길 바랄 뿐"이라고 말한다. "오히려 결단, 분리, 넘어가기, 포기 같은 말이 그들이 추구하는 걸 더 잘 설명할 수 있다." 처음에는 자기 용서에 이런 말을 적용하는 것이 문제가 있는 것처럼 보일 수도 있다. 어떻게 자신과 분리되거나 그냥 넘어간단 말인가? 그건 불가능하다.

인간으로서의 자기 가치가 과거에 저지른 수많은 실수와 어떤 식으로도 연결되어 있다는 생각을 자신과 분리하고 넘어가고 놓아줘야 한다. 지금 이 순간의 자신은 예전의 자신을 통해서 정의되지 않는다는 개념을 즐기자. 자기 용서는 자신의 정체성 안에 새롭게 달라진 자신이 나타날 수 있는 공간을 확보하는 것이다. 크든 작든, 캔버스에 빈 공간을 마련하는 것은 관대한 제안이자 진정한 개방성의 표시다. 용서는 또 과거의 자신이 아니라 지금 나타난 자신에게 반응하는 것처럼 보인다.

우리는 감사가 기쁨을 증가시킨다고 들었지만 그건 절반만 사실이다. 감사는 기쁨을 증가시킬 수 있지만, 기쁨을 허락할 만큼 자신을 용서했을 때만 가능하다. 감사를 기쁨의 열쇠로 생각해서는 안 된다. 감사는 기쁨을 위한 가속 페달일 뿐이다. 다른 걸 모두 열 수 있는 열쇠는 자기 용서뿐이다. 분명히 말하지만, 용서한다고 해서 자동으로 신뢰가 생기는 건 아니다. 당신이 용서하고 더 이상 원한을 품지는 않지만 전혀 신뢰하지 않기 때문에 가까이 다가오는 걸 허락하지 않는 이들이 있는가? 사랑, 신뢰, 용서 중 어느 것도 다른 것을 보장하지 않는다.

요약하자면, 자신을 용서하고 원한을 풀어야 자신과의 신뢰를 재구축할 수 있는 깨끗한 표면이 생긴다. 자신을 신뢰하면 즐거움을 느낄 수 있다. 자기 인생을 즐기면 기쁜 일도 생긴다. 하지만 이중 어느 것도 확실성을 보장하지는 않는다.

◆ 확실성은 실재가 아니다

확실성은 실재가 아니다. 상담 치료사들은 확실성이 뒤집히는 모습을 계속해서 목격한다. 때로는 어떤 사람이 자기 인생에서 진실이라고 생각했던 모든 것이 10개월, 10시간, 심지어 10초 안에 달라지기도 한다.

당신이 자신과 연결되어 있고 현재에 머무르고 있다면 확실성은 필요하지 않다. 자신을 신뢰하면 주위에 어떤 변화가 생겨도 자기 내면의 진정한 자아로 향하는 올바른 길이 1,000개나 있다는 걸 알 수 있다.

우리는 진정한 자신이 되는 올바른 길이 단 하나만 존재하기를 바란다. 그것이 우리의 본질에 대해 뭔가를 말해주리라고 생각하기 때문이다. 우리가 하는 일이 올바른 선택이라는 걸 안다면 우리가 옳은지 그른지 알 수 있다. 더 깊은 수준에서 보자면, 이런 감정적인 논리는 우리의 가치를 검증하려는 끊임없는 요구로 해석할 수 있다. 우리가 하는 일이 좋은 일이라면 우리는 좋은 사람이다. 또 우리는 자기가 하는 일이 자신의 본질이 되기를 바란다. 자기가 하는 일을 떠나서 자기가 누구인지 정의하는 건 힘들기 때문이다.

우리는 관계, 외모, 성취가 우리의 본질과 가치를 정의하는 방식에 무의식적인 애착을 품고 있다. 당신은 인간이다. 당신은 본인이 하는 일, 가진 것, 함께 있는 사람, 외모를 통해 정의되지 않는다. 당신은 낡고 황폐한 집에 있는 잊혀진 작은 방이 아니라 바다처럼 광대하고 강력하며 크고 끊임없이 변화하는 힘이다. 자신을 더 큰 존재로 만들수록 자신에게 돌아가는 길을 더 쉽게 찾을 수 있다.

만약 당신이 자신을 작은 방이라고 생각한다면 그 방으로 들어갈 수 있는 문 하나를 찾을 것이다. 만약 자신을 바다라고 생각한다면 바다로 뛰어들 수 있는 장소가 1,000개나 있다는 걸 알게 될 것이다. 전자는 불안을 자극한다.

올바른 사람, 올바른 직업, 올바른 집, 올바른 삶을 찾는 데 집착할 때는 통제 사고방식이 작용하고 있다. 진정한 자신이 되는 단 하나의 올바른 방법은 없다. 바다로 뛰어들기에 적합한 장소가 하나가 아닌 것처럼 자신의 본질에 접근하기 위해 들어서야 하는 단 하나의 올바른 문 같은 것도 없다.

누군가 또는 무언가가 확실히 '그것'이라는 사실을 절대적으로 확신할 때에도 당신은 변한다. 사람도 변하고, 직업도 변하고, 열정도 변하고, 도시도 변하고, 모든 게 변한다. 적응적 완벽주의자는 변화 과정을 힘차게 순환한다. 우리는 성장을 위해 자신을 채찍질하는 걸 좋아하는데, 변화 없이는 성장할 수 없기 때문이다.

변화가 생기면 자신을 재정비해서 올바른 길을 다시 찾아야 한다고 생각하기 때문에 변화가 두렵다. 하지만 자기는 작지 않고 크며 수천 개의 길이 있다는 생각을 계속 유지하면 변화가 훨씬 덜 무서워질 것이다.

♦   이 책의 모든 걸 잊어버려도 괜찮다

최대 6개월이면 끝날 거라고 생각했던 일이 5년이 걸릴 수도 있다. 인생이 방에 들어온다. 괜찮다, 인생은 모든 사람을 위해 방에 들어오는 것이다. 개인의 발전은 진공 상태에서 발생하지 않으며 우리가 직면한 어려운 상황은 현실이다.

돈과 건강 보험이 필요할 때는 당장 직장을 그만둘 수가 없다. 우리에게는 안정적인 가정과 좋은 학군이 필요한 자녀들이 있다. 천문학적으로 많은 학자금 대출과 의료비도 해결해야 한다. 사랑하는 이들이 중독으로 고생하고 있다. 시간 제약, 유전적 소인, 낮은 신용 등급, 상황이 좋지 못한 주택 시장, 오랫동안 이어진 트라우마, 과도한 불안, 우울증 같은 문제가 계속 발생한다.

다시 말하지만, 모든 사람의 삶에는 많은 일들이 일어난다. 상당히 긴 시간, 어쩌면 고통스러울 정도로 긴 시간 동안 당신이 원하는 것을 손에 쥐지 못할 것이다. 그래도 이번 인생에서 당신이 원하는 걸 향해 적극적으로 노력하다가 맞은 최악의 날이 자신의 진정한 욕망을 부정하는 삶을 살면서 맞이한 최고의 날보다 나으리라는 걸 기억하자.

모든 인간은 저항에 직면한다. 그건 재채기처럼 자연스러운 일이다. 자신에게 맞지 않는 관계에서 벗어나고 싶은가? 저항을 예상해야 한다. 경력의 다음 단계로 발전하고 싶고, 자기가 준비되어 있다는 걸 직감적으로 아는가? 그래도 저항을 예상해야 한다. 책을 쓰거나, 회사를 차

리거나, 담배를 끊거나, 자녀들과 보다 의미 있는 관계를 맺거나, 예술 작품을 만들거나, 심호흡을 하거나, 일찍 잠자리에 들거나, 편지를 보내거나, 샐러드를 먹거나, 자기 파괴적이지 않은 일을 하고 싶은가? 저항을 예상해야 한다.

저항이 생기는 건 당연히 좋은 징조다. 저항은 꿈이 있어야만 나타나기 때문이다. 그 꿈은 햇빛을 향해 솟아오르는 나무처럼 우리 정신 속에서 발달하기 시작한다. 우리가 그걸 부정하거나 인식하지 못하거나 인식을 거부하더라도 말이다. 물리적인 나무가 물리적인 그림자를 드리우는 것처럼, 꿈의 그림자도 동시에 나타난다. 그게 자연의 법칙이다. 꿈이 있는 곳에는 저항이 있다. 그러므로 우리가 저항에 부딪히는 곳 근처 어딘가에 꿈이 있다.

꿈이 클수록 그림자도 커진다. 저항은 좋은 것이다. 그건 당신이 뭔가 현실적인 것에 도달했다는 걸 의미한다. 저항에 직면했다는 사실을 개인의 문제로 여길 필요는 없다. 저항은 성장과 떼려야 뗄 수 없는 부분이며 당신이 건강해지면 멈추지 않는다.

당신이 얼마나 잘하든, 얼마나 발전하든, 진화를 위해 무엇을 하든, 저항은 당신이 성장하는 동안 그에 맞춰 모습을 바꾼다. 저항의 예는 무궁무진하지만, 우리 문제의 핵심인 완벽주의자의 저항에는 본인의 고유한 가치에 대한 저항이 포함된다.

저항에 대한 해결책은 규율이 아니라 즐거움이다. 즐거움은 많은 문제에 대한 해독제 역할을 한다. 자신에게 진정한 즐거움을 안겨주는 것을 찾으면 집으로 돌아가는 길을 찾을 수 있을 것이다.

남의 말을 듣는 것은 나의 가장 큰 즐거움이다. 나는 심리치료사로 일한 시간 외에도 평생 남의 말에 귀 기울이며 살았다. 내가 진심을 담아 단언하는데, 사람들은 당신이 얼마나 대단한 사람인지 신경 쓰지 않는다. 사람들이 관심을 갖는 건 당신이지, 당신이 이룬 것과 실패한 것의 목록이 아니다. 당신이 그 방에 가지고 오는 에너지가 당신이 할 수 있는 어떤 일보다 더 가치가 있다.

우리는 에너지에 대한 대화를 시작할 때 "이게 이상한 얘기처럼 들릴 수도 있다는 걸 아는데…."라는 변명을 서두에 붙인다. 공감의 정확성에는 야유를 받을 부분이 없다. 그건 인류라는 종이 가진 상호 연관성의 일부다. 넓은 방 저쪽에서 우리를 바라보는 시선을 느끼면 고개를 돌리게 된다. 심한 긴장감 때문에 몸이 굳을 수도 있다. 긴장은 눈에 보이지 않지만 그 에너지를 느낄 수 있기 때문이다. 우리는 모두 머리로는 이해할 수 없을 만큼 엄청난 강도로 연결되어 있다.

우리가 서로의 에너지를 느낄 수 있다는 사실을 인정한다고 해서 반드시 향을 피우거나, 탬버린을 흔들거나, 통나무집으로 이사 가야 하는 건 아니다. 서로의 에너지를 느낄 수 있다는 걸 인정하면 자기 에너지에 얼마나 많은 힘이 담겨 있는지 이해하는 데 도움이 된다.

슬픔을 겪는 사람들과 함께 몇 년을 보내면 우리가 물질에 얼마나 관심이 없는지 알게 된다. 우리는 서로의 존재에 관심을 가진다. 우리 모두가 원하는 건 휴게실에서 나누는 농담, 길게 이어지는 저녁 식사, 함께 하는 산책, 목욕 시간, 잠옷 차림으로 보내는 휴일 아침을 한 번 더 맛보는 것이다. 당신이 사랑하지만 이제 옆에 없는 누군가와 함께 그 순간을 '한 번 더' 맛볼 수 있다면, 매 순간 완전한 완벽함을 경험하게 될 것이다. 당신이 존재하기 때문에 그 순간은 완벽할 것이다.

그 순간이 선물이라는 사실을 절절히 깨닫고 있다면, 그 모든 것에 배어 있는 달콤한 평범함을 음미할 것이다. 그 즉시 가장 중요한 문제와 부차적으로 중요한 문제 사이의 엄청난 차이를 명확하게 이해하게 될 것이다. 온전함을 느낄 것이다. 힘들이지 않고도 연민과 용서의 마음이 우러날 것이다. 자신의 모든 부분에 기쁨이 흘러넘칠 것이다.

그런 '한 번 더'의 순간은 지금도 우리 삶 속에 실제로 존재하는 이들이나 자기 자신과 함께 매일, 하루에도 100번씩 누릴 수 있다. 우리는 그것만을 위해 존재하는 게 아니다. 우리는 관심을 온전히 쏟는 데 필요한 모든 걸 이미 가지고 있다. 강해지기 위해 필요한 모든 걸 이미 가지고 있다. 인생을 즐기는 데 필요한 모든 걸 이미 가지고 있다.

앞으로 나아가겠다는 선택은 오직 당신만 할 수 있다. 자기 처벌을 택하겠는가, 아니면 자기 연민을 택하겠는가? 부재, 아니면 존재? 성과, 아니면 자유? 고립, 아니면 지원? 원망, 아니면 용서? 의심, 아니면 신뢰? 즉각적인 만족, 아니면 즐거움? 기쁨을 위한 계획, 아니면 지금 당장의 기쁨인가?

당신은 어느 쪽을 선택하겠는가? 당신이 이걸 잊게 되리라는 걸 기억해야 한다. 당신은 이 책의 모든 걸 잊어버리는 순간이 올 것이다. 그래도 괜찮다. 나도 이 책에 쓴 모든 내용을 잊어버리는 때가 올 것이다. 잊어버린 부분에서부터 이야기를 만들지 말고, 기억하는 부분부터 이야기를 쌓아가기를 바란다.

당신에게 붙은 수식어가 당신의 본질은 아니다. 인간으로서 살아가는 수많은 방법 중 일부이고, 진실이 아니라 남들의 관점에 불과하다. 다른 사람의 패턴에 이름을 붙이려는 또 다른 사람의 시도일 뿐이다.

당신에게 가장 필요한 게 뭔지는 당신만 알 수 있다. 자신에게 문제가 있는지 없는지, 어느 정도 능력이 있는지, 자신을 정의하는 것은 무엇인지, 완벽주의자인지 아닌지, 그게 좋은 건지 아닌지 전부 다 당신이 결정해야 한다. 다른 사람들이 진짜 자신이 되는 법을 가르쳐줄 수 있다는 생각을 버리자. 당신에 대해서 가장 잘 아는 사람은 자신이다. 그 누구도 당신이 어떤 사람인지 말하게 하지 말자. 당신이 직접 말하자. 그게 바로 힘이다.

인간은 정체성이 고정되지 않은 역동적인 존재다. 이분법적인 논리(당신이 어떤 부류에 속하느냐 아니냐)는 특정 상황에서 도움이 될 수도 있지만, 일관된 정확도로 인간에게 적용하기에는 너무 단순하다. 이 책은 당신이 누구든 자신을 어떻게 정의하든 상관없이 진정한 자아와의 연결고리 역할을 하기 위해 썼다.

이 책은 나의 관찰, 경험, 관점을 담았다. 내가 제시한 생각과 이론이 모든 문제에 대한 정답은 아니다. 나는 문제에 정답이 존재한다고 생각하지 않는다. 나는 대화의 물꼬를 트기 위해 이 책을 썼다. 내가 바라는 건 이 책이 완벽주의가 무엇인지, 그게 우리에게 어떤 영향을 미치는지, 우리는 그것에 어떤 영향을 미칠 수 있는지에 대해 더 깊은 논의를 불러일으키는 것이다.

마지막으로 나의 내담자들에게 감사를 전한다. 나는 우리가 함께 한 일을 기억하기 위한 책을 쓰고 싶었다. 당신이 나를 믿고, 나를 돕고, 나를 가르치고, 나를 형성한 방법에 대한 책 말이다. 이 일을 하면서 많은 교훈을 얻었지만, 도움을 주는 사람과 받는 사람 사이에 선이 존재하지 않는다는 걸 가르쳐준 사람은 내담자들이다. 나는 언제나 당신 편이라는 걸 기억하길 바란다. 당신과 함께 건너온 수많은 길 덕분에 난 예전보다 훨씬 나은 사람이 되었고, 당신이 찾아갈 수 있는 모든 상담사 가운데 나를 선택해 줬다는 사실에 영원히 감사할 것이다.

1장. 나는 어떤 완벽주의자일까?

- Adler, Alfred. The Individual Psychology of Alfred Adler: A Systematic Presentation in Selections from His Writings. Edited by Heinz Ludwig Ansbacher and Rowena R. Ansbacher. New York: Harper Perennial, 2006.

2장. 예민한 게 아니라, 섬세한 것이다

- Ashby, Jeffrey S., and Kenneth G. Rice. "Perfectionism, Dysfunctional Attitudes, and Self-Esteem: A Structural Equations Analysis." Journal of Counseling & Development 80, no. 2 (April 2002): 197–203. https://doi.org/10.1002/j.1556-6678.2002.tb00183.x.
- Kanten, Pelin, and Murat Yesıltas. "The Effects of Positive and Negative Perfection-ism on Work Engagement, Psychological Well-Being and Emotional Exhaustion." Procedia Economics and Finance 23 (2015): 1367–75. https://doi.org/10.1016/s2212-5671(15)00522-5.
- Chang, Yuhsuan. "Benefits of Being a Healthy Perfectionist: Examining Profiles in Relation to Nurses' Well-Being." Journal of Psychosocial Nursing and Mental Health Services 55, no. 4 (April 1, 2017): 22–28. https://doi.org/10.3928/02793695-20170330- 04. shby, Jeffrey S., and Kenneth G. Rice. "Perfectionism, Dysfunctional Attitudes, and Self-Esteem: A Structural Equations Analysis." opment 80, no. 2 (April 2002): .tb00183. x.Kanten, Pelin, and Murat Yesıltas. "The Effects of Positive and Negative Perfection

FOR Selections from His Writings. Edited by Heinz Ludwig Ansbacher and Rowena R. Ansbacher. New York: Harper Perennial, 2006.Chapter 2: Celebrating Your Perfectionismshby, Jeffrey S., and Kenneth G. Rice. "Perfectionism, Dysfunctional Attitudes, Chapter 1: Expect to Be Graded on ThisThe Individual Psychology of Alfred Adler: A Systematic Presentation in . Edited by Heinz Ludwig Ansbacher and Rowena R. Ansbacher. New York: Harper Perennial, 2006.

- Larijani, Roja, and Mohammad Ali Besharat. "Perfectionism and Coping Styles with Stress." Procedia—Social and Behavioral Sciences 5 (2010): 623–27. https://doi.org/10.1016/j.sbspro.2010.07.154; Burns, Lawrence R., and Brandy A. Fedewa. "Cognitive Styles: Links with Perfectionistic Thinking." Personality and Individual Differences 38, no. 1 (January 2005): 103–13. https://doi.org/10.1016/j.paid.2004.03.012.

- Kamushadze, Tamar, et al. "Does Perfectionism Lead to Well-Being? The Role of

- Flow and Personality Traits." Europe's Journal of Psychology 17, no. 2 (May 31,2021): 43–57. https://doi.org/10.5964/ejop.1987.

- Kamushadze et al. "Does Perfectionism Lead to Well-Being?"

- Stoeber, Joachim, and Kathleen Otto. "Positive Conceptions of Perfectionism: Approaches, Evidence, Challenges." Personality and Social Psychology Review 10, no. 4 (November 2006): 295–319. https://doi.org/10.1207/s15327957pspr1004_2.

- Suh, Hanna, Philip B. Gnilka, and Kenneth G. Rice. "Perfectionism and Well-Being: A Positive Psychology Framework." Personality and Individual Differences 111 (June 2017): 25–30. https://doi.org/10.1016/j.paid.2017.01.041.

- Grzegorek, Jennifer L., et al. "Self-Criticism, Dependency, Self-Esteem, and Grade Point Average Satisfaction among Clusters of Perfectionists and Nonperfectionists." Journal of Counseling Psychology 51, no. 2 (April 2004): 192–200. https://doi.org/10.1037/0022-0167.51.2.192.10. LoCicero, Kenneth A., and Jeffrey S. Ashby. "Multidimensional Perfectionism in Middle School Age Gifted Students: A Comparison to Peers from the General Cohort." Roeper Review 22, no. 3 (April 2000): 182–85. https://doi.org/10.1080/02783190009554030.

- Rice, Kenneth G., and Robert B. Slaney. "Clusters of Perfectionists: Two Studies of Emotional Adjustment and Academic Achievement." Measurement and Evaluation in Counseling and Development 35, no. 1 (April 1, 2002): 35–48. https://doi.org/10.1080/07481756.2002.12069046.

- Afshar, H., et al. "Positive and Negative Perfectionism and Their Relationship with Anxiety and Depression in Iranian School Students." Journal of Research in Medical

Sciences 16, no. 1 (2011): 79–86.

- Hewitt, Paul L., Gordon L. Flett, and Samuel F. Mikail. Perfectionism: A Relational Approach to Conceptualization, Assessment, and Treatment. New York: Guilford Press, 2017.

- Tolle, Eckhart. A New Earth: Awakening to Your Life's Purpose. London: Penguin, 2016.

- Tolle. A New Earth.

- Aristotle. The Metaphysics. Edited by John H. McMahon. Mineola, NY: Dover, 2018. Emotional Adjustment and Academic Achievement." Counseling and Development/07481756.2002.12069046.

- Afshar, H., et al. "Positive and Negative Perfectionism and Their Relationship with Anxiety and Depression in Iranian School Students." FOR Middle School Age Gifted Students: A Comparison to Peers from the General Roeper Review 22, no. 3 (April 2000): 2783190009554030.ice, Kenneth G., and Robert B. Slaney. "Clusters of Perfectionists: Two Studies of Emotional Adjustment and Academic Achievement." toeber, Joachim, and Kathleen Otto. "Positive Conceptions of Perfectionism: ApPersonality and Social Psychology Review 10, no. 4 5327957pspr1004_uh, Hanna, Philip B. Gnilka, and Kenneth G. Rice. "Perfectionism and Personality and Individual Differences. paid.2017.01.041.riticism, Dependency, Point Average Satisfaction among Clusters of Perfectionists and Nonperfectionists." Journal of Counseling Psychology 51, no. 2 (April 2004): oCicero, Kenneth A., and Jeffrey S. Ashby. "Multidimensional Perfectionism in Middle School Age Gifted Students: A Comparison to Peers from the General

- Ryan, R. M., and E. L. Deci. "On Happiness and Human Potentials: A Review of Research on Hedonic and Eudaimonic Well-Being." Annual Review of Psychology 52, no. 1 (2001): 141–66. https://doi.org/10.1146/annurev.psych.52.1.141.

- Ryan and Deci. "On Happiness and Human Potentials."

- Paul, A., Arie W. Kruglanski, and E. Tory Higgins. Handbook of Theories of Social Psychology. Los Angeles: Sage, 2012.

- Grant, Heidi, and E. Tory Higgins. "Do You Play to Win—or to Not Lose?" Harvard Business Review, March 1, 2013. https://hbr.org/2013/03/do-you-play-to-win-or-to-not-lose.

- Bergman, Anthony J., Jennifer E. Nyland, and Lawrence R. Burns. "Correlates with Perfectionism and the Utility of a Dual Process Model." Personality and Individual Differences 43, no. 2 (July 2007): 389–99. https://doi.org/10.1016/j.paid.2006.12.007.

- Chan, David W. "Life Satisfaction, Happiness, and the Growth Mindset of Healthy and Unhealthy Perfectionists among Hong Kong Chinese Gifted Students." Roeper Review 34, no. 4 (October 2012): 224-33. https://doi.org/10.1080/02783193.2012.715333.

3장. 완벽주의를 질병이라 칭하는 몰상식한 사람들

- Borelli, Jessica L., et al. "Gender Differences in Work-Family Guilt in Parents of Young Children." Sex Roles 76, no. 5-6 (January 30, 2016): 356-68. https://doi.org/10.1007/s11199-016-0579-0.
- Van Natta Jr., Don. "Serena, Naomi Osaka and the Most Controversial US Open Final in History." ESPN, August 18, 2019. https://www.espn.com/tennis/story/_/id/27408140/backstory-serena-naomi-osaka-most-controversial-us-open-final-history.
- Matley, David. "'Let's See How Many of You Mother Fuckers Unfollow Me for This': The Pragmatic Function of the Hashtag #Sorrynotsorry in Non-Apologetic Instagram Posts." Journal of Pragmatics 133 (August 2018): 66-78. https://doi.org/10.1016/j.pragma.2018.06.003.

4장. 완벽주의는 강박증일까?

- Ciccarelli, Saundra K., and J. Noland. Psychology: DSM 5, 5th ed. Boston: Pearson, 2014, 681.
- Ciccarelli and Noland. Psychology, 241.
- Ciccarelli and Noland. Psychology, 768.7408140/backstoryatley, David. "The Pragmatic Function of the Hashtag #Sorrynotsorry in gram Posts." /j.pragma.2018.06.003.Sex Roles 76, no. 579-0.an Natta Jr., Don. "Serena, Naomi Osaka and the Most Controversial US Open Final in History." ESPN, August 18, 2019. https://ackstoryor-toergman, Anthony J., Jennifer E. Nyland, and Lawrence R. Burns. "Correlates with Personality and Individual 0.1016/j.paid.2006.12.007.han, David W. "Life Satisfaction, Happiness, and the Growth Mindset of Healthy and Unhealthy Perfectionists among Hong Kong Chinese Gifted Students." oi.org/10.1080/0Chapter 3: Perfectionism as Disease, Balance as Cure Women as Patient sorelli, Jessica L., et al. "Gender Differencesin 76, no. 5
- Ciccarelli and Noland. Psychology, 768.
- Ciccarelli and Noland. Psychology, 679.
- Ciccarelli and Noland. Psychology, 679.
- Ciccarelli and Noland. Psychology, 679.

- Ciccarelli and Noland. Psychology, 682.
- Brown, Brené. I Thought It Was Just Me (but It Isn't): Making the Journey from "What Will People Think?" to "I Am Enough." New York: Avery, 2008.
- Horney, Karen. Neurosis and Human Growth: The Struggle toward Self-Realization. London, 1951. Reprint, New York: Routledge, Taylor & Francis, 2014.
- Hewitt, Paul L., Gordon L. Flett, and Samuel F. Mikail. Perfectionism: A Relational Approach to Conceptualization, Assessment, and Treatment. New York: Guilford Press, 2017.
- Covington, Martin V., and Kimberly J. Müeller. "Intrinsic Versus Extrinsic Motivation: An Approach/Avoidance Reformulation." Educational Psychology Review 13, no. 2 (2001): 157-76. doi:10.1023/A:1009009219144.
- Bergman, Anthony J., Jennifer E. Nyland, and Lawrence R. Burns. "Correlates with Perfectionism and the Utility of a Dual Process Model." Personality and Individual Differences 43, no. 2 (July 2007): 389-99. https://doi.org/10.1016/j.paid.2006.12.007.
- Horney. Neurosis and Human Growth.
- Carmo, Cláudia, et al. "The Influence of Parental Perfectionism and Parenting Styles on Child Perfectionism." Children 8, no. 9 (September 4, 2021): 777. https://doi.org/10.3390/children8090777.
- Green, Penelope. "Kissing Your Socks Goodbye." New York Times, October 22, 2014. https://www.nytimes.com/2014/10/23/garden/home-organization-advice-from-marie-kondo.html.
- Flett, Gordon L., Paul L. Hewitt, and American Psychological Association. Perfectionism: Theory, Research, and Treatment. Washington, DC: American Psychological Association, 2002.
- Stone, Deborah M. "Changes in Suicide Rates—United States, 2018-2019." Morbidity and Mortality Weekly Report 70, no. 8 (2021). https://doi.org/10.15585/mmwr.mm7008a1.
- Yard, Ellen. "Emergency Department Visits for Suspected Suicide Attempts among Persons Aged 12-25 Years before and during the COVID-19 Pandemic—United States, January 2019–May 2021." Morbidity and Mortality Weekly Report 70, no.24 (June 18, 2021): 888-94. https://doi.org/10.15585/mmwr.mm7024e1.
- "Facts about Suicide." Centers for Disease Control and Prevention, January 21, 2021. https://www.cdc.gov/suicide/facts/index.html. lett, Gordon L., Paul L. Hewitt, and American Psychological Association. tionism: Theory, Research, and TreatmentAsso-

ciation, 2002.

- Stone, Deborah M. "Changes in Suicide ity and Mortality Weekly Reporthildren8090777.reen, Penelope. "Kissing Your Socks Goodbye." www.nytimes.com/ondo. html.lett, Gordon L., Paul L. Hewitt, and American Psychological Association. ealizationPerfectionism: A Relational Ap. New York: Guilford Press, 2017.ovington, Martin V., and Kimberly J. Müeller. "Intrinsic Versus Extrinsic Motiva Educational Psychology Review ergman, Anthony J., Jennifer E. Nyland, and Lawrence R. Burns. "Correlates with Perfectionism and the Utility of a Dual Process Model."

- https://doi.org/Neurosis and Human Growth.armo, Cláudia, et al. "The Influence of Parental Perfectionism and Parenting Styles on Child Perfectionism." Children"parasuicide." APA Dictionary of Psychology, n.d. https://dictionary.apa.org/parasuicide. McDowell, Adele Ryan. "Adele Ryan McDowell." Adele Ryan McDowell, PhD, 2022. https://adeleryanmcdowell.com.Heilbron, Nicole, et al. "The Problematic Label of Suicide Gesture: Alternatives for Clinical Research and Practice." Professional Psychology: Research and Practice 41, no. 3 (2010): 221-27. https://doi.org/10.1037/a0018712.

- Tingley, Kim. "Will the Pandemic Result in More Suicides?" New York Times Magazine, January 21, 2021. https://www.nytimes.com/2021/01/21/magazine/will-the-pandemic-result-in- more-suicides.html.

- "Firearm Violence Prevention." Centers for Disease Control and Prevention, 2020. https:// www.cdc.gov/violenceprevention/firearms/fastfact.html#:~:text=Six%20 out%20of%20every%2010.

- Preidt, Robert. "How U.S. Gun Deaths Compare to Other Countries." CBS News, February 3, 2016. https://www.cbsnews.com/news/how-u-s-gun-deaths-compare-to- other-countries.

- Dazzi, T., R. Gribble, S. Wessely, and N. T. Fear. "Does Asking about Suicide and Related Behaviours Induce Suicidal Ideation? What Is the Evidence?" Psychological Medicine 44, no. 16 (July 7, 2014): 3361-63. https://doi.org/10.1017/s0033291714001299.

- Freedenthal, Stacey. "Does Talking about Suicide Plant the Idea in the Person's Mind?" Speaking of Suicide, May 15, 2013. https://www.speakingofsuicide. com/2013/05/15/asking-about-suicide.

- Smith, Martin M., et al. "The Perniciousness of Perfectionism: A Meta-Analytic Review of the Perfectionism-Suicide Relationship." Journal of Personality 86, no. 3 (September 4, 2017): 522-42. https://doi.org/10.1111/jopy.12333.

- Hewitt, Paul L., and Gordon L. Flett. "Perfectionism in the Self and Social Con-

texts: Conceptualization, Assessment, and Association with Psychopathology."
Journal of Personality and Social Psychology 60, no. 3 (1991): 456-70. https://doi.
org/10.1037/0022-3514.60.3.456.

- Klibert, Jeffrey J., Jennifer Langhinrichsen-Rohling, and Motoko Saito. "Adaptive and
Maladaptive Aspects of Self-Oriented versus Socially Prescribed Perfectionism." Jour-
nal of College Student Development 46, no. 2 (2005): 141-56. https://doi.org/10.1353/
csd.2005.0017.tember 4, 2017): ewitt, Paul L., and Gordon L. Flett. "Perfectionism in the
Self and Social Contexts: Conceptualization, Assessment, and Association with Psy-
chopathology." Personality and Social Psychology/0022-Mind?" Speaking of Suicide,
May 15, 2013. https://bout-suicide.mith, Martin M., et al. "The Perniciousness of Per-
fectionism: A erfectionism522-4 New York Times agazine/will-theFirearm Violence
Prevention." Centers for Disease Control and Prevention, 2020. astfact.html#:~:tex-
t=reidt, Robert. "How U.S. Gun Deaths Compare to Other Countries." CBS News, ews/
how-u-s-gunazzi, T., R. Gribble, S. Wessely, and N. T. Fear. "Does Asking about Suicide
and Related Behaviours Induce Suicidal Ideation? What Is the Evidence?" 361-63.
https://reedenthal, Stacey. "Does Talking about Suicide Plant the Idea in the Person's
Mind?" Speaking of Suicide, May 15, 2013.

5장. 당신의 완벽주의를 찬양하라

- Hewitt, Paul L., Gordon L. Flett, and Samuel F. Mikail. Perfectionism: A Relational Ap-
proach to Conceptualization, Assessment, and Treatment. New York: Guilford Press,
2017.
- Morin, Amy. "How to Manage Misbehavior with Discipline without Punishment."
Verywell Family, March 27, 2021. https://www.verywellfamily.com/the-difference-be-
tween-punishment-and-discipline-1095044.
- "Balanced and Restorative Justice Practice: Accountability." Office of Juvenile Justice
and Delinquency Prevention. n.d. https://ojjdp.ojp.gov/sites/g/files/xyckuh176/files/
pubs/implementing/accountability.html.
- "Balanced and Restorative Justice Practice: Accountability."
- Montessori Academy Sharon Springs. "Natural Consequences vs Punishment," April 8,
2019. https://montessoriacademysharonsprings.com/natural-consequences- vs-pun-
ishment.
- Gershoff, Elizabeth T., and Sarah A. Font. "Corporal Punishment in U.S. Public
Schools: Prevalence, Disparities in Use, and Status in State and Federal Policy." Social

Policy Report 30, no. 1 (September 2016): 1-26. https://doi.org/10.1002/j.2379-3988.2016. tb00086.x.

- Federal Register. "Manner of Federal Executions," November 27, 2020. https://www. federalregister.gov/documents/2020/ 11/27/2020- 25867/manner-of-federal-executions.

- "Barbara L. Fredrickson, Ph.D." Authentic Happiness. Upenn.edu. 2009. https://www. authentichappiness.sas.upenn.edu/faculty-profile/barbara-l-fredrickson-phd.

- Fredrickson, Barbara L. "The Role of Positive Emotions in Positive Psychology: The Broaden-and-Build Theory of Positive Emotions." American Psychologist 56, no. 3 (2001): 218-26. https://doi.org/10.1037/0003-066x.56.3.218.

- Breines, Juliana G., and Serena Chen. "Self-Compassion Increases Self-Improvement Motivation." Personality and Social Psychology Bulletin 38, no. 9 (May 29, 2012): 1133-43. https://doi.org/10.1177/0146167212445599.

- Neff, Kristin D. "The Role of Self-Compassion in Development: A Healthier Way to Relate to Oneself." Human Development 52, no. 4 (2009): 211-14. https://doi. org/10.1159/000215071.

- Brown, Brené. Daring Greatly: How the Courage to Be Vulnerable Transforms the Way We Live, Love, Parent, and Lead. New York: Gotham Books, 2012.

- Chan, David W. "Life Satisfaction, Happiness, and the Growth Mindset of Healthy and Unhealthy Perfectionists among Hong Kong Chinese Gifted Students." Roeper Review 34, no. 4 (October 2012): 224-33. https://doi.org/10.1080/02783193.2012.715 333.Broaden-and-(2001): 218-Breines, Juliana G., and Serena Chen. "SelfMotivation." 43. https://11.Barbara L. Fredrickson, Ph.D." Authentic Happiness. Upenn.edu. 2009. https://www.authentichappiness.sas.upenn.edu/redrickson, Barbara L. "The Role of Positive Emotions in Positive Psychology: The Broaden-and-Build Theory of Positive Emotions."

- https://Balanced and Restorative Justice Practice: Accountability." Office of Juvenile Justice xyckuh176/filesontessori Academy Sharon Springs. "Natural Consequences vs Punishment," ontessoriacademysharonsprings.com/natural-ershoff, Elizabeth T., and Sarah A. Font. "Corporal Punishment in U.S. Public Schools: Prevalence, Disparities in Use, and Status in State and Federal Policy." 30, no. 1 (September 2016): 1-26. https:// ederal Register. "Manner of Federal Executions," November 27, 2020. https://documents/2020/

6장. 스스로 관대해도 될 만큼 완전하다

- Neff, Kristin. "Definition and Three Elements of Self-Compassion." Self-Compassion, 2019. https://self-compassion.org/the-three-elements-of-self-compassion-2.
- Neff. "Definition and Three Elements of Self-Compassion."
- Neff. "Definition and Three Elements of Self-Compassion."
- Lamott, Anne. "12 Truths I Learned from Life and Writing." www.ted.com, April 2017. https://www.ted.com/talks/anne_lamott_12_truths_i_learned_from_life_and_writing.
- Neff. "Definition and Three Elements of Self-Compassion."
- Horney. Neurosis and Human Growth.
- Derrick, Jaye L., Shira Gabriel, and Kurt Hugenberg. "Social Surrogacy: How Favored Television Programs Provide the Experience of Belonging." Journal of Experimental Social Psychology 45, no. 2 (February 2009): 352–62. https://doi.org/10.1016/j.jesp.2008.12.003.
- Turner, Victor. "Liminal to Limonoid in Play, Flow, and Ritual: An Essay in Comparative Symbology." Rice University Studies 60, no. 3 (1974): 53–92.

7장. 극단적인 생각 과잉을 멈춰라

- Roese, N. J., and M. Morrison. "The Psychology of Counterfactual Thinking." Historical Social Research 34, no. 2 (2009): 16–26. https://doi.org/10.12759/hsr.34.2009.2.
- Roese and Morrison. "The Psychology of Counterfactual Thinking."
- Roese and Morrison. "The Psychology of Counterfactual Thinking."
- Sirois, F. M., J. Monforton, and M. Simpson. "If Only I Had Done Better: Perfectionism and the Functionality of Counterfactual Thinking." Personality and Social Psychology Bulletin 36, no. 12 (2010): 1675–92. https://doi.org/10.1177/0146167210387614.
- Sirois, Monforton, and Simpson. "If Only I Had Done Better."
- Roese and Morrison. "The Psychology of Counterfactual Thinking."
- Sirois, Monforton, and Simpson. "If Only I Had Done Better."
- Sirois, Monforton, and Simpson. "If Only I Had Done Better."
- Medvec, Victoria Husted, Scott F. Madey, and Thomas Gilovich. "When Less Is More: Counterfactual Thinking and Satisfaction among Olympic Medalists." Journal of Personality and Social Psychology 69, no. 4 (1995): 603–10. https://doi.org/10.1037/0022-3514.69.4.603.oese and Morrison. "The Psychology of Counterfactual Thinking."irois, F. M., J. Monforton, and M. Simpson. "If Only I Had Done Better: Perfectionism and the Functionality of Counterfactual Thinking." chology Bulletin

- Sirois, Monforton, and Simpson. "If Only I Had Done Better."Roese and Morrison. "The Psychology of Counterfactual Thinking."Roese, N. J., and M. Morrison. "The Psychology of Counterfactual Thinking." 34, no. 2 (2009): oese and Morrison. "The Psychology of Counterfactual Thinking."oese and Morrison. "The Psychology of Counterfactual Thinking."irois, F. M., J. Monforton, and M. Simpson. "If Only I Had Done Better: Perfectionamott, Anne. "12 Truths I Learned from Life and Writing." www.ted.com, April ife_anderrick, Jaye L., Shira Gabriel, and Kurt Hugenberg. "Social Surrogacy: How Favored Television Programs Provide the Experience of Belonging." Journal of Experi 45, no. 2 (February 2009): 352–62. https://urner, Victor. "Liminal to Limonoid in Play, Flow, and Ritual: An Essay in ComparRice University Studies 60, no. 3 (1974): Chapter 7: New Thoughts to Think to Help You Stop Overthinking It
- Medvec, Madey, and Gilovich. "When Less Is More."
- Roese and Morrison. "The Psychology of Counterfactual Thinking."
- Medvec, Madey, and Gilovich. "When Less Is More."
- Sirois, Monforton, and Simpson. "If Only I Had Done Better."
- Roese and Morrison. "The Psychology of Counterfactual Thinking."
- Roese and Morrison. "The Psychology of Counterfactual Thinking."
- "Physical Activity for People with Disability." Centers for Disease Control and Prevention, May 21, 2020. https://www.cdc.gov/ncbddd/disabilityandhealth/features/physical-activity-for-all.html.
- Neff, Kristin. "The Criticizer, the Criticized, and the Compassionate Observer." Self-Compassion, February 23, 2015. https://self-compassion.org/exercise-4-supportive-touch/.
- LaMorte, Wayne. "The Transtheoretical Model (Stages of Change)." Boston University School of Public Health, September 9, 2019. https://sphweb.bumc.bu.edu/otlt/MPH-Modules/SB/BehavioralChangeTheories/BehavioralChangeTheories6.html.
- LaMorte. "The Transtheoretical Model (Stages of Change)."
- LaMorte. "The Transtheoretical Model (Stages of Change)."
- Wilson, Timothy D., and Daniel T. Gilbert. "Affective Forecasting." Current Directions in Psychological Science 14, no. 3 (June 2005): 131–34. https://doi.org/10.1111/j.0963-7214.2005.00355.x.
- Wu, Haijing, et al. "Anticipatory and Consummatory Pleasure and Displeasure in Major Depressive Disorder: An Experience Sampling Study." Journal of Abnormal Psychology 126, no. 2 (2017): 149–59. https://doi.org/10.1037/abn0000244.

- Boehme, Stephanie, et al. "Brain Activation during Anticipatory Anxiety in Social Anxiety Disorder." Social Cognitive and Affective Neuroscience 9, no. 9 (August 11, 2013): 1413–18. https://doi.org/10.1093/scan/nst129.
- Bellezza, Silvia, and Manel Baucells. "AER Model." Email message to the author, 2021.
- "Will Smith's Red Table Takeover: Resolving Conflict." Red Table Talk, January 28, 2021. https://omny.fm/shows/red-table-talk/will-smith-s-red-table-takeover-resolving-conflict.
- Winfrey, Oprah, and Bruce Perry. What Happened to You?: Conversations on Trauma, Resilience, and Healing. New York: Flatiron Books, 2021.
- Choiceology with Katy Milkman podcast. "Not Quite Enough: With Guests Howard Scott Warshaw, Sendhil Mullainathan, and Anuj Shah," season 4, episode 2. Charles oehme, Stephanie, et al. "Brain Activation during Anticipatory Anxiety in Social Anxiety Disorder." 2013): 1413–
- Bellezza, Silvia, and Manel Baucells. "AER Model." Email message to the author, 2021.214.2005.00355.x.u, Haijing, et al. "Anticipatory and Consummatory Pleasure and Displeasure in Major Depressive Disorder: An Experience Sampling Study." Psychology 126, no. 2 (2017): oehme, Stephanie, et al. "Brain Activation during Anticipatory Anxiety in Social eatures/physicaleff, Kristin. "The Criticizer, the Criticized, and the Compassionate Observer." ompassion.org/exercise-4-supportiveaMorte, Wayne. "The Transtheoretical Model (Stages of Change)." Boston University School of Public Health, September 9, 2019. https://sphweb.bumc.bu.edu/ehavioralChangeTheories/BehavioralChangeTheories6aMorte. "The Transtheoretical Model (Stages of Change)."aMorte. "The Transtheoretical Model (Stages of Change)."ilson, Timothy D., and Daniel T. Gilbert. "Affective Forecasting." tions in Psychological Science 14, no. 3 (June 2005): Schwab, September 23, 2019. https://www.schwab.com/resource-center/insights/content/choiceology-season-4-episode-2.
- Choiceology with Katy Milkman podcast. "Not Quite Enough."

8장. 새로운 일을 하며 휴식하라

- Masters of Scale with Reid Hoffman podcast. "BetterUp's Alexi Robichaux and Prince Harry: Scale Yourself First, and Then Your Business," episode 107. Spotify, April 26, 2022. https://open.spotify.com/episode/7zJs27PmhL8QFCeJuICfin?si=d1b-5082d7ea84289&nd=1.
- Grossmann, Igor, and Ethan Kross. "Exploring Solomon's Paradox: Self-Distancing

Eliminates the Self-Other Asymmetry in Wise Reasoning about Close Relationships in Younger and Older Adults." Psychological Science 25, no. 8 (June 10, 2014): 1571–80. https://doi.org/10.1177/0956797614535400.

- Grossmann and Kross. "Exploring Solomon's Paradox."

- O'Reilly, Charles A., and Nicholas Hall. "Grandiose Narcissists and Decision Making: Impulsive, Overconfident, and Skeptical of Experts—but Seldom in Doubt." Personality and Individual Differences 168 (January 1, 2021): 110280. https://doi.org/10.1016/j.paid.2020.110280.

- Rice, Kenneth G., and Clarissa M. E. Richardson. "Classification Challenges in Perfectionism." Journal of Counseling Psychology 61, no. 4 (October 2014): 641–48. https://doi.org/10.1037/cou0000040.

- Yalom, Irvin D. The Gift of Therapy: An Open Letter to a New Generation of Therapists and Their Patients. London: Piatkus Books, 2002.

- Horney. Neurosis and Human Growth.

- Worley, S. L. "The Extraordinary Importance of Sleep: The Detrimental Effects of Inadequate Sleep on Health and Public Safety Drive an Explosion of Sleep Research." P&T: A Peer-Reviewed Journal for Formulary Management 43, no. 12 (2018): 758–63.

- "Understanding the Glymphatic System." Neuronline, July 17, 2018. https://neuronline.sfn.org/scientific-research/understanding-the-glymphatic-system.

- Benveniste, H., et al. "The Glymphatic System and Waste Clearance with Brain Aging: A Review." Gerontology 65 (2019): 106–19. https://doi.org/10.1159/000490349.

- lJessen, Nadia Aalling, et al. "The Glymphatic System—A Beginner's Guide." Neurochemical Research 40, no. 12 (2015): 2583–99. https://doi.org/10.1007/s11064-015-1581-6. Neurosis and Human Growthorley, S. L. "The Extraordinary Importance of Sleep: The Detrimental Effects of Inadequate Sleep on Health and Public Safety Drive an Explosion of Sleep Research." P&T: A P"Understanding the Glymphatic System." Neuronline, July 17, 2018. https://Journal of Counseling Psychologyou0000040.The Gift of Therapy: An Open Letter to a New Generation of Therapists and Their Patients. London: Piatkus Books, 2002.Neurosis and Human GrowthHarry: Scale Yourself First, and Then Your Business," episode 107. Spotify, April 26, 1b5082d7earossmann, Igor, and Ethan Kross. "Exploring Solomon's Paradox: Self-Distancing ther Asymmetry in Wise Reasoning about Close Relationships 25, no. 8 (June 10, 2014): rossmann and Kross. "Exploring Solomon's Paradox.'"Reilly, Charles A., and Nicholas Hall. "Grandiose Narcissists and Decision Making: Impulsive, Overconfident, and

Skeptical of Experts— 168 (January 1, 2021): 110280. https://ice, Kenneth G., and Clarissa M. E. Richardson. "Classification Challenges in PerJournal of Counseling Psychology

- Gholipour, Bahar. "Sleep Shrinks the Brain's Synapses to Make Room for New Learning." Scientific American, May 1, 2017. https://www.scientificamerican.com/article/sleep-shrinks-the-brain-rsquo-s-synapses-to- make-room-for-new-learning.
- "How Does Sleep Affect Your Heart Health?" Centers for Disease Control and Prevention, January 4, 2021. https://www.cdc.gov/bloodpressure/sleep.htm.
- Sharma, Sunil, and Mani Kavuru. "Sleep and Metabolism: An Overview." International Journal of Endocrinology 2010 (August 2, 2010): 1–12. https://doi.org/10.1155/2010/270832.
- Lange, Tanja, et al. "Sleep Enhances the Human Antibody Response to Hepatitis A Vaccination." Psychosomatic Medicine 65, no. 5 (September 2003): 831–35. https://doi.org/10.1097/01.psy.0000091382.61178.f1.
- Spiegel, Karine, et al. "Brief Communication: Sleep Curtailment in Healthy Young
- Men Is Associated with Decreased Leptin Levels, Elevated Ghrelin Levels, and Increased Hunger and Appetite." Annals of Internal Medicine 141, no. 11 (December 7, 2004): 846. https://doi.org/10.7326/0003-4819-141-11-200412070-00008.
- Karine, et al. "Brief Communication."
- "How Does Sleep Affect Your Heart Health?"
- Lineberry, Denise. "To Sleep or Not to Sleep?" NASA, April 14, 2009. https://www.nasa.gov/centers/langley/news/researchernews/rn_sleep.html. Scott, Alexander J., Thomas L. Webb, and Georgina Rowse. "Does Improving Sleep Lead to Better Mental Health? A Protocol for a Meta-Analytic Review of Randomised Controlled Trials." BMJ Open 7, no. 9 (September 2017): e016873. https://doi.org/10.1136/bmjopen-2017-016873.

9장. 오늘 당신의 완벽한 삶을 즐겨라

- Maines, Rachel P. The Technology of Orgasm: Hysteria, the Vibrator, and Women's Sexual Satisfaction. Baltimore, MD: Johns Hopkins University Press, 2001.
- Oswald, A. J., E. Proto, and D. Sgroi. "Happiness and Productivity." Journal of Labor Economics 33, no. 4 (2015): 789–822. https://doi.org/10.1086/681096.
- Suh, Hanna, Philip B. Gnilka, and Kenneth G. Rice. "Perfectionism and Well-Being: A Positive Psychology Framework." Personality and Individual Differences 111 (June 2017): 25–30. https://doi.org/10.1016/j.paid.2017.01.041.

- Lerner, Harriet. Why Won't You Apologize?: Healing Big Betrayals and Everyday Hurts. London: Duckworth Overlook, 2018.1. Maines, Rachel P. ual Satisfaction2. OLead to Better Mental Health? A Protocol for a Controlled Trials." BMJ Openmjopen-2017-016873.ange, Tanja, et al. "Sleep Enhances the Human Antibody Response to Hepatitis A 31–35. https://piegel, Karine, et al. "Brief Communication: Sleep Curtailment in Healthy Young Men Is Associated with Decreased Leptin Levels, Elevated Ghrelin Levels, and InAnnals of Internal Medicine 141, no. 11 (December 7, 141-11-200412070-How Does Sleep Affect Your Heart Health?"ineberry, Denise. "To Sleep or Not to Sleep?" NASA, April 14, 2009. https://ews/researchernews/cott, Alexander J., Thomas L. Webb, and Georgina Rowse. "Does Improving Sleep Lead to Better Mental Health? A Protocol for a

- Lerner. Why Won't You Apologize?

- Lerner. Why Won't You Apologize?

- Whitaker, Holly (@holly). 2021. "You ARE doing it. This is it." Instagram photo, April 23, 2021, https://www.instagram.com/p/COAYOh7H7XZ/?igshid=MDJmNzVkM-jY%3D.

- Ben-Shahar, Tal. The Pursuit of Perfect: Stop Chasing Perfection and Find Your Path to Lasting Happiness! New York; London: McGraw-Hill, 2009.Pressfield, Steven. "Writing Wednesdays: Resistance and Self-Loathing," November 6, 2013. https://stevenpressfield.com/2013/11/resistance-and-self-loathing.

캐서린 모건 셰플러 Katherine Morgan Schafler

뉴욕에서 심리 치료사, 작가, 강연자로 일하고 있다. 이전에는 구글 사내 심리 치료사로 일했다. 캘리포니아대학교 버클리와 컬럼비아대학교에서 공부하고, 뉴욕에 있는 정신성/심리치료협회에서 석사 학위를 받았다. 왕성하게 활동하는 칼럼니스트이자 작가로 〈타임〉, 〈뉴욕타임스〉, 〈허핑턴포스트〉, 〈엘르〉, 〈비즈니스 인사이더〉, 〈인스타일〉 등에 글을 기고했다. 또한 구글, 에어비앤비, 힐튼, 세포라 같은 굴지의 기업과 일하며 자신의 메시지를 퍼트렸다.

박선령

세종대학교 영어영문학과를 졸업하고, MBC방송문화원 영상번역과정을 수료했다. 현재 출판번역 에이전시 베네트랜스에서 전속 번역가로 활동 중이다. 옮긴 책으로는 《타이탄의 도구들》,《더 해머》,《리추얼의 힘》,《눈을 맞추자 인생이 달라졌다》,《똑똑한 심리학》 등이 있다.

그럭저럭 살고 싶지 않다면 당신이 옳은 겁니다

2023년 9월 13일 초판 1쇄 발행

지은이 캐서린 모건 셰플러 **옮긴이** 박선령
펴낸이 박시형, 최세현

책임편집 류지혜 **디자인** 윤민지
마케팅 양봉호, 양근모, 권금숙, 이주형 **온라인홍보팀** 최혜빈, 신하은, 현나래
디지털콘텐츠 김명래, 최은정, 김혜정 **해외기획** 우정민, 배혜림
경영지원 홍성택, 김현우, 강신우 **제작** 이진영
펴낸곳 (주)쌤앤파커스 **출판신고** 2006년 9월 25일 제406-2006-000210호
주소 서울시 마포구 월드컵북로 396 누리꿈스퀘어 비즈니스타워 18층
전화 02-6712-9800 **팩스** 02-6712-9810 **이메일** info@smpk.kr

쌤앤파커스(Sam&Parkers)는 독자 여러분의 책에 관한 아이디어와 원고 투고를 설레는 마음으로 기다리고
있습니다. 책으로 엮기를 원하는 아이디어가 있으신 분은 이메일 book@smpk.kr로 간단한 개요와 취지,
연락처 등을 보내주세요. 머뭇거리지 말고 문을 두드리세요. 길이 열립니다.